In reizvollen Lithographien und in qualitätvoll geschriebenen Reisebildern entdeckte der spätromantische Maler-Dichter Lucian Reich (1817–1900) die damals erst wenigen bekannten Schönheiten des Bodensees mit Konstanz, Meersburg, Überlingen und der Reichenau. Im Mittelpunkt aber steht die zauberhafte Mainau, entstand das Buch doch im Auftrag von Großherzog Friedrich I. von Baden, seit 1853 Besitzer der Insel und Schöpfer der berühmten Gärten. – Nachdruck der Ausgabe von 1856. Originalformat 13×18 cm. Mit einem Nachwort von Helmut Bender.

Lucian Reich

Die Insel Mainau und der badische Bodensee

Nachdruck der Ausgabe von 1856
Mit einem Nachwort von Helmut Bender

Harenberg

Die bibliophilen Taschenbücher

Gesamtherstellung: Karl Hitzegrad, Dortmund
Printed in Germany

Inhalt

Die Insel Mainau und der badische Bodensee

von

Lucian Reich

Vorwort.

Die vorligende Arbeit, eine geschichtliche und landschaftliche Schilderung der Insel Mainau und der übrigen badischen Bodenseegestade, mit bildlichen Darstellungen, verdankt ihr Entstehen einem allerhöchsten huldvollen Auftrage Seiner Königlichen Hoheit, des durchlauchtigsten Prinzen und Regenten **Friderich von Baden.**

Durch fürstliche Munificenz mit den nöthigen Mitteln ausgerüstet, besuchte der Verfasser in den Monaten April und Mai vorigen Jahres die Mainau und die gesammte vaterländische Seeuferstrecke. Diesem Ausfluge folgte ein zweiter zur schönen Herbstzeit, vorzüglich nach der Mainau, welches liebliche Eiland durch seinen allerhöchsten durchlauchtigsten Besitzer im Laufe des verflossenen Sommers verschiedene neue Einrichtungen und Verschönerungen erhalten hatte.

Nebst einer geschichtlichen und landschaftlichen Darstellung schien es zur Vervollständigung des Bildes wünschenswerth, der Sage und Ueberlieferung, den Sitten und Gebräuchen im Volksleben eine Stelle einzuräumen. Während der Stoff hierzu unmittelbar an Ort und Stelle gesammelt werden mußte, erhielt ich durch gütige Vermittelung des Herrn Geheimen Sekretärs Kreidel, mit welchem in Bezug auf Herstellung des Ganzen überhaupt ein mündlicher und schriftlicher Verkehr stattfand, das erforderliche historische Material über die ehemalige Deutschordens-Commende Mainau aus dem großherzoglichen General-Landesarchiv in Karlsruhe. Herr Archivrath Dr. Bader hatte die Güte, Auszüge und Zusammenstellungen aus den betreffenden Akten zu machen und mir an die Hand zu geben. Ich fühle mich daher verpflichtet, für diese Förderung öffentlich meinen Dank auszusprechen, um so mehr, als auch bei den übrigen Theilen des Textes der freundschaftliche Rath und Beistand dieses gründlichen Kenners vaterländischer Geschichte mir wesentlich zu Statten kam.

Bei Darstellung des politischen und sitten-geschichtlichen Theils der Stadt Konstanz schöpfte ich aus den bisher wenig oder gar nicht benützten handschriftlichen Sammlungen und Aufzeichnungen von Schultheiß, Braunegger und Nikolaus Hug. Auszüge aus diesen Schriften verdanke ich der Gefälligkeit des Herrn praktischen Arztes Marmor in Konstanz, aus dessen Feder wohl nächstens eine ausführliche Geschichte dieser Stadt an's Licht treten wird. Nicht minder freundliches Entgegenkommen fand ich an den meisten übrigen, zu gleichen Zwecken besuchten Orten, wofür ich manchem ehrenwerthen Bewohner der Seegegend zu Danke verpflichtet bin. Von den gezeichneten Darstellungen glaube ich sagen zu dürfen, daß sie durch ihre glückliche lithographische Behandlung eine schätzenswerthe Beigabe des Werkes bilden.

Das Urtheil über das Ganze einer wohlwollenden Beurtheilung anheimstellend, wünsche ich zunächst, mit dem Gegebenen einen Theil des allerhöchsten Beifalls meines huldreichsten gnädigsten Mäcens, des erhabenen Beschützers aller Bestrebungen in Kunst und Wissenschaft, zu erringen. Gelingt mir solches, so wird diese Arbeit sicherlich ihren weiteren Zweck erreichen, dem Einheimischen das Eigene, Gute und Erhaltungswerthe auf vaterländischem Boden unter passendem Rahmen und Gesichtspunkte vorzuführen, dem fremden Touristen aber, bei einem Besuche der schönen, neuester Zeit zu höherer Bedeutung gelangten Insel Mainau und der übrigen Seegestade, ein unterhaltender und willfähriger Begleiter zu seyn.

Rastatt, zu Ostern 1856.

Der Verfasser.

Inhaltsverzeichniß.

Uebersicht.

Der Bodensee, welcher, sechs und zwanzig Meilen im Umfang, wie eine große Marke zwischen fünf Ländern germanischer Zunge ruht, hat in seiner größten Ausdehnung von Bregenz bis zur Mündung der Stockach eine Länge von sechszehn Stunden, während seine größte Breite, von Rorschach bis Friderichshafen (von Süd nach Nord) fünf Stunden beträgt. Er ligt zwischen 26° 42′ 42″ und 47° 24′ 56″ Länge, und zwischen 47° 28′ 32″ und 47° 48′ 45″ Breite, in einer Höhe von dreizehnhundert und vier und dreißig badischen Fuß über der Meeresfläche. Sein Flächeninhalt beläuft sich auf neun eine halbe Quadratmeilen.

Bei den Römern heißt er Brigantinischer See, von der rhätischen Stadt Brigantia; welche celtische Namen mit denen der Schwarzwälder Bäche Brig und Breg Verwandtschaft haben. Erst später, im neunten Jahrhundert, taucht sein jetziger Name Bodensee, lacus podamicus, in Urkunden auf. — Dies beweist aber noch nicht, daß dieser Name wirklich der jüngere sei; vielmehr dürfen wir, der Ansicht G. Schwab's folgend, annehmen, die Bucht um Bregenz, noch heute der Bregenzersee, habe zu Römerzeiten Brigantinischersee geheißen, während die untern Gewässer bereits den Namen Bodensee getragen; welche Benennung, etwas Allgemeines bedeutend, später die herrschende werden mußte. Boden, altdeutsch Bodem, Bodam, heißt nämlich Vertiefung.

Je nach ihrer Lage tragen wiederum die verschiedenen Theile des See's andere Namen: der Ober- und Unter-See, jener oberhalb Konstanz, dieser von da abwärts bis Zell, nach dieser Stadt auch Zellersee genannt, beide verbunden durch das grüne Band des durchströmenden Rheins; die langgestreckte Bucht sodann vom Horn bei Dingelsdorf bis Bodman heißt der Ueberlingersee, auch der Bodmersee.

Die Tiefe des Bodensee's wurde früher in übertriebenen Maaßen angegeben. Der Obersee, elf Stunden in der Länge (von Konstanz bis Lindau) soll, wie Schiffsleute behaupten, zwischen Lindau und Bregenz 2208 Fuß tief seyn, also 900 Fuß tiefer als der Grund der Ostsee. Wenn dies unglaublich erscheint, so ist doch gewiß, daß, könnte der See ausgetrocknet werden, sein Becken das tiefste Thal aller angränzenden Gauen bilden würde. — Neuere Messungen haben folgendes ergeben. Die größte Tiefe zwischen Friderichshafen und Arbon beträgt

964 Fuß; zwischen Langenargen und Rorschach, wo der See eine Breite von 3¾ Stunden hat, 693 würtembergische Fuß; die Tiefe zwischen Friderichshafen und Rorschach, wo der See 5¹⁄₁₀ in die Breite mißt, beträgt 489 würtembergische Fuß; mithin ist der See hier tiefer als der Grund von manchem Meere, und tiefer als der tiefste Punkt des Königreichs Würtemberg. — Nach den Karten des badischen militärischen topographischen Büreau's hat der See, innerhalb der badischen Grenzen, zwischen Hagnau und Landschlacht, eine Tiefe von 730 badischen Fuß, — zwischen dem Eichhorn (unweit Konstanz) und Münsterlingen 150, — zwischen der Insel Mainau und dem Ufer in der Richtung nach Daisendorf 570 badische Fuß. Weiter hin gegen Ueberlingen und Bodman hat das Gewässer ähnliche Abgründe, während die Tiefe des Untersee's im Durchschnitt viel geringer ist. Zwischen der Insel Reichenau und Allensbach mißt die größte Tiefe 80 badische Fuß, — zwischen der Höri und der Mettnau (bei Radolfszell) 105 — und zwischen Berlingen und Horn 148 badische Fuß. Sonst finden wir fast überall im Untersee mit 60 Fuß Grund.

In diesen Tiefen-Verhältnissen ligt ohne Zweifel die Ursache, warum der Ober- und Ueberlingersee so selten, der Untersee hingegen beinahe jedes Jahr zugefriert. Das Eis bildet sich bekanntlich von unten herauf; eine tiefe Wassermasse erkältet aber schwerer und es braucht eine außerordentliche Temperatur, bis in ihr das Grund-eis geht.

Das Wasser des Bodensee's ist grünlich, klar; es steigt im Frühling während der Schneeschmelze in den Alpen oft bis auf 10 bis 12 Fuß über den gewöhnlichen Wasserstand. — Nebst dem Rhein hat das große Bassin noch dreizehn Zuflüsse durch kleinere Bäche, nämlich die Dornbirner Aach, die Bregenzer Aach, die Lautrach, die Goldach, die Steinach, alle von Südost kommend; vom Norden die Laibach, die Argen, die Schussen, die Urnauer- und Seefelder Aach; die Stockach und der Goldbach ergießen sich in den Ueberlinger-, die Aach bei Zell strömt in den Unter-See.

Selten erscheint der ganze See in blanker Spiegelfläche; fast immer zeigen sich farbige Streifen, wie von leichten Luftzügen oder innerer Strömung. — Eine auffallende Erscheinung sind auch die regelmäßigen Winde namentlich auf dem Obersee; an heitern Sommertagen zieht gewöhnlich Vormittags ein leichter Ost, der gegen zehn Uhr in Nord oder West umschlägt, bis gegen Abend wiederum Ostwind sich einstellt.

Der gefährlichste Wind auf dem See ist die „Föhn";*)

*) "Föhn" heißt der Schiffer den Südwind, "Westerwind" den Westwind, "Osterluft" den Ost-, und "Ortwind" den Nordwind.

ihr Kommen verkündet ein röthlicher Schein an den Alpen; auch kann der Nordwest- oft der Ostwind sehr gefahrbringend seyn. — Ein sonderbares Phänomen, was man beobachtet haben will, ist das plötzliche Aufsteigen des Wassers gegen das Ufer ohne Vergrößerung der Wassermasse, und das eben so schnelle Sinken ohne Sturm oder sonstige äußerliche Ursache; auf dem Bodensee heißt diese Erscheinung „Ruhß" — auf dem Genfersee, wo sie auch vorkommen soll, Seiches.

Das sog. Blühen des See's (an einzelnen Stellen) soll vom Blühtenstaube nahe stehender Bäume und Wälder herrühren. Der Ueberlingersee z. B. erscheint oft weithin gelblich gefärbt.

Das ganze See-Becken mit den Alpen und den nächsten schwäbischen Gebirgen ist, wie die Geognosten versichern, das Ergebniß einer der spätesten Katastrophen jener Zeit, in welcher die elementarischen Großmächte in übergewaltigem Ringen das tellurische Gleichgewicht herzustellen bemüht waren. Im Verlaufe dieses Kampfes scheinen ungeheuere Alpentrümmer, zermalmt und von der Fluth zu Thal geschwemmt, sich über die genannte Gegend ausgebreitet zu haben. Wir finden deßhalb unter der obersten Dammerde überall Rollsteine (Kies), dann Nagelflue und nach dieser Sand, der an manchen Orten, wie bei Mersburg, Ueberlingen ꝛc. in haubaren Sandstein übergeht, zuweilen auch mit Goldsand untermengt ist. Das Ganze ruht zuletzt auf einem mächtigen Lager von Thon, der an vielen Stellen unmittelbar den Grund des See's bildet. Inbegriffen in diese Formation zeigt sich auch das Hegau, mit Ausnahme seiner hohen Bergkegel, die, ein Werk Meister Vulkans, erst später aus dem vertrockneten Bodensatze der Fluth wie Blasen in die Höhe stiegen. — Wichtige Gründe sprechen dafür, daß zu jener Zeit der Mensch noch nicht existirt, sondern erst nach geschlossenem Frieden das Erdreich betreten habe.

Ringsum an den Ufern hat der See fast überall ein breites Vorland, welches gegen die Tiefe gäh abfällt. Es heißt im landesüblichen Ausdruck die Halde; eine hellere Farbe des Wassers zeigt deutlich ihre Ausdehnung.

Von Alters her bildeten Schifffahrt und Fischerei die Haupterwerbszweige auf dem Bodensee.

Handelsverkehr, namentlich der Transport des Getreides von den gesegneten schwäbischen Ufern in die Schweiz, belebte schon in frühesten Jahrhunderten diese Gewässer. Die Fahrzeuge waren Segelschiffe von mittlerer Größe, Lädinen genannt, an deren Stelle später die kleinern Segner in Gebrauch kamen. Das erste Dampfboot, ein würtembergisches, befuhr den See im Jahre 1824; heut zu Tag durchkreuzen ihn über zwanzig Dampfschiffe; sie sind Eigenthum der Konstanzer, Schaffhauser, Lindauer und Würtembergischen Aktiengesellschaften. — Nebstdem brachten auch Kriegsläufe hin und wieder kleine Flotillen auf den Boden=

see. Die erste erschien unter Tiberius, sechszehn Jahre vor Christi Geburt. Der römische Feldherr fuhr mit Schiffen über den See, befestigte eine dortige Insel (wahrscheinlich Reichenau) und lieferte von da aus den Vindeliciern eine siegreiche Seeschlacht. — Im dreißigjährigen Kriege waren es die Schweden, welche unter Wrangel größere Schiffe auf dem See erbauten; und in dem Kriegsjahr 1799 lief eine Flotille, unter dem englischen Obristen Williams, von Bregenz aus, um die Operationen des Erzherzogs Karl zu unterstützen.

Die Fischerei ist zwischen den Uferorten durch obrigkeitliche Verträge geregelt, die jedoch nicht allzu strenge eingehalten werden. Der bedeutendste und eigenthümlichste Bodensee-Fischfang ist der Fölchenfang; nach ihm kommt der des Gangfischs. Außer diesen beiden Fischgattungen wohnen noch vierundzwanzig andere in dem Gewässer, unter denen die des Braxmen die allgemeinste ist.

Zahlreicher sind die verschiedenen Arten geflügelter Gäste, welche theils beständig, theils als Strichvögel an und auf dem großen Weier ihr Fortkommen suchen. Ihre Zahl (Sumpf- und Schwimmvögel) wird auf etliche und neunzig geschätzt; dazu kommen zur strengen Winterszeit zuweilen noch landsfremde Besuche aus hohem Norden.

Das Klima um den See ist im Allgemeinen mild, der Rebe und dem Nußbaum durchaus günstig; doch hat das schwäbische Ufer ein milderes als das schweizerische.

Die badische Uferstrecke, von Immenstad bis Oeningen, mißt, die Inseln ausgenommen, beiläufig 10½ deutsche Meilen; sie bildet Theile der großherzoglichen Bezirksämter Mersburg, Salem, Ueberlingen, Stockach, Konstanz und Radolfszell.

Mainau.

Gegen das Ende der schmalen Landzunge, welche den Untersee vom Ueberlingersee trennt, am Eingange des letzteren, erhebt sich das Land nochmals aus der Fluth und bildet ein terrassenförmiges bis zu neun und achtzig Fuß über den gewöhnlichen Wasserstand des See's ansteigendes Eiland, welches eine halbe Stunde im Umfange hat. Es ist dies einer jener außerordentlichen Punkte, über welchen die Mutter Natur alle ihre Schönheit und Güte ausgegossen zu haben scheint. Die Alten gaben ihm den Namen Maygenowe oder „Mayen-Aue, wie Vadian sagt — „von Lustes wegen." Ohne Zweifel stammt die Benennung aus den Zeiten, wo das jugendliche Volk der Germanen das bis heute um den See nicht ganz erloschene Maienfest als religiösen Kultus begieng. Und wahrlich, welchem Platze mochte der unverdorbene Sohn der Natur wohl passender den Namen seines Lust- und Lieblingsmoments beilegen, als der feenhaft aus den Wellen des geheimnißvollen Bodan emporsteigenden sonnigen Aue?

Die geschichtlichen Nachrichten über die liebliche Insel beginnen jedoch erst mit den christlichen Ansiedelungen am

See; die Mainau wird seit frühesten Zeiten eine Zugehör der Abtei Reichenau genannt, von welcher sie an den Deutsch-Orden kam. — Nach einer Volkssage waren die Herren von Bodman die ursprünglichen Besitzer, und eine Erbin dieses Hauses vergabte die schöne Au an den deutschen Orden. Meister Sepp von Eppishusen (Frhr. von Laßberg) erzählt die Sage in seinem wenig verbreiteten Büchlein „vom Littower" folgendermaßen:

„Eine Fräulein von Bodman, welche von jrer Mutter große Güter am Bodensee besaß, nämlich die Maynau, mit Dörfern, Weilern und Höfen, war in züchtiger Minne einem jungen Ritter von Langenstein hold, und er hinwieder auch jr. Da sie als eine Waise frei und selbstständig über jr Gut walten konnte; so war auch des Ritters Vater ganz geneigt, zu dieser Verbindung seine Einwilligung zu geben, und schon nahete der Zeitpunkt heran, der die beiden Liebenden auf immer vereinen sollte; als der alte Ritter von seinem Lehenherren, dem Abte zu Reichenau, plötzlich aufgerufen wurde jm auf einem Kreuzzuge nach Syrien zu folgen. Alter und Vehden hatten den Vater gebrechlich gemacht und der rüstige Son musste an seiner Stelle das Kreuz nemen und die so nahe Vermälung vertagen.

In den damaligen Zeiten war es wie jezt, zu einer reichen Erbin fanden sich immer viele Bewerber: aber die treue Maid von Bodman hieng zu innig an jrem geliebten Ritter und gab den übrigen kein Gehör.

Langensteins Zug war nicht glüklich: die Kreuzfarer erlitten im heiligen Lande merere Niederlagen, und bei einer derselben fiel jm das traurige Los, verwundet und gefangen zu werden. Tief in das Land der Araber geschleppt und zu schmähelicher Knechtschaft gezwungen, blieb jm wenig Hoffnung, die schönen Augen der holden Frau seines Herzens und die rebenumkränzten Ufer des Bodensees je wieder zu sehen. Indessen war die Kunde von Langensteins Verwundung und Gefangenschaft auch nach Schwaben gelangt und die Bewerbungen um die Hand des schönen Fräuleins fiengen mit verdoppeltem Eifer wieder an; aber die treue Maid von Bodman, war zu keiner Sinnesänderung zu bewegen, und als jr die Bewerber zu überlästig wurden, zog sie sich zu einer Verwandten in ein benachbartes Kloster zurük, um da ungestört für die baldige Erlösung jres geliebten Ritters zu beten.

Jare auf Jare entflohen; in Syrien wurden hie und da gefangene Christen ausgewechselt und losgekauft, aber in das ferne Arabien drang kein mitleidiger Priester, der den Heiden Gold für christliche Sklaven geboten hätte. Standhaft hatte der Ritter von Langenstein alles Anerbieten von Freiheit, Ere und Reichtum, wenn er den Glauben des Landes annemen wollte, abgewiesen; aber auch beinahe gänzlich die Hoffnung auf Erlösung aufgegeben, als jm einsmals im Traume einfiel, die Geliebte seines Herzens und sich selbst Gott aufzuopfern, und hiedurch die himm=

lischen Mächte zu Mitleid und Hilfe zu bewegen. Er tat also bei sich das Gelübde: wenn er der Heimat wieder gegeben würde, in einen der drei geistlichen Ritterorden zu tretten.

Schon am folgenden Abend fand er die Thüre seines Gefängnisses offen und den Wink der Vorsehung benuzend, trat er mit wenigen Lebensmitteln versehen, hinaus in die sternerhellte Sandwüste, welche seine Flucht begünstigen sollte. Seinen Weg nach dem Laufe der jm wolbekannten Sterne*) richtend, erreichte er nach vielen Tagen und unsäglichen Mühseligkeiten die Ufer des unendlichen Meeres, auch entdekte er in geringer Entfernung ein Schiff, das auf wiederholte Zeichen und Rufen, ein Boot absandte jn aufzunemen. Christliche Männer, die Handel nach Egypten trieben, waren vom Sturm an diese unwirtbare Küste verschlagen worden und warteten mit Sensucht auf günstigen Wind, um jre Heimfart nach Italien anzustellen. Als er erschien, richteten sie jren Lauf nach dem heimatlichen Strande, und erreichten jn auch one besondere Färlichkeiten auszustehen.

Der Freiheit und dem Vaterlande wiedergegeben, hatte der Ritter von Langenstein keine dringernde Angelegenheit, als die schnelle Erfüllung seines Gelübdes. Er stellte sich vor dem Landkomture zu Altshausen und bat demütig um

*) Er schrieb ja, wie wir nachher vernehmen werden, eine astronomische und astrologische Abhandlung.

Aufname in einen Orden, der jm neuen, unaufhörlichen Krieg gegen die Heiden zur ersten Pflicht machte.

Der Ruf seiner Tapferkeit war jm vorausgegangen und vielleicht damal schon als Dichter bekannt, konnte er in jener Zeit nur als ein Mann von hoher Geistesbildung gelten; er musste also dem Orden ein willkommener Bruder sein und seine Aufnahme fand keinen Anstand.

Auf sein eigenes Verlangen, ward er alsbald mit mereren jüngern Brüdern nach dem damal noch heidnischen Preussen gesandt, um in neuem immerwärendem Kampfe gegen ein tapferes Volk, das den vaterländischen Boden Schritt vor Schritt verteidigte, das noch stets für die holde Erbin von Bodman schlagende Herz zu beschwichtigen.

Die Nachricht von Langensteins Heimkunft aus dem Morgenlande war kaum in seinem väterlichen Gaue erschollen, als die treue Maid von Bodman aus den Kloster-Mauren wieder nach jrer Burg sich aufmachte. Liebliche Gedanken von seligem Beisammensein und frölicher Zukunft umschwebten sie auf jrem Wege und begleiteten sie bis unter das Burgtor. Ein vertrauter Jugendfreund jres Ritters*) erwartete sie hier: er brachte jr den lezten Gruß des für sie nun auf ewig verlorenen Geliebten, und die hochzeitlichen Fakeln erloschen da, wo sie kaum noch in Gedanken angezündet waren.

*) Vielleicht der benachbarte und gleichzeitige Minnesänger Burkhard von Hohenfels.

Nicht lange Zeit bedurfte die edle Schwaben Maid, bis sie zu einem jres Herzens und jrer reinen Minne würdigen Entschlusse kam. Tief empfindend

„Wie Liebe mit Leide
„Ze jüngest lonen kan“

beschloß sie dem geliebten Manne ein Zeichen zu hinterlassen, das jn ewig an die Liebe und Treue seiner Herzensgespielin erinnern sollte. Sie reiste zu dem frommen Landkomtur des teutschen Ordens und eröffnete jm, wie sie gesinnt seie, jr mütterliches Eigen, die schöne Insel Maynau, mit Dörfern und Höfen, seinem Orden als eine freie Vergabung zuzustellen, wenn derselbe jr Gewär leisten werde, daß Bruder Hug von Langenstein erster Hauskomtur auf der Insel werden solle.

Strenge waren die Regeln und Geseze des Ordens. Durch merere Kriegszüge und nüzliche Dienste musste der Bruder seine Tüchtigkeit erprobt und den Dank seiner Obern verdient haben, ehe jm die Türen zu den Würden desselben geöffnet wurden. Nur ausgedienten, durch Wunden und Alter dem Kriege gegen die Ungläubigen entzogenen Brüdern wurden damal Komtureien verliehen und hievon konnte weder der Wille, noch die Macht eines Ordensgebietigers abweichen. Der Landkomtur musste die treue Maid an den obersten Meister des Ordens verweisen. Was sie da ausgerichtet, hat uns die Sage nicht aufbewaret; allein soviel ist gewiß, daß wir unter den auf der Insel aufgehängten Wappen-Schilden der dortigen Komture, jenen des Ritters von Langenstein als den sechsten zälen.

Wo nach diesem die treue Maid von Bodman, mit jren zertrümmerten Hoffnungen und mit jrem zerrissenen Herzen sich hingewendet, in welches Kloster sie jren Schmerz begraben, wissen wir nicht anzugeben; es mag für sie wol gleichgiltig gewesen sein, wo sie jre Tage verweinte. Der Gedanke: mein Geliebter lebt jezt in meinem Hause, in denselben Gemächern, die einst Zeugen unserer unschuldigen Minne waren; er isset von dem Brod meiner Aeker und trinkt von dem Wein meiner Reben; die hohen Nußbäume, unter denen wir so oft beisammen saßen, beschatten jn nun wieder und in der kleinen Kapelle, wo unser kindliches Gebet so manchesmal sich vereinigte, flehet er jezt den Himmel um Mut und Standhaftigkeit für uns beide an: diese Gedanken müssen sich oft in die stille Zelle der treuen Maid geschlichen und ein bittersüßes Gefül in dem liebenden Herzen erwekt haben, das gewiß nur unter dem kalten Grabsteine aufhörte für den geliebten Ritter zu schlagen.

Dies ist die Sage von der treuen Maid von Bodman und dem Sänger von Langenstein, wie ich sie vor mer dann dreissig Jaren, aus dem Munde des Volkes vernommen und aufbewart habe.

Von dem Ende des Sängers Hug von Langenstein ist

mir keine Nachricht bekannt; warscheinlich starb er Lebens müde als Komtur auf seiner Insel, und wenn einmal die Gruft in der kleinen Ordenskirche daselbst geöffnet werden sollte, dürfte auch sein Grab entdekt werden. Er selbst schildert sich uns am Schlusse seines großen Gedichtes als einen Mann, dessen Lebensschiff, das Ruder der göttlichen Minne, aus den sturmbewegten Fluten, in den Hafen geschaltet hat; der aber auch da nie warer Ruhe genoß, noch einer sanften Stille. Dieser Gemütszustand deutet doch wol auf unglükliche Liebe.

Die heimathliche Burg des Ritters Hugo ligt im Hegau, links der Landstraße, welche nach Engen führt. Sie ligt zwischen Felsen, selbst auf einem Fels, von weitläufigen Eichen- und Buchwäldern umgeben. Es ist das größte und festeste Bauwesen aller Edelsitze des Gaues. Rings um einen ungeheuren Turm her, den das Volk irrig aus dem Fels gehauen wänet, und dessen Alter wenigstens in den Anfang des elften Jahrhunderts, wenn nicht vielleicht sogar in den Karolingischen Zeitraum hinauf reicht, sind die Wongebäude angereiht, und nemen mit den Wirtschaftsgebäuden einen großen Raum ein. Der mit Wappen verzierte Eingang, die großen steinernen Stiegen und Wendeltreppen, die hohen gewölbten Gänge, die von Säulen getragenen Hallen, die hohen geräumigen Säle und Gemächer, die vielen zum Teil in den Fels gehauenen unterirdischen Gänge und Keller geben dem Ganzen ein großartiges, die vielen sonderbar gestalteten Kalkfelsen ein wunderbares und romantisches Aussehen."

Nach dem Absterben der Ritter von Langenstein kam die Burg in wechselnden Besitz; zuerst als reichenauisches Lehen an die Grafen von Nellenburg, im fünfzehnten Jahrhundert an die Edlen von Heudorf, später an die Freiherrn von Reischach, und nach diesen an die von Reitenau, zulezt an die Grafen von Welschberg, von denen es der höchstselige Großherzog Ludwig von Baden erkaufte zum bleibenden Wohnorte der jetzigen gräflichen Besitzer.

Ueber den Ursprung des Ritterhauses zu Mainau gibt uns die Geschichte von der Sage abweichende Aufschlüsse. Dr. Josef Bader theilt darüber Folgendes mit:

Die Ritterfamilie von Langenstein war ein Dienstmannsgeschlecht (ministeriales) der Abtei Reichenau. Die historische Kunde von diesem Geschlecht geht bis zum Jahr 1197, allwo ein Hugo de Langenstein, ministerialis ecclesiae Augiensis, das Gut seines Knechtes Machtolf am Dornsberg für 9 Pfund Münze an das Stift Salem überläßt*). Weiter finden wir, daß die Salemer diesem Hugo als Belohnung für seine Bemühungen bei einem Kaufgeschäfte des Stiftes 40 Käse übermachen; woraus

*) Mone, oberrhein. Zeitschrift I, 325.

erhellt wie patriarchalisch die damaligen Zustände, und wie bescheiden der Adel von Langenstein in jener Zeit gewesen seyn müssen. Nach diesem Hugo werden noch achte des Geschlechtes urkundlich erwähnt, so daß sich folgende Stammtafel ergibt:

Hugo 1197 bis 1211.

Hugo 1211 bis 1216. Arnold stirbt 1272.

Arnold, Ritter, bis 1282. Hugo 1259 bis 1267.

Arnold, Bertold, Friderich, Hugo stirbt 1319 als letzter Sprosse des Hauses.

Die genannte Familie besaß unter mehreren anderen reichenauischen Benefizien (Dienstmannslehen) auch die Insel Mainau. — Im Jahr 1272 geschah zwischen Abt Albrecht zu Reichenau und dem Landkomtur Rudolf v. Schafhus vom Deutschorden über gewisse streitige Güter folgender Vertrag. Der Abt überläßt mit Einstimmung seines Klosters dem Landkomtur für den Deutschorden: die Höfe zu Almansdorf, Eck, Stad, Oberndorf und Dingelsdorf mit dem Kirchensatze und Zehenten und allen reichenauischen Gütern daselbst; ferner das Dorf Lüzelstetten mit allen Leuten und Gütern, mit Zwing und Bann und all andern Rechten (die Mannlehen ausgenommen); sodann das Schloß und die Insel Maienowe und alle übrigen Güter Arnolds von Langenstein seelig, mit dessen Maieramte, mit der Vogtei und allen Rechten, welche derselbe da gehabt. Dagegen überläßt der Deutschorden dem Stifte Reichenau zu einem Ersatze: das Schloß Sandeck mit der Vorburg, die Höfe zu Wald, Heroltsweil, Landertsweil, bei Ermatingen, Bernang und Steckborn, nebst verschiedenen Rebgütern und Zehenten in diesen Orten, zu Frutweiler rc. Actum in Gotteliubon, anno MCCLXXII, Feria IV post vinculum S. Petri.

Dies verhielt sich aber folgendermaßen: Der Abt von Reichenau hatte den reichenauischen Dienstmännern von Langenstein, von Steckborn, von Feldbach und von Frutweiler erlaubt, die obbezeichneten Besitzungen und Rechte zu Mainau, Almensdorf, Eck, Stad, Oberndorf und Dingelsdorf an den Deutschorden zu vermachen (weil es reichenauische Lehen waren); da nun über diese Güter dennoch ein Streit entstund, so mußte der Deutschorden erstens dieselben als reichenauisches Lehen anerkennen und jährlich mit 20 Pfunden Wachses verzinsen; zweitens aber dagegen noch die kleine Herrschaft Sandeck an das Kloster abtreten, welche die Söhne des Eberhard von Steckborn (der zu Salem Mönch geworden) ihm vermacht hatten.

Dieses Sandeck war wohl auch ein reichenauisches Lehen im Besitze der Familie von Steckborn gewesen, und da der Abt das vortrefflich gelegene Schloß gern selber zu bewohnen wünschte, ergriff er die Gelegenheit des obigen Streites, um es dem Deutschorden wieder abzujagen.

Das ist nun der wahre Ursprung des Ritterhauses zu Mainau, und nicht erst jene Schenkung von 1282, wie gewöhnlich angegeben wird. Im Jahr 1272 war der Schenker Arnold schon verstorben, daher die urkundlichen Ausdrücke: (*qondam* oder *bonæ memoriæ* Arnoldus de Langenstein) er hatte aber Brüder und Söhne.

Mit der angeführten zweiten Schenkung vom Jahre 1282, die Schönhut, wie es scheint, aus Urkunden darthut, kann es sich so verhalten haben: Arnold v. L. der ältere vermachte vor dem Jahr 1272 Schloß und Insel Mainau als reichenauischer Lehenbesitzer dem Deutschorden; dieser war also von dem an Inhaber dieses reichen Lehens, verlieh dasselbe aber afterlehenweis wieder an die Familie von Langenstein, welche es so besaß bis 1282, wo Arnold der jüngere v. L. es dem Orden wieder aufgab, d. h. denselben wieder in unmittelbaren Besitz der Mainau setzte, damit ein Deutschhaus daselbst errichtet werde.

Wie bereits bemerkt, hatte Arnold d. ä. vier Söhne. Von diesen widmeten sich drei dem Deutschorden; den einen, Arnold, finden wir als Komtur zu Mainau, wo er 1319 als Letzter seines Geschlechtes das Leben beschließt. Sein Bruder Hugo verweilt um 1298 im Hause des Deutschordens zu Freiburg i. B., nachdem er vorher, wie sicher anzunehmen ist, im Ritterhause zu Mainau sich aufgehalten. Dieser Hugo von Langenstein ist der berühmte Sänger, von dem noch zwei Gedichte und ein Prosawerklein vorhanden sind. Von ersteren verherrlicht das eine die hl. Märtyrin Martina, das andere besingt die wunderbarliche Bekehrung des heidnischen Königs Littower. Das Prosawerklein, genannt die „Mainauer Naturlehre", handelt von der Astronomie, von der Gestalt der Erde und den Bewegungen der Himmelskörper u. s. w. (Basler Pergamenthandschriften B. VIII, 27.)

Der Deutschorden wurde gegründet 1190, von Herzog Friderich von Schwaben zur Zeit der Belagerung von Akkon, während eines Kreuzzuges. Der Zweck war ursprünglich ein ähnlicher, wie bei den Johannitern, Vertheidigung der christlichen Religion gegen die Ungläubigen und Verpflegung christlicher Wallfahrer im heiligen Lande. Der Orden war der heiligen Jungfrau geweiht, weßhalb die Ritter sich auch Brüder des deutschen Hauses unserer lieben Frau zu Jerusalem nannten. Das Haupt des geistlichen Ordens war der Groß- oder Deutschmeister; er hatte Anfangs seinen Sitz in Jerusalem, später, als das heilige Land Schritt für Schritt an die Ungläubigen verloren gegangen war, zu Venedig und zu Marburg (1297); seit 1309 aber zu Marienburg in Preußen, und zuletzt (seit 1527) im Meisterthurme zu Mergentheim auf dem dortigen Bergschlosse Neuhaus. Die Ritter mußten Deutsche altadeliger Herkunft seyn und durften sich nicht verehelichen.

Die Ordenstracht bestand in einem schwarzen Kleide und weißen Mantel, auf dem ein schwarzes Kreuz mit silbernem Rande prangte. Die Besitzungen des Ordens waren in Balleien oder Provinzen, und diese wieder in Commenden oder Komtureien abgetheilt, denen ein Komtur (Landkomtur) vorstand.

Die oben erzählte Schenkung der Insel Mainau an den Orden machte nun dieses schöne Eiland zum Mittelpunkte einer Commende, deren Erwerbungen und Bestandtheile außer der Insel folgende waren. Zu Almansdorf: das Ritterhaus empfängt 1272 vom Stifte Reichenau halb schenkungs-, halb kaufsweise den Kelnhof; im 15. und 16. Jahrhundert erkauft der Orden daselbst mehrere Rebstücke. Ueberhaupt besitzt er zu Almansdorf (wie zu Eck, Egelsee, Hard und Sirenmoos) etliche Lehenhöfe, Gilten und Zehenten. — Zu Hinderhausen, Hausen, Eichhorn, Sonnenbühl und Stad ist das Ritterhaus im Besitze verschiedener Güter seit dem Jahr 1493. — Zu Dettingen wird der mindere Kelnhof erkauft von Heinrich Goldast, Kirchherrn zu Wollmatingen 1349; „die Veste und Leibeigenen" aber werden von der Familie von Westerstätten erkauft um 300 Pfund Heller im Jahr 1362; der bisherige Lehensherr, der Abt von Reichenau, verzichtet völlig darauf, so daß das Ritterhaus die Veste eigenthümlich besitzt. Weitern Zuwachs erhält der Orden daselbst im Jahr 1372, von einem Werner v. Dettingen, der dem Ritterhaus seine Hälfte des Dorfes überläßt, und 1405 erkauft dasselbe von dem Blarer zu Konstanz den Burgstall „zu der alten Burg" zu Dettingen mit Umgebung und etlichen Höfen ꝛc. für 743 Pfund Heller, ebenfalls mit Bewilligung des reichenauischen Abtes. — Zu Wallhausen erwirbt es 1488 den größern Kelnhof von Hans v. Liebenfels, und Mehreres bis zum Jahr 1629. — In Dingelsdorf beginnen die Ankäufe mit 1327 und gehen bis 1629. — In Lüzelstetten seit 1286, wo Ulrich von Alga mit lehensherrlich reichenauischer Bewilligung seine Güter daselbst an das Ritterhaus verkauft. Weitere Erwerbungen zu Lüzelstetten sind, die Mülhalde, Neuhaus und Ronhausen. — Zu Oberndorf seit 1568 bis 1628. — Zu Wollmatingen endlich seit 1349 bis 1614.

Auf solche Weise erhielt der Orden in allen diesen Orten die Grundherrlichkeit, während die Gerichtsherrlichkeit vom Jahr 1431 kömmt, wo König Sigmund dem Ritterhaus die drei Gerichte Almansdorf, Dettingen und Dingelsdorf mit aller Jurisdiktion, auch Stock und Galgen verleiht. Die ganze Herrschaft war in die obern und niedern Gerichte eingetheilt; unter jenen waren begriffen: Stad und Almansdorf, und unter diesen Oberndorf, Dingelsdorf, Lüzelstetten und Dettingen. Ueberdies besaß die Commende noch die Herrschaft Blumenfeld (Schloß und Städtlein) mit Weiterdingen, Leipferdingen, Weil, Beuren, nebst (Schloß und Städtlein) Thengen, Uttenhofen,

Nordhalden, Epfenhofen, Thalheim, Tegerhofen mit allen Rechten und Zubehörden. Im Jahre 1463 war besagte Herrschaft von der Familie von Klingenberg an die Herren von Bodman und Jungingen für 10,000 fl. rhein. verkauft worden; siebzehn Jahre später aber brachten die Herrn Albrecht, Eberhard und Kaspar v. Klingenberg zu Hohentwiel das Ganze wiederum an sich, worauf sie es dem Ritterhaus Mainau für die Summe von 12,000 fl. überließen. Zur selben Zeit war Wolfgang von Klingenberg Landkomtur des Deutschordens im Elsaß.

Was andere Herren noch im Blumenfeldischen besaßen, suchte der Orden nach und nach ebenfalls an sich zu bringen, während die Verhältnisse der Herrschaft zu den Nachbarn und eigenen Unterthanen durch Verträge (Waidgang, Jagdrecht und Waldungen betreffend) geordnet wurden.*)

*) Das kleine Städtlein Blumenfeld ligt, ungefähr neun Stunden von Mainau, im Hegau. Aus einem engen Thale erhebt sich ein steiler Hügel, auf dem das ehemals deutschorden'sche Schloß ruht, umgeben von Nebengebäuden und Wohnhäusern. — Der Gesammtanblick erinnert an eine merianische Darstellung — an das vielgestaltete, enge, fehdereiche Mittelalter, dessen Ueberreste stets ein Gefühl der Romantik erwecken. Das Schloß enthält interessante Lokale; sehr hübsche Vorplätze mit Welschkaminen aus der Renaissance, ebenso einen schönen Erker. Es ist gegenwärtig der Sitz eines großherzoglichen Bezirksamtes. — Der Himmel möge dem alten Bau sein ritterliches Aussehen bewahren.

Auch zu Immenstad erwarben sich die Ritter Güter in dem Zeitraume von 1422 bis 1622. — In Jettenhausen aber vergabte Hermann von Raderach 1250 dem Orden den Kirchensatz, und in Ueberlingen wurde demselben im Jahr 1312 ein Haus mit Reben schenkweis überlassen; auch Ankäufe kommen daselbst vor in den Jahren 1324 und 1350. Bald nachher (1357) wurde die Pfarrei zu Aufkirch, wohin Ueberlingen gehörte, vom Papste dem Ritterhaus Mainau einverleibt. — In Lippertsreute erwirbt der Orden von den Johannitern in Ueberlingen den Haupthof, zu welchem Zwing und Bann und Kirchensatz gehörte. — Zu Mindersdorf kommt 1362 das reichenauische Besitztum gegen das mainauische zu Wollmatingen an die Ritter, und 1292 vergabt ihnen Heinrich von Oettingen den Kirchensatz zu Pfaffenhofen. — In Herrmannsberg verwilligt 1360 der mainauische Komtur Ulrich von Königseck vier Klausnerinen, sich auf der ordenschen Hofstatt niederlassen und ansiedeln zu dürfen; von dem an besteht dort ein Klösterlein bis in die neuere Zeit.

War nun hiemit ein wohl begründeter und weit umfassender Besitzstand hergestellt, so mußte, um ihn ungeschmälert zu erhalten, noch für hinreichenden Schutz und Schirm von Oben gesorgt werden. Wer aber konnte solchen wohl nachdrücklicher gewähren als das mächtige Erzhaus Oesterreich — der Kaiser selbst? Der sog. Schirmbrief, den das Haus Mainau von dorther sich erwirkt hatte, enthielt die vertragsmäßige Zusage, daß Oesterreich das Haus bei seinen Rechten, Gütern und seinem Frieden schützen wolle u. s. w. — Als daher die Mainauer (1473) mit Itelhans von Stoffeln, ihrem Nachbarn „in ein Veht und Findschaft" geriethen, weil derselbe mit seinen Gesellen das Haus und dessen arme Leute (Leibeigene, Unterthanen) muthwillig angriff und schädigte, nahm der mainauische Komtur Georg von Neuhausen seine Zuflucht zu den österreichischen Herrn Räthen in Konstanz, mit Berufung auf den Schirmbrief. Die Räthe versprachen Hilfe, mit dem Beding, wenn man von Mainau aus in etwaigem Kriegsfall des Erzhauses, mit Häusern, Schlössern und Leuten ebenfalls Beistand leisten wolle. Der Deutschordens Landkomtur aber meinte, dies würde dem Orden schwer fallen bei den Kriegen Oesterreichs mit den Eidgenossen; das meiste Ordensgut lige dort oder in der Nachbarschaft, und es könnte leicht kommen, daß es der Orden verlöhre. Die Räthe würdigten diesen Grund und nahmen die Eidgenossen aus. — Dem Stoffler wurde hierauf vom Nellenburger (österreichischen) Obervogte geschrieben, er möge die Mainauer fortan unbehelligt lassen.

Eine Erneuerung dieses Schutzverhältnisses fand statt im Jahre 1523. Erzherzog Ferdinand von Oesterreich im Namen seines Bruders, des Kaisers Carl V, nimmt den Komtur Rudolf v. Fridingen, Gebieter der Deutschordens-Balley Elsaß, mit all seinen Freiheiten, Leuten und

Gütern in den Schutz des Hauses Oesterreich. Dagegen soll das Haus Mainau in allen „offenen Vehten und Kriegen“ des Erzhauses dessen offenes Haus seyn — vor der Hand auf 35 Jahre. — Vom Jahr 1521 findet sich weiter ein Schreiben des Statthalters der Regierung zu Innsbruck an den Hauskomtur Sebastian v. Stetten des Inhalts: „Er (der Statthalter) habe vernommen, wie das Haus Mainau mit Leuten und Nothdürften so wohl versehen sei, und welcher gute Wille sich dort zeige, um dasselbe Haus beim Reiche zu erhalten und bei der Schirmverwandtniß mit dem Erzhause. Das solle kaiserlicher Majestät gemeldet werden.“

Mögen Streit und Fehden im Mittelalter auch häufig gewesen seyn, den Fortschritt der Cultur, Wohlstand und Behäbigkeit im Ganzen störten sie nicht. Anders verhält es sich mit dem 30jährigen Krieg; sein tiefeinschneidendes Weh brachte Ruin und Verderbniß über alle Theile des Reichs, besonders aber war es die Seegegend, welche alle Drangsale jener langwierigen Kriegszeit auszustehen hatte.

Im Jahr 1633 erschien zum erstenmal eine schwedische Armee unter Feldmarschall Gustav Horn am See; sie mußte jedoch nach fruchtloser Belagerung der Stadt Konstanz vor der herankommenden kaiserlichen Uebermacht sich zurückziehen. Im folgenden Jahr kam der Feind unter

Horn's Oberbefehl zum zweitenmal in die Gegend. Die Stadt Ueberlingen hatte den ersten Sturm auszuhalten, der jedoch von einer tapfern Garnison und Bürgerschaft muthvoll abgeschlagen wurde. Radolfszell und Buchhorn waren die einzigen Orte am See, die in die Gewalt der Schweden fielen. In Bregenz, Lindau, Ueberlingen und Konstanz lagen Kaiserliche. Die Schlacht bei Nördlingen brachte das schwedisch-weimarische Heer abermals zum Abzug.

Nach großen wechselvollen Kriegsläufen wurden die Seeufer bald wieder der Schauplatz furchtbarer Kämpfe und Verheerungen. Die schwedische Armee, von Wrangel commandirt, eroberte (1646) die Bregenzer Klause und belagerte Lindau, dessen Besatzung sich mannhaft und siegreich vertheidigte.

Die Mainau war bisher von feindseligen Besuchen verschont geblieben. — Bereits im Jahr 1632, als der Schwede zum erstenmal in die Seegegend kam, hatte der kaiserliche Obrist v. Ossa die Garnison von Ueberlingen nach dieser Insel geführt*), welche Letztere, wie auch die benachbarte Reichenau von den Kaiserlichen gut befestiget wurde. Doch scheint man nach Abzug des Feindes wiederum sehr läßig geworden zu seyn. Der Landkomtur zu Altshausen schrieb deshalb (1642) an den Komtur Johann

---

*) Dr. Jos. Bader's Fahrten und Wanderungen im Heimathlande, S. 195.

Werner Hundbiß v. Waldrams zu Mainau: „Das Geschrei wegen bevorstehender Gefahr werde immer größer, sei auch kein Wunder, denn man könne nicht bemerken, daß irgend eine Anstalt zur Ab- und Gegenwehr gemacht werde, was doch vermittelst der Garnisonen zu Lindau, Konstanz, Zell und den Bregenzischen Bauern unschwer geschehen könnte. Es verlaute, daß zu Hohentwiel viele Schiffe ausgerüstet würden, woraus zu ersehen, daß es auf ein- und andern Ort am See abgesehen sei."

Von gleicher Besorgniß geleitet schrieb auch (18. Oktober 1642) der Rath von Konstanz an den komturischen Ammann zu Almansdorf: „Nachdem dem Commandanten Widerhold zu Twiel die geforderte Contribution von der Stadt und dem Bischof abgeschlagen worden, sei derselbe Vorhabens, sie mit Abbrennung der Weintrotten, Häuser und anderen Gebäue, auch Verderbung des von Gott erhaltenen lieben Weinnutzens, feindlich zu verfolgen. Daher versehe man sich zu den komturischen Unterthanen nachbarlich, daß sie dem Commandanten den Paß durch das orden'sche Gebiet nit werden offen lassen, sondern zur mehreren Versicherung des geliebten Vaterlandes (da ja eine Nachbarschaft der andern in solchen Fällen mitbehülflich an die Hand gehen soll) durch Fällung der Bäume alle Wege, außer der Landstraße, verlegen werden, damit man in Konstanz nit einsmals übereilt, sondern zeitlich zur nöthigen Defension gelangen möge."

Als das vorausgesehene Kriegswetter wirklich über den See ausgebrochen und zuerst über Lindau sich entlud, schrieb (15. Jänner 1647) der dortige kaiserliche Commandant, Graf v. Wolfeck, an den Komtur v. Hundbiß zu Mainau: „Er habe aus erheblichen Ursachen schon früher begehrt, seine darunten (zu Mainau) ligende Mannschaft durch die von Kostischen Knechte ablösen und nach Lindau in die Festung folgen zu lassen, indem von der bessern Verwahrung dieses importirenden Postens das Heil der übrigen Seeplätze abhänge. Er ersuche daher wiederholt den Herrn Komtur, das Interesse des kaiserlichen Kriegsdienstes zu erwägen, und dieser Ablösung keine weitere Verhinderung zu machen.“ Dieses Verlangen des Commandanten wurde (am 19. Jänner) wiederholt, mit dem Anfügen: daß auch die Munition, Stück und Schiffe von Mainau nach Lindau möchten salvirt werden, damit dortige Garnison den Nutzen davon haben, der Feind aber, im Fall er Mainau bekomme, sich solcher Vortheile nicht bedienen könne. — Dem Komtur wollte aber dieses nicht einleuchten; er antwortete deßhalb (unterm 20ten) dem Commandanten: „Auch die geringe Verfassung von Mainau zugegeben, finde er doch nicht, daß man dem Feind so geschwind sollte Thür und Thor öffnen. Durch Verlassung von Mainau würden dann Ueberlingen und Konstanz auch gefährdet werden. Er hoffe, dem Feind zu widerstehen und ihn bis zu einem Succurs wenigstens aufzuhalten.“

Unter solchen Verhandlungen war der 11. Februar herangekommen. Da sah man von Mainau aus eine Flotille geraden Weges den See herabsegeln und auf die Insel lossteuern. Es waren Schweden, welche von der noch immer belagerten Stadt Lindau herkommend, die Mainau anzugreifen trachteten. Ihre Ausrüstung bestand aus eilf größern und zwei kleinern Fahrzeugen, die 1000 Musketiere und vier Stück an Bord hatten. — Die Insel schützten südöstlich und westlich wohlangelegte Schanzen, sowie eine doppelte Reihe föhrener Pfähle rings um die Ufer das Landen verhindern sollte. Doppelte Mauern und Gräben umgaben von drei Seiten die Schloßgebäude, während gen Nord-Osten die steile, übermauerte Burghalde Schutz genug gewähren mochte; vierzehn feste Thürme vollendeten das ganze Vertheidigungswerk.

Gleich bei der Ankunft des feindlichen Geschwaders verließen die Kaiserlichen die westlichen Schanzen, und auch die Vertheidigung aus den übrigen vermochte nicht, die feindliche Landung zu verwehren. Des andern Tages schon wurde das Schloß theilweise genommen und am vierten kapitulirte der Komtur, Obristleutenant v. Hundbiß, mit Ueberlassung der Insel an die Schweden. Der Besatzung war freier Abzug zugesagt, das Versprechen aber nicht gehalten worden.

Der Komtur wendete sich daher (am 16. Februar) schriftlich an Feldmarschall Wrangel: „Er werde sich seiner

Zusage erinnern, was maßen er ihm (dem Komtur) seiner Mannschaft, bei der gezwungenen Abtretung des Postens Mainau schriftlich und mündlich freien Abzug zugesichert. Nun aber seien seine Soldaten zurückbehalten worden; er bitte daher um ihre Auslieferung, damit ihm bei Sr. Majestät nicht Etwas zur Verantwortung gereiche.

Ob diesem Verlangen gewillfahrt worden, wird in den Akten nicht gesagt; wohl aber findet sich in einem Schreiben des Landkomturs aus Hizkirch an den Erzherzog Hochmeister Einiges über die Einnahme der Insel. Der Landkomtur meldet dem Hochmeister: „Daß mit dem Ruin des ganzen Schwabenlandes auch ihm (dem Landkomtur) sein Haus Altshausen mit Zugehör, Dörfer und Unterthanen so verderbt worden, daß nichts mehr übrig, als der Brand, und er sich kurz vor Ankunft des Feindes in die Mainau retirirt, und daselbst bis auf den unvorhergesehenen Uebergang von Bregenz aufgehalten; als nun der Feind viele Schiffe ausgerüstet und damit angefangen, den Bodensee unsicher zu machen, Lindau zu belagern, Ueberlingen zu blokiren ꝛc., habe er sich wegen hohen Alters und Leibesbeschwerden in die Eidgenossenschaft begeben, in Hoffnung, es sollte der Posten Mainau desto besser mit Lebensmitteln versehen und füglicher defendirt werden. Der listige Feind aber habe durch ein Strategem diesem Posten, welcher wegen Mangel an Mannschaft nicht gehalten werden konnte, alle Succursmittel abgeschnitten und durch Schießen,

Stein- und Granatenwerfen, auch Sprengung einer Mine, den Herrn Komtur gezwungen, den Platz per Accord zu übergeben."

Den Siegern waren große Schätze in die Hände gefallen. Meßgewänder mit Edelsteinen besetzt, herrliche Pokale, Gold- und Silbergeschirr, auch fünf halbe Karthaunen, alles zusammen fünf Millionen (Gulden?) an Werth.

Im März desselben Jahres mußte Wrangel die Belagerung von Lindau wieder aufgeben und sich nach Ravensburg zurückziehen.

In Mainau, Langenargen und dem Schlosse Neuenburg bei Gozis lagen noch schwedische Besatzungen. Die Kaiserlichen erschienen wieder am Bodensee. Eine Abtheilung (300 Mann) die von Villingen nach Constanz gekommen war, rüstete 17 Schiffe aus, um, von den Lindauern unterstützt, einen Angriff auf die Mainau zu wagen; aber die Schweden schlugen die Stürmenden tapfer zurück, und machten überhaupt mit ihrer Flottille bald den ganzen Bodensee unsicher. — So gieng es fort bis zum Frieden des Jahres 1648. Am 30. September verließ die schwedische Besatzung auf Mainau unter klingendem Spiel, laut eines Accords, die Insel.

Der See öffnete sich wieder dem Handel und der Schifffahrt und Alles schien das alte harmlose Ansehen gewonnen zu haben. Doch aber war solches nur eine

Täuschung. Die Wunden, durch den langen Krieg geschlagen, brauchten manch' Jahrzehnd, um nur oberflächlich zu heilen. Nicht der dritte Unterthan hatte ein Bett mehr. Vor dem Kloster Weingarten z. B. lagen, wie Gustav Schwab berichtet, noch in der Winterkälte des Januars 1649, hundert verlassene, unschuldige Kinder und flehten jämmerlich um Brod und Obdach.

Auch die mainauischen Hausacten wissen von Schäden und Wehen zu erzählen. „Betreffend den Selbstbau in der Insul", berichtet der mainauische Hausmeister an den Landeskomtur im Jänner des Jahres 1638, „kann und mag derselbe bei so starker Haushaltung wenig erklecken. Denn wenn man wiederumben über Herbst (davon) säät, die Haushaltung davon führet, wie auch das wöchentliche Almosen (welches bei so schweren und theuren Zeiten niemalen abgebrochen, sondern jederzeit trewlich geraicht worden) erstattet, kann Ew. Excellenz dero hochbegabtem Verstand nach selbsten gnädig ermessen, daß wenig mehr übrig bleibt."

„Vor diesem hat man den Dienern in den Gesindtstuben jedem 5 kleine schwarze Brot täglichs geben, weil man's aber bei so geringem Einkommen und schlechtem Fruchtwax nit mehr continuiren konnte, hat sich jeder, wie auch noch, mit 2 Brot täglichs contentiren müssen."

„Zu Allmansdorf und Dinzelstorff liegen beide Kelnhöff, wie auch andere güether, sodann zu Oberndorff und Lüzelstetten etliche Höff ganz wüst; davon seyndt jeden orts etlich tausend ackers vom Hauß aus angeblümt worden, weil aber dieselbe durch die vorigen Innhaber wegen beschwerlichen lang gewehrten kriegsläufen (und weil ihnen ihr Vich und Roß vil underschidliche mahl, sowohl von Freundt als Feindt genommen) nit der gebür nach gebawen werden mögen, und man die mitel auch noch nit hat, gemelte güeter mit s. v. Tung zu versehen, mag der nutzen von denselben etwa auch wenig thun. Zudem so seyndt die Sommerfrüchten wegen der großen Hiz noch gar dahinden gebliben, und hat mancher den Saamen nit mehr bekommen. Es seyndt zwar zu Almannstorff ein gueter theil felder von den Underthanen anblümt worden, es gehört aber der mehrentheil Zehnden daselbsten dem groß und kleinen Spitel zue Konstanz und dem Gotteshauß Reichenau."

„Zue Egg seyndt unter wehrender Konstanzischer Belägerung von dem Feindt die Mühle daselbsten neben dreyen Heußern und einer Scheuer abgebrannt worden."

„Zue Lizelstetten seyndt die Underthanen under erstgemelter Belägerung auch günzlich ruinirt und spolirt, und als man die Stadt Ratoffzell von Lindau aus plogiren wollen, aber unverrichter sachen wiederumb abziehen müeßen, hat der Feindt dem kays. volckh nachgesezt, selbiges bey und umb Lizelstetten erdapt, theils beschedigt, theils gar niedergemacht, und 11 Häußer in brandt gesteckt."

„Zue Dingelstorff hat es der Underthanen halben

eine gleiche bewandtnuß wie oben, und stehen daselbsten auch underschidliche Heußer ganz öd und wüst."

„Zue Tetingen und Walhaußen seird vor diesem uff die 60 bis 70 Underthanen gewest, unizo befinden sich noch 20 daselbst; und seindt dieselbe der feindts gefahr, als die weit entseßenen, am aller mehristen underworfen gewesen. Zue vorgemeltem Tetingen stehen uff die 27 Heußer ganz öd, so von niemanden bewohnt werden."

„Zue Walhaußen seind bey wehrender feindlicher Belägerung der Stadt Konstanz, usserhalb dreyer Heußer, alle übrigen sambt dem Torckhel= (Kelter) verbrennt worden."

„Der Hof zu Mülhalden ligt gleicher gestalt ganz öd und wüst und von niemanden bewohnt."

„Zue alten Burg und Neuhauß hat es vor diesem aigne Haußhaltungen, Knecht und Mägt, Roß und vich und stattliche Aeckher, Gebäu, ja sogar bei gemelter Burg eine aigne Sennerey gegeben, deren roß und vich, wie auch uff die 200 wägen mit heu alles in feindts handt kommen. Die Güeter ligen nun von etlichen Jahren her öd und wüst und können dieselbe wegen Mangel der Vorlagen (Auslagen), item wegen Mangel an Leuten und rossen nit gehörig gebawen werden, sondern müssen beede mit einem paar Ehevolkh (Dienstboten) bestellt werden."

„Durch das langgewehrte Kriegswesen seind vil Underthanen verjagt, hungers gestorben und verdorben, und was noch übrig gebliben, hat der liebe Gott hernach durch die laidige contagion (Pest) hinweg genommen. Welches verursacht, daß bey so wenigen Leuten die Reben nit mehr alle gebawen werden mögen, und ligen sonderlich zu Dingelstoff, Tetingen und Walhaußen ein gueter theil reben von etlichen jahren her ganz öd und wüst, und es sihet ihme gleich, es werde noch kein aufhören seyn; denn ein armer Rebmann, der aigne reben hat und wolt dieselbe gern bawen, hat dabey nichts zu essen. Wann er nun Weib und Kinder mit ehren vortbringen und erhalten will, wirdt er getrungen, andere reben anzunehmen und die seinen wüst ligen zu lassen. Baut aber der gemeine mann seine aigne reben und gibt den Wein uff rechnung, so wirdt besagte rechnung bey gueten Jahren also spottwolfeil gemacht, daß er das ganze Jahr sein müeh und arbeit schier vergeblich anwendt und nichts damit ausrichten kann."

„In guten Jahren hat man allezeit bey dem newen Hauß einen aignen Ziegler gehabt; weil aber die mitel anjezt hiezue mangeln, hat man damit, wie auch noch, innhalten müeßen. Interime aber gehen die Dächer, sowohl bey dem hauß Maynau, Burg, Newenhauß, Rohhaußen und andern Orten übel zue grundt; und wären auch unterschidlicher orten allerhand baufelligkeiten bei besagtem hauß Mainau zu repariren, welches man alles wegen mangel der Vorlagen einstellen und allein dahin sehen muß, wie das Haußwesen und der Rebbau vortgebracht werden möge. Sintemalen man alles, was man zur menschlichen notdurft vonnöthen, tewer erkaufen muß, und hiezu keine andere losung hat, als den Wein, in welchem gar kein vertrieb mehr vorhanden."

„Vor dießem hat es zue Almenstorff 13 bis 15, zu Lizelstetten 8, zu Dingelsdorf 8 und zu Tetingen uff die 13 Züg gehabt, anizt kann man in den Obern- und undern Gerichten nit deren 13 zusammenbringen; und es seind die Roß also beschaffen, daß wann sie einen tag zu ackher gehen oder andere arbeiten verrichten, daß sie den nächsten tag wiederumben rasten müeßen."

„Bey dem Hauß allhier befinden sich noch uff die 17 stuckh Vich, jungs und alts, und 12 Zugroß, welche sich allein mit rowem und saurem heu behelffen müeßen und keinen haber haben."

„Die Zehenden zue Jetenhausen, Ober- und Underraderach und Lewenthal haben etlich jahr her gar nichts ertragen; ligt alles ohngebaut. Lewenthal und Hoffen seind verbraunt, die andern in Grund ruinirt, die Leut gestorben und verdorben, und die wenigen übrig gebliebenen durch die laidige Pest dezimirt."

„Im übrigen werden die Underthanen fast aller orten von den fremden mit geistlichen und weltlichen Gerichten starkh tribulirt; es will eben niemand mehr mit dem andern geduld tragen. Das verursacht, daß sie zu haußen schlechte lust, und wann nit bald remedirt und mit den vilfätigen tribulationen inngehalten wird, der mehrertheil Underthanen

Hauß und Hoff verlassen und darvon ziehen müeßen. Man will die langgewehrte Kriegspressuren und den ruin, da man doch die unmöglichkeit vor augen sihet, gar nit in obacht nehmen und consideriren."

„Im Wein ist fast gar kein vertrib, und wird von den Kauf- und Handelsleuten aller orten ein solcher Spott darauf gelegt, sonderlich wo sie wissen, daß man gedrängt, daß zu besorgen, der liebe Gott werde uns noch alle straffen, daß man die Gab Gottes also verachtet. Die vermöglichsten Unterthanen, sonderlich in obern Gerichten, haben fast alle etwas wenigs Wein in kellern, und wo einer in die Stadt Konstanz etwas schuldig ist und erbietet sich, daran Wein zu geben, so hat gemelte Stadt ein Statutum gemacht, daß kein Burger fürderhin Wein mehr hinein führen darf. Wie ich bericht, solle verwichenen Herbst bey allen thoren uff die 7000 fueder wein in die Stadt kommen und sonsten noch ein schöner Vorraht an altem Wein vorhanden sein. Dieweil aber die Unterthanen kein ander mitel als den Wein haben, derselbe aber für dißmal nit angenommen, noch anderen orten verkauft werden kann, so werden sie obengezogener maßen umb die baare Bezahlung tribulirt."

„Dieweil man den Unterthanen von dem hauß Maynau zum succuriren die mitel nit hat, werden sie nothgedrängter weis verursacht, die Hülf anderer orten zu suchen, welches aber mit ihrer der Unterthanen großer beschwerd geschieht; dann wenn man weißt, daß man gedrängt, wird keinem nichts vorgeliehen, wenn der Verleiher nit doppelten gewinn oder profit dabey hat, und wann einer mit Weib und Kind nit hunger und mangel haben und leiden will, mueß er diesen weggeben. Vor wenig Wochen hat zudem der liebe Gott in den obern und untern Gerichten eine Krankheit unter das Vich verhängt, daß daßelbe gällig worden, und ein gueter theil entweder mit schaden, oder noch etwas wenigem nutz weggeschafft werden mueßte."

„Demnach wird E. Ex. auß obengezogenen Punckten dero hocherleuchtem Verstand nach selbst gnädig ermessen können, weil bey aller orten mangelnden Zinß und Fruchtgefällen, abgang der Reben und Velder, mangel der Leute, Roß, Vich und anderer Nothwendigkeiten, die Schuldigkeit wie zuvor nit mehr erstattet werden kann, wie beschwerlich man bis dato gehauset und noch hauset; sintemalen außer deß geringen Selbstbawes in der Insul und etlich außerhalb angebliembten Jaucherten ackhers, sonsten einig Fruchtmittel nit vorhanden, sondern alles durch verkauffung deß Weins, bey dem ganz und gar kein vertrib, zuwegen gebracht werden mueß. Anno 1636, weil die Früchten aller orten so übel gefehlt, hat man für die Haushaltung beynah ein halb jahr alles bis zur erndt erkaufen und in hohem geld bezahlen müeßen. Mit Früchten seind wir dem ungefähren Ueberschlag nach noch bis in Monat Aprilen versehen, hernach wird man uff mitel bedacht sein, woher man die fernere Vorlag nehmen wolle."

„Aus dem Ambt Blumenfeld ist seit Anno 1631 an Geld und Früchten nichts, als ferndt und dieß jahr etlich wenig Malter hieher geliefert, wie es nun bey selbigem Ambt und den Unterthanen beschaffen, werden E. Ex. uß Herrn Obervogts daselbsten hie beigelegtem Bericht gnädig vernehmen."

„Uß dem Ambt Ueberlingen ist gar nichts hieher geliefert, sondern ist an Geld und Früchten von etlichen jahren her sovil nit eingangen, daß die Priester umb ihre corpora, und den Herrn Kapucinern ihr wochentlich Almueßen allezeit gereicht werden mögen; wie nun das Einkommen jetziger zeit beschaffen, das belieben E. Ex. uß Herrn Obervogts zue Hochenfels übersandtem ungefährem Ueberschlag gnädig abzulesen."

„Sonsten kann ich wohl mit Wahrheit schreiben", schließt der Bericht, „daß wann einer vor etlich Jahren in diesem Revier gewesen, und anizt widerumben dahin kommen sollte, er sich selbsten nit mehr erkennen würde, so ist alles verwildert und verwachsen."

Und doch war dies nur der Anfang der Wirren, wie mag es wohl nach dem Jahre 1848 ausgesehen haben! Einen beiläufigen Maßstab, wie durch den Eintritt des Kriegs plötzlich alles in's Stocken gerathen, gibt eine Uebersicht der Mainauischen Zinsrodel. Anno 1632 z. B. betrug das Einkommen aus dem komturischen Amte Ueberlingen:

An Geld	53	Pfd.
„ Zehend-Vesen .	177	Mltr.
„ Zehend-Roggen .	104	Mltr.
„ Zehend-Haber .	103	Mltr.
„ Landgarb-Vesen .	43	Mltr.
„ Landgarb-Roggen	32	Mltr.
„ Landgarb-Haber	42	Mltr.
„ Hühnern . .	693	Stück.
„ Eiern . . .	1590	Stück.

Drei Jahre später giengen jährlich im Ganzen kaum noch 25 Malter Getreide ein, und an Hühnern, Eiern und baarem Gelde gar nichts. Auch finden wir, daß der Gütererwerb des Ritterhauses von dem dreißigjährigen Kriege an fast gänzlich aufhört.

Der Orden im Allgemeinen hatte um jene Zeit bereits viel von seiner politischen Wichtigkeit eingebüßt. Nachdem er im Lauf der Zeit zu großen Reichthümern gelangt war und zu Anfang des fünfzehnten Jahrhunderts seinen Höhepunkt erreicht hatte, gieng es allmählig mit der alten Kraft und Einmüthigkeit abwärts.

Um das Jahr 1229 erbaten sich die Polen die Hülfe des Ordens gegen die Preußen, welche nach dreiundfünfzigjährigem Kampfe die Oberhoheit der deutschen Ritter anerkennen und dem Christenthum huldigen mußten.

Ein großes Verdienst haben die tapfern Ritterbrüder um die Germanisirung der slavischen Länder am baltischen

Meere. — Als im Laufe des sechszehnten Jahrhunderts diese Ländereien eine Beute der Polen, und das Heldenschwert der christlichen Verbrüderungen allmählig stumpf und schartig geworden, nahm, wie oben erwähnt, der Hochmeister seinen Sitz in Mergentheim, indem er zugleich die Würde eines geistlichen Reichsfürsten bekleidete. Er herrschte über ein in verschiedenen Ländern zerstreut ligendes Gebiet von etwa vierzig Quadratmeilen, abgetheilt in elf Commenden.

Von Zeit zu Zeit liehen die Ritter ihre Waffen noch den Kämpfen gegen den gefürchteten, weiter vorrückenden Halbmond. In der zweiten Hälfte des siebenzehnten Jahrhunderts, als die Türken die venezianische Insel Kandia angriffen, waren die Päpste eifrig bemüht, die Hülfe der christlichen Potentaten und Herren zu gewinnen. — Papst Clemens IX wendete sich im Jahr 1668 den 3. März schriftlich an den Hochmeister des Deutschordens, Graf von Stadion, mit der dringenden Bitte um baldige Hülfe.

Die Art und Weise wie diesem Gesuch entsprochen worden, gibt ein nicht uninteressantes Bild von der damaligen Wehrverfassung des Ordens.

Der Hochmeister schrieb auf das päpstliche Ansinnen dem Komtur von Elsaß und Burgund, Hartmann von Roggenbach zu Altshausen: „Obwohl man gegenwärtig im deutschen Vaterlande selbst sehr bedrängt sei und löschen solle, wo das Feuer am nächsten brennt, so wäre er doch der Meinung, daß dem Begehren des Papstes entsprochen werden solle, und zwar mittelst Sendung einer Kompagnie zu Fuß; eine solche aufzurichten komme auf etwa 6000 fl., und zu unterhalten nicht viel über 1000 fl. monatlich. Doch gebe er zu bedenken ob nicht auch dem Wunsche des Papstes mit einer Geldsendung entsprochen werden könne, da das Anwerben einer Mannschaft jetzt, wo allenthalben (für den Kaiser nach Spanien) geworben werde, ziemlich schwierig sey und viel Zeit erfordere, die Hülfe aber verlangtermaßen schnell geleistet werden müsse."

Der Komtur entschied für Anwerbung einer Kompagnie von circa 130 Mann, „welches dem Orden am reputierlichsten und auch nützlicher als Geldsendung seyn möchte, die, wenn sie nicht sehr groß, wenig beachtet und bald vergessen seyn werde." — Nach längerm Hin- und Herschreiben kam endlich die Majora überein, daß der geforderte Beistand in einer Volkshilfe bestehen, und der Offizier, dem die Führung anvertraut werden solle, ein mit dem Kriegshandwerk vertrauter Ritter aus dem Orden seyn müsse, ebenso auch der Fähndrich. — Der ausgeschlagene Geldbeitrag für Mainau und einige andre Ritterhäuser betrug 1000 fl. Unter den zwölf Häusern war Altshausen das höchstbetreffende mit 300 fl., das geringste Kaisersberg mit 4 fl. 6 kr. Die Kompagnie zu 150 Mann sammt dem Generalstab wird im monatlichen Sold zu 733 fl. berechnet, jährlich zu 8796 fl. Anwerbungskosten per Kopf 18 fl.

Am 24. September benachrichtigt der Komtur zu

Mainau, der das Werbgeschäft zu besorgen hatte, die Komture zu Freiburg, Ludach und Rixen: „daß die von sämmtlichen Komturen des Ordens bewilligte Kompagnie vollzählig sey und nächstens ausmarschiren werde; er bitte daher um die ausgeschlagenen, von ihm einsweilen ausgelegten, Geldbeiträge, und hoffe, man werde ihn nicht stecken lassen, da ja allerwärts ein guter Herbst zu hoffen."

Im November kam die Mannschaft auf Kandia an. Die Gelder zu ihrer fernern Verpflegung wurden nicht ohne vieles Hin- und Herschreiben von den betreffenden Commenden ausbezahlt. — Unterm 20. März 1689 berichtet der Kompagnie-Chef, Leutenant v. Metzenhausen, dem Deutschmeister das Zusammenschmelzen der Kompagnie auf 154 Köpfe und fragt an, ob man die Mannschaft nach Ablauf des Jahres zurückziehen oder wegen dringender Gefahr noch ein Jahr belassen solle ꝛc. Von der Commende Mainau ergieng die Antwort: „Die Kompagnie habe zu bleiben und die nöthige Unterstützung werde fernerhin ausbezahlt werden."

Als im November desselben Jahres die Veste Kandia durch Kapitulation an die Türken übergegangen, wurde die Kompagnie entlassen und nach Corfu eingeschifft, dem Orden aber von der Republik Venedig für bereitwillig geleistete Hilfe gedankt. Das Korps, nur noch aus 80 Köpfen bestehend, hatte auf dem Heimzug viel Ungemach und Unglück zu bestehen. Nachdem es auf dem Meere Schiffbruch gelitten und von dem venetianischen Podesta sehr schlecht behandelt worden war, zählte es nur noch 49 Mann, die ihren Marsch nach Mergentheim nahmen; aber auch diese geringe Zahl verringerte sich bis dahin (wahrscheinlich durch Ausreißerei) auf einunddreißig Köpfe. Es ward beschlossen, die Mannschaft, bedenklicher Zeitläufe wegen, noch ferner auf den Beinen zu behalten und nach Mainau zu schicken.

Als der martialische Zug gegen Ende des Jahres 1670 sich seinem Bestimmungsorte näherte, fühlte der Oesterreichische Kommandant zu Konstanz einige Beunruhigung, und ließ auf Mainau anfragen, was es mit dem heranziehenden Fähnlein von 30 Mann auf sich habe, damit er solches Kaiserl. Majestät berichte.

Der Komtur setzte den Deutschmeister von der Anfrage in Kenntniß, und machte nebenbei den Vorschlag, allgemein bedenklicher Zeitumstände wegen die Insel wiederum zu befestigen und mit Munition zu versehen. Der Deutschmeister erwiderte, die Oesterreichischen Bedenken seien beseitigt, die Befestigung der Insel aber werde gut geheißen.

Die wackern kandischen Veteranen zogen also in Mainau ein; doch scheint ihnen der Friedensdienst auf dem stillen Eilande nur wenig behagt zu haben. Denn schon nach einigen Wochen war man genöthigt, die Namen von etlichen Ausreißern in Altshausen und Mergentheim („da in Mainau kein dergleichen hohes Obrigkeits Signum vorhanden") an den

Galgen schlagen zu lassen und andere Mannschaft dafür zu werben. Trotz der guten Verpflegung und den neuen Uniformen von grauem Tuch glaubten die Unteroffiziere doch Ursache zu haben, sich beklagen zu dürfen über den Wachdienst, den sie in Ermanglung der Gemeinen thun mußten, deren eine Hälfte man nach Mergentheim geschickt hatte. Und als der „Kompagnie-Feldherr" wegen gröblicher Insubordination und weil er sich so weit vergessen, den Bedienten des Komturs zu prügeln, seines Dienstes entlassen und mit Frau und Kindern über den See geschafft wurde, schien man der Soldadeska auf Mainau alsgemach herzlich überdrüssig. Der Rath zu Mergentheim schickte zwar um strengere Zucht einzuführen, die Kriegs-Artikel ad normam, überschrieben: „Der Kaiserlichen Majestät und heiligen römischen Reichs Teutscher Knechten Artikuln, Speyer 1570," aber der Komtur glaubte, daß es besser seyn möchte, sich der kostspieligen Last ganz zu entledigen; in welchem Sinne er sich wiederholt an den Deutschmeister wendete.

Zu gleicher Zeit (1673) beschäftigte sich der Komtur angelegentlichst mit dem Entwurfe einer Allianz mit Oesterreich im Falle eines Bruches mit Frankreich, gegen welches Kaiser Leopold I zu Gunsten Hollands in die Schranken trat. Dem Entwurfe zu Folge sollte keine andere als kaiserliche Besatzung auf Mainau zugelassen werden, auf welch letzterer der Kaiser blos das jus praesidii ohne alle jurisdiction und nicht länger als bis die Gefahr vorüber, haben solle. „Müsse die Insel befestiget werden, so habe der Orden nichts daran zu tragen, und nach dem Frieden müsse alles in statu quo im Zeughause hergestellt und die Befestigungen nicht demolirt, sondern dem Orden überlassen werden. Ebenso soll den Rittern die Retirade nach Mainau beständig offen behalten werden. Dagegen verpflichte sich das Haus Mainau, entweder einen Ausschuß von Unterthanen oder, was am verständigsten seyn werde, sein zum schwäbischen Kreis erforderliches Kontingent einzuwerfen ꝛc."

In wiefern dieser Entwurf zur Ausführung gekommen, ist aus den Akten nicht mehr zu entnehmen. Gewiß ist aber, daß die Zeitläufe unserm Eilande keine hervorragenden politischen Ereignisse weiter zuführten. — Die Waffen rasteten und rosteten in den Rüstkammern, und die Nachfolger stets kampfbereiter Ritter verlebten auf ihren ländlichen Besitzungen ruhige Tage in patriarchalischem Wohlbefinden, was bei der geringen Zahl von Unterthanen und einfachen Verwaltung niemals durch große Regierungsgeschäfte unterbrochen wurde.

Im Ganzen kann das deutschorden'sche Regiment ein mildes genannt werden. Die Unterthanen waren „eigen" und zu bestimmten Frohnden verpflichtet. Sie hatten aber sonst wenig Abgaben und immer reichliches Almosen und Unterstützung an Geld vom Ritterhause zu erwarten. Bis zur Aufhebung der Commende wurde alle Samstage das „wöchentliche Almosen" auf der Insel ausgetheilt; und weil die großen Einkünfte in spätern Friedenszeiten stets viel baares Geld übrig ließen, so erhielt der Bauer auf einen guten Leumund hin Vorschüsse und Kapitalien geliehen, die ihm, wenn er richtig zinste, nicht selten theilweise geschenkt wurden. Besonders wird in dieser Hinsicht einer der letztern Komture gerühmt, der „Graf Fidele“ von Wurzach. Der Wahlspruch dieses guten Herrn war „leben und leben lassen.“ — Als er einst in den großen Landkomturkeller kam, und der Kellermeister in unterthänigster Ehrfurcht fragte: „was Ihro Gnaden für einen Wein zu trinken wünschten?“ — antwortete der gnädige Herr ironisch: „Aus deinem Fäßle!“ — Die Revenüen aus Gefällen und Zehenten rc. (den Ertrag des Selbstbaues ungerechnet) sollen jährlich 30,000 fl. abgeworfen haben. Die Komture saßen allein mit ihrer zahlreichen Dienerschaft und den Beamten auf der Insel. Im Schlosse herrschte große Gastfreundschaft, und Gäste von Konstanz und den umligenden Edelsitzen waren jederzeit willkommen und trefflich bewirthet. Und daß es dabei nicht an gutem Humor gebreche, dafür sorgte unter Graf Fidele der Narr „Baron Quacker“. Dieser launige Kautz, so erzählt man, hatte eine große Vorliebe für Katzen, deren, zur Sicherung der reichen Fruchtspeicher und Vorräthe, ein ganzes stehendes Heer auf der Insel unterhalten wurde. Er wußte diese Thiere durch natürliche Sympathie so an sich zu locken, daß sie ihm dutzendweise bis vor das Thor das Geleite gaben, wenn er ausgieng, um für die Herrschaft Botengänge zu machen.

Die Verwaltung der kleinen Landschaft war eine sehr einfache, familiäre. Der Ammann hatte keine Ortsdiener; wenn gefrohndet werden sollte, begab er sich bei Tagesanbruch vor die Häuser der Pflichtigen, wo er mit einem Pfiff und Namensruf den Unterthan zur Frohn in die Mainau beorderte. Die verschiedenen orden'schen Hofgüter wurden durch sog. Bauleute auf Rechnung der Herrschaft umgetrieben. Die Handwerker und Dienstboten auf der Insel erhielten an Geld wenig Lohn, wurden aber dafür mit allem nöthigen Lebensbedarf auf das Beste versehen.

So große Verdienste die frühern Deutsch-Ritter um Ausbreitung christlich-germanischer Kultur und Sitte sich erwarben, so wenig geschah unter den spätern behaglichen Herren für höhere Interessen der Nation; obwohl es ihnen weder an Muße noch Mitteln gefehlt hätte, für Kunst und Wissenschaft und Anderes thätig zu seyn. Doch, in einer Zeit, wo der Nationalhorizont in allen Theilen so wässerig und trübe geworden, wie im siebzehnten und achtzehnten Jahrhundert der deutsche, wird man billigerweise nicht verlangen wollen, daß es an einzelnen Punkten ausnehmend hell und sonnig seyn solle. — Nachdem der Orden alle seine politische Bedeutung verloren hatte, waren die Commenden lediglich nur noch große Gutsverwaltungen mit gewissen Hoheitsrechten gegenüber der zugehörigen Bevölkerung.

Die folgereichen Weltereignisse zu Anfang unseres Jahrhunderts nöthigten auch den Deutschorden, mit vielen Andern abzutreten vom vielgestalteten Nationaltheater. Der Preßburger Friede brachte ihn um seine Selbstständigkeit. Die Mainau sammt dem zugewendeten Ordensgebiet kam an das Haus Baden.

Der letzte Komtur zu Mainau war Konrad Joseph Sigmund Reich von Reichenstein=Brombach. Er starb im zweiundsiebenzigsten Altersjahr, am 30. August 1817, und ligt nicht, wie seine Vorgänger, in der Mainauer Gruftkapelle begraben, sondern, gemäß seines letzten Willens, auf dem Kirchhofe zu Almansdorf. Ein einfacher Stein außen an der Kirchenmauer bezeichnet sein Grab.

In einem Zeitraum von fünfhundert und dreiunddreißig Jahren (1272 bis 1805) residierten auf der Insel sechsundsechszig Komture, in nachfolgender Ordnung.

I. Frater Rudolf v. Schafhus, Komt. und Landkomt. v. J. 1264 — 1272 (zu Mainau).

II. Frater Ulrich v. Jestetten, Komt. v. J. 1291 bis 1295.

III. Frater Joh. v. Klingenberg, Komt. — 1301.

IV. Frater Eberhard v. Steckborn, Komt. — 1307.

V. Frater Wolfram v. Nellenburg, Komt. — 1316.

VI. Arnold v. Langenstein, Komt. — 1319.

VII. Heinrich v. Dettingen, Komt. — 1327.

VIII. Ulrich v. Königsegg, Komt. — 1350.
IX. Rudolf v. Homburg, Komt. — 1357.
X. Gottfried v. Homburg, Hauskomt. — 1357.
XI. Eberhard v. Königsegg, Komt. — 1365.
XII. Joh. v. Rothenstein, Komt. — 1373.
XIII. Wilh. v. Seckendorf, Hauskomt. — 1387.
XIV. Rudolf v. Randegg, Komt. — 1394.
XV. Heinrich v. Schletten, Land- und Komt. — 1401.
XVI. Stephan Strowin, Hauskomt. — 1402.
XVII. Jakob v. Blumberg, Hauskomt. — 1424.
XVIII. Kaspar v. Möckingen, Hauskomt. — 1428.
XIX. Marquard v. Königsegg, Landkomt. und Komt. — 1429.
XX. Rudolph v. Rechberg, Conventualis — 1432.
XXI. Otto v. Hörnlingen, Hauskomt. — 1433.
XXII. Joh. v. Mülhausen, Hauskomt. — 1436.
XXIII. Wilh. v. Helfingen, Komt. — 1450.
XXIV. Hans v. Ischall, Hauskomt. — 1450.
XXV. Herm. v. Luternau, Hauskomt. — 1452.
XXVI. Burkard v. Schellenberg, Land- und Hauskomt. — 1453.
XXVII. Georg v. Neuhausen, Komt. — 1471.
XXVIII. Georg v. Homberg, Hauskomt. — 1482.
XXIX. Wolfgang v. Klingenberg, Land- und Hauskomt. — 1484.
XXX. Bernhard v. Helmsdorf, Hauskomt. — 1494.

XXXI. Sebastian v. Stetten, Komt. — 1518.
XXXII. Hans Heinr. Vogt v. Summerau, Komt. — 1537.
XXXIII. Sigmund v. Hornstein, Komt. — 1545.
XXXIV. Franz v. Fridingen, Komt. — 1553.
XXXV. Ludwig Walter v. Pleideck, Hofmeister — 1558.
XXXVI. Wolfgang v. Hohenegg, Komt. — 1562.
XXXVII. Sigmund v. Reinach, Hofm. — 1567.
XXXVIII. Joh. Jak. Rauch v. Winada, Hofm. — 1577.
XXXIX. Werner Schenck v. Staufenberg, Komt. — 1579.
XL. Joachim v. Bubenhofen, Hofm. — 1584.
XLI. Georg v. Gemmingen, Komt. — 1589.
XLII. Christoph Thumb v. Neuburg, Komth. — 1592.
XLIII. Jakob Gremblich v. Jungingen, Komt. — 1615.
XLIV. Hans Christoph v. Ramstein, Hofm. — 1619.
XLV. Kaspar v. Stadion, Land- und Komt. — 1626.
XLVI. Philipp Albrecht v. Berndorf, Komt. zu Mülhausen und Statthalter zu Mainau — 1628.
XLVII. Joh. Werner Hundbiß v. Waldrams, Komt. — 1647.
XLVIII. Philipp Albrecht v. Berndorf, Land- und Komt. — 1660.
XLIX. Georg Christoph Rinck v. Baldenstein, Hauskomt., nachher Komt. — 1673—1688.
L. Joh. Hartmann v. Roggenbach, Land- und Komt. — 1674.

LI. Melchior Heinr. v. Grandmont, Komt. — 1689.

LII. Joh. Adam Speth, Freih. v. Silzburg, Hauskomt. — 1710.

LIII. Joh. Karl Freih. v. Schönau, Statthalter zu Mainau — 1712.

LIV. Georg Balthasar, Freih. v. Weitersheim, Komt. — 1717—1720.

LV. Joh. Karl, Freih. v. Schönau, Statth. — 1720.

LVI. Franz Anton, Freih. v. Reinach, Komt. — 1721—1731.

LVII. Reinhard, Freih. v. Schönau, Komt. — 1736.

LVIII. Servat Ignaz, Freih. v. Roll zu Bernau, Komt. — 1737.

LIX. Friderich, Freih. v. Baden, Komt. — 1745 bis 1751.

LX. Jak. Joseph Ignaz, Freih. v. und zu Hagenbach — 1756.

LXI. Beat. Konr. Philipp Friderich, Freih. Reuttner v. Weil, Landkomt. — 1785.

LXII. Franz. Nik. Fridolin, Freih. v. Schönau — 1792.

LXIII. Freih. v. Ramschwag — 1792.

LXIV. Franz Peter, Freih. v. Lerchenfeld — 1795.

LXV. Franz Fidel, Erbtruchseß, Reichsgraf v. Waldburg zu Zeil-Wurzach — 1802.

LXVI. Konrad Jos. Sigmund Reich v. Reichenstein-Brombach, Komt. — 1805.

Im Jahr 1827 kam die Insel durch Kauf an den Fürsten Esterhazy, und nach dessen Ableben (1830) in den Besitz seines Sohnes, Freiherrn Nikolaus v. Mainau; und als auch dieser (1839) das Zeitliche gesegnet, wurde (laut Vertrag vom 18. August dess. J.) die Frau Gräfin Katharina v. Langenstein Besitzerin, welche (8. Juni 1850) das schöne Gut sammt aller Zugehörde ihrer Tochter, der Frau Gräfin Luise v. Douglas käuflich überließ. — Nach diesem schnellen Wechsel des Besitzes fiel dem reizenden Eilande das Loos auf das Lieblichste: es wurde, nach Uebereinkommen vom 12. Oktober 1853, Eigenthum Seiner Königlichen Hoheit, des durchlauchtigsten Prinzen und Regenten **Friderich von Baden.**

Der Flächeninhalt des Insellandes beträgt 110 badische Morgen, wovon gegenwärtig etwa achtzig Morgen angeblümt sind. Das Ganze bildet eine eigene Gemarkung, zur Gemeinde Almansdorf, Bezirksamts Konstanz, gehörig. Wenn der Wanderer am klaren Tage über den waldigen Rück, von Lüzelstetten her kommt, ligt der wellenumspülte Lustgarten, ein grüner Smaragd auf silberglänzendem Schilde — in geringer Entfernung vor ihm zu seinen Füßen. Den Vordergrund bilden die Felder und Obstbäume der Lüzelstetter Gemarkung, links und rechts ziehen die vaterländischen Ufer hin, und im Hintergrunde schauen die schneeigen Alpen, Haupt an Haupt, riesig groß über die weitgedehnte Wasserfläche.

Ein hölzerner Steg, über fünfhundert Schritte lang, führt vom Ufer der Landzunge zur Insel. Der See hat in dieser Richtung eine Untiefe, so daß bei niedrigstem Wasserstand der feste Grund zum Vorschein kömmt. Links vom Steg erblicken wir im See ein großes und zwei kleinere metallene Kreuze, an ersterem den Heiland, an den beiden andern die Schächer; laut einer Inschrift im Jahr 1555 vom Komtur Schenck v. Staufenberg „Jesu Christo geweiht", nach einer Tradition wegen glücklich vollbrachter Meeresfahrt. Dieses Denkmal hat sich der Staat allein beim Verkaufe zum bleibenden Eigenthum vorbehalten. — Nach einer Sage wollten die Schweden die drei Kreuze mitnehmen; sie brachten sie aber mit sechs Rossen nicht weiter, als bis an den Lützelstetter Berg. Später schafften sie Bauern mit zwei gewöhnlichen Ackergäulen mit leichter Mühe wieder an ihre alte Stelle. — In dem Stege war früher eine Fallbrücke angebracht.

Am Ende des Steges, nahe am schilfigen Ufer, wohnt der Lauenführer (Fährmann), dessen Geschäft es ist, auf einem Lauen (Floß) ankommende Chaisen und Pferde, beim Hochwasser wohl auch Fußgänger, über zu setzen. Zugleich ist der Lauenführer ein gelernter Fischer, dem die ringsum zur Insel gehörige Fischergerechtigkeit Gelegenheit zur Ausübung seines Handwerkes gibt. Neben der Fährmannswohnung, unter alten Bäumen, hält der Patron der Schiffsleute und Fischer, der hl. Johann von

Nepomuk, in Stein ausgehauen, Schildwache; ein verwittertes Wappen am Fußgestell deutet auf Komtur Johann Hartmann v. Roggenbach (1647). — Von hier führt der Weg zwischen Obstbäumen, zuerst über ein flaches wohlangebautes Vorland, dann mittelst Treppen aufwärts, wo ein einfaches Lusthäuslein, der Vogelherd (noch aus der Zeit des Ordens), von der Höhe schaut. Hier, auf der Bank unter schattigen Kastanien, mag der Wanderer eine kurze Rast sich gönnen zur ersten Ueberschau. Das nahe Horn bei Lüzelstetten zur Linken, öffnet sich gen Nordwesten die Bucht des schönen Ueberlingersee's, dessen Einfahrt die Mainau majestätisch überwacht.

Von Punkt zu Punkt, von einem zierlichen Bilde zum andern, schweift der Blick, bald mit dem weißglänzenden Segel des Schiffleins über die ruhig ausgebreitete Fläche, bald mit dem einsamen Fluge des Reihers in hoher Luft über Berg und Wald, zu den grauen Felsen um Sipplingen und Goldbach, über die gelben Kornfelder bei Ueberlingen und Seefelden, zu den stillen Waldhöhen des Linzgaus, dem luftigen Gipfel des Heiligenbergs und zu dem Thurm von Hochbodman, oder wo tief am sonnigen Gestade Maurach ruht mit seinen friedlichen Nachbardörfern; dann zurück zur nächsten Umgebung: zu Füßen, das geräumige Vorland der Insel, seine blumigen Wiesen, Gehölze und gesegneten Waizenfelder; über den Steg nach dem lang gedehnten grünen Buchwald von St. Katharina und wo auf vorspringendem Horn das friedliche Lüzelstetten sich darstellt.

Doch, so gerne wir lange betrachtend hier verweilen möchten — es zieht uns weiter, wo aus dem Grün der Büsche und Bäume alte Mauern und Thürme hervorschauen zu dem „vesten Haus", dem „pläsierlichen Schloß". — Ueber den Rücken der Anhöhe führt der Weg dahin.

Vor dem Thore, welches in den ringsabgeschlossenen Hof führt, zur Linken ligt die Pächterswohnung mit ihren Nebengebäuden und einem Brunnen. Das jetzige Wohnhaus hieß zu Ordenszeiten der Einsatz, und diente zur Ueberwinterung der Topfpflanzen. — Eine feste Brücke führt sodann über den malerisch bewachsenen Wallgraben, wo als Thorwächter ein massiver Rundthurm sich erhebt, aus dessen zwölf Fuß dicken Mauern und weitklaffenden Schießscharten dereinst dem Feinde ein unhöflicher Gruß entgegen donnern mochte. Das geräumige Thorgebäude beherbergte früher das orden'sche Oberamt und die Beamten. In dem südlichen Theile wohnte der Hofrath. Unter dem Thorbogen links wurde vom Thorwart eine Wirthschaft betrieben. Er erhielt von der Herrschaft, für welche er in der holzgetäfelten Wirthsstube Wein ausschenkte, den sog. Maaßpfennig. Abends wurden die Thore geschlossen. Innerhalb des Hofes, etwa fünfzehn Schritte vom Thorgebäude, stand ein zweiter Thurm ebenfalls verschließbar mittelst eines Thors. — Gegenwärtig dient das

SCHLOSS MAINAU

ganze Gebäude zum Gasthaus zur „Insel Mainau", in dem der Ankömmling alle wünschenswerthe Bequemlichkeit und die beste Bedienung findet. Der älteste Theil des Hauses gehört dem Ende des fünfzehnten Jahrhunderts an; das Ganze scheint im Jahr 1626, unter Komtur Caspar v. Stadion, repariert und durch Anbauten erweitert worden zu seyn.

Eingetreten in den Schloßhof, überraschen uns die lieblichsten, größtentheils unter dem jetzigen durchlauchtigsten Besitzer angelegten Gartenanlagen. Hier, wo früher weitläufige Gebäulichkeiten, zwei Bauernhäuser, Stallungen, Weintrotten rc. (unter Fürst Esterhazy 1828 abgetragen) alle Aussicht hemmten, sehen wir einen kleinen Feengarten mit den anmuthigsten Fernsichten. Wir wandeln in einer Gallerie der zierlichsten Landschaftsbilder und Seestücke, welche durch die Lichtung der Gesträuche, und eingefaßt von ihrem grünen Rahmen, im Zauber einer wechselnden Beleuchtung uns entgegen schimmern. In der Mitte, von Blumenbeeten und Rosenbüschen umgeben, plätschert ein Springquell und füllt ein steinernes Bassin. Sein Ursprung ligt außerhalb der Insel, im benachbarten Walde von St. Katharina

Nachdem wir hier eine Weile auf das Angenehmste verträumt, wendet sich unsere Aufmerksamkeit dem stolzen Schlosse zu, welches in großen Dimensionen die Stirne der Insel bekrönt. Mit der Hauptfaçade nach Osten, schließt es mittelst zwei westlich laufender Flügel einen weiten Hof von drei Seiten rechtwinklig ein. Es ist aus rothem Sandstein im Style des vorigen Jahrhunderts erbaut, nach dem Plane des komtur'schen Baudirectors Johann Caspar Bagnato zu Altshausen. Nach der Jahreszahl im östlichen Giebel der Hauptfaçade wurde es vollendet im Jahre 1746. Das westliche Giebelfeld enthält die Wappen der Bauherrn. Das erste links, dem Komtur Servat Ignaz von Roll zu Bernau gehörig, bedeutet, daß unter diesem Komtur der Bau angefangen worden; das zweite überrascht uns durch ein bedeutungsvolles Zusammentreffen. Es weist auf den Komtur, unter dem das Schloß seine Vollendung erhalten — Friderich von Baden — zugleich der Name des jetzigen durchlauchtigsten Herrn und Besitzers. Ueber beiden Wappenschilden ist ein drittes, den damaligen Deutschmeister August Clemens, Prinzen von Baiern, repräsentirend.

Wenn der mainauische Komtur Friderich von Baden, auch keiner Blutsverwandschaft mit den berühmten Ahnen unseres erlauchten Fürstenhauses sich rühmen konnte, so standen seine Vorfahren doch in enger Beziehung zu ihnen. Er stammte nämlich aus dem breisgauischen Edelgeschlechte von Baden, welches einen weiß und schwarz gewürfelten Schild im Wappen führte. Es verdankte seinen Ursprung einem Dienstmanne der Herzoge von Zäringen, mit dessen Beneficium der Wachedienst auf der Burg Baden bei Weiler (daher „Badenweiler") verbunden seyn mochte. Denn diese Burg gehörte zu den ältesten Besitzungen des zäringischen Hauses, und die Familie von Baden zu dem ältesten Dienstadel desselben, wie die von Rockenbach. Schon unter Herzog Conrad (von 1122 bis 1152) erschienen ex hominibus ducis als Urkundenzeugen die ministeriales *Heinricus* de Badin et *Wernherus* de Roggenbach, und 1260 nannte sich Ulrich v. B. bereits miles (Ritter).

Nach dem Erlöschen der Zäringer war die baden'sche Familie mit der Herrschaft Badenweiler an die Grafen von Freiburg geerbt und erwarb sich nun im obern Breisgau verschiedene Lehen, zu Liel aber ihren bleibenden Sitz. Unter diesen Lehen befanden sich namentlich auch hachbergische, und als die Herrschaft Badenweiler mit dem hachbergischen Erbe an das markgräfliche Haus Baden fiel, erschienen die Herrn von Baden sofort als badische Dienst- und Lehenmänner.

Schon 1413 befand sich Albert von Baden im Gefolge der Markgrafen Bernhard auf dem Concile zu Konstanz, während ein anderer Albert v. B. 1439 als Statthalter des Markgrafen Wilhelm von Hachberg, und Rudolf v. B., welcher Johanniter-Komtur zu Heitersheim war, 1474 als Statthalter des Markgrafen Karl von Baden, den Interessen des badischen Hauses dienten. Im übrigen gehörte die Familie von Baden zum breisgauischen

Ritterstande, dessen Directorium wiederholt an ihre Glieder gelangte, wovon der letzte 1830 zu Freiburg verstarb*).

Um nun in den Bau des Komturs Friderich zu gelangen, melden wir uns beim herrschaftlichen Verwalter, der seine Wohnung im untern Geschosse des nördlichen Flügels hat. Die Stiegenhäuser befinden sich in den beiden Seitengebäuden. Im Ganzen enthält das Schloß zwei Sääle, siebenundfünfzig Zimmer mit elf sonstigen Räumlichkeiten an Küchen und Kammern u. s. w. Das zweite Stockwerk enthält die fürstlichen Wohngemächer, deren eine Reihe im nördlichen Flügel für den zeitweisen Aufenthalt Seiner Königlichen Hoheit des Regenten auf das Geschmackvollste neu eingerichtet ist.

Die Fenster dieser Zimmer haben die herrliche Aussicht auf den Ueberlingersee und seine Ufer. — Dort am fernsten Punkte gen Norden, Sipplingen und seine Molaßwände, von welchen der weitsichtbare Haldenhof niederschaut und die gebrochene Burg Hohenfels, die Heimath des Minnesängers Burckhard von Hohenfels; herwärts, hart am See, das weißschimmernde Felshorn mit seinen räthselhaften Heidenlöchern, die Mauern und Thürme der alten Reichsstadt Ueberlingen, das Dörflein Nußdorf, Schloß Maurach und auf freiem Hügel die stattliche Kirche Neubirnau — im Hintergrund der hohe Waldkopf

*) Mittheilungen von Dr. Josef Bader.

bei Pfaffenhofen mit den Trümmern der Burg Kapellinz, deren Stelle fernehin drei große Fohren bezeichnen, die bei Durchholzung des alten Forstes auf Befehl Seiner Großherzoglichen Hoheit des Markgrafen Wilhelm stehen geblieben; rechts einsam in die Luft ragend der runde Thurm von Hochbodman, wo einst ein Zweig des Geschlechts von Bodman hauste, und oberhalb Frickingen zwischen Heiligenholz und Heiligenberg ein erhabener Waldgipfel, die Schanzen genannt, wohin, nach einer Tradition, ehemals bei Feindesgefahr die umligenden Bewohner durch Feuersignale berufen wurden; sodann im Verlauf des Bergrückens, Altheiligenberg, die zerfallene Veste, und ein weiß glänzender Punkt auf dunkelm Grunde, Heiligenberg, das herrliche, an Erinnerungen reiche Fürstenschloß; endlich weiter östlich das Höchste auf demselben Höhenzuge, welchen Platz (mit prachtvoller Fernsicht) eine, vom höchstseligen Fürsten Carl Egon von Fürstenberg errichtete Pyramide krönt. Oberhalb erblicken wir noch den Hof Lichteneck, den höchsten Punkt im Seekreis.

Von den Zimmern, die wir durchschreiten, enthält das eine (das Eckzimmer) noch Reste ehmaliger Decorirung, es sind in Oel gemalte Tapeten mit idylischen Darstellungen im Geschmacke der Zeiten Ludwigs XIV.

Die meisten Zimmer aber hatten Sammettapeten von verschiedenen Localfarben, oft mit Gold und Silber durchwirkt. Die Vorhänge waren schwere Seidenstoffe, die

Möbel massiv von Mahagonie und Nußbaum. Etwas sehr Schönes, was noch aus alten Tagen vorhanden, sind einige gut erhaltene Oefen in den eigentlichen Wohngemächern Seiner Königlichen Hoheit des Regenten. Sie sind wahrhafte Kunstwerke und um so höher zu schätzen, als sie eine, in unserer Zeit gänzlich vernachlässigte künstlerische Technik im Fache der Töpferei repräsentiren. Auf weißglasirten Kacheln sehen wir in meisterhaft gezeichneten blauen Umrissen und Schraffirungen Scenen aus dem Kriegs- und Jagdleben, dazwischen Figuren aus der ältern und mittlern Geschichte*). Der Verfertiger ist ein Hafner, der (wohl mit mehreren Gliedern einer Künstlerfamilie) zu Ende des siebzehnten oder zu Anfang des folgenden Jahrhunderts in Steckborn lebte**). Bei diesen trefflichen Werken von der Hand eines Töpfers drängt sich unwillkührlich ein Vergleich auf zwischen den kunstfähigen Gewerken des Mittelalters, der Renaissance und denen der Neuzeit. — Zu wessen Gunsten wird wohl das Urtheil ausfallen? — Sicherlich nicht zum Vortheil der Letzteren. Die gemeine Routine, das fabrikmäßige Raffinement ist allerdings

---

*) Aehnliche Oefen fanden sich vor kurzem noch in dem hauensteinischen Schlosse Gurtweil, so wie an manch' andern Orten der oberen Gegend.

**) Es wäre von Interesse, Näheres von diesem Meister zu erfahren.

heut zu Tage ungleich mehr, fast bis zum Aeußersten, ausgebildet, aber im eigentlichen Kunst- und Geschmackselemente waren uns die wackern Altmeister durchaus überlegen. Doch kehren wir zurück zu unserer Mainau.

Eine steinerne Treppe führt uns in die dritte Etage der Hauptfaçade, wo ein großer Saal, der ehmalige Ordenssaal, uns aufnimmt. Wände und Decken sind in Roccoco leicht verziert, links und rechts an den Seitenwänden befinden sich zwei Altanen, welche dem hohen Raume etwas Festliches geben; wir denken ihn belebt durch die Anwesenheit edler Herrn und Gäste, durch ein fröhliches Bankett, bei dessen Trinksprüchen lustig von Oben die Instrumente schallen. — Durch eine große Flügelthüre treten wir hinaus auf den luftigen Balkon — welch' ein Gemälde entrollt sich hier! In seiner ganzen Länge und Breite ligt der herrliche Obersee, von den letzten badischen Uferorten Mersburg und Kirchberg und dem würtembergischen Fridérichshafen, bis wo von Sonnenschein und Duft umwoben die Fürsten des Hochlands am Horizonte stehen — über Lindau und dem Waldgebirge um Bregenz die schneelosen Kalkfelsen der Voralberger Alpen und der Vorgebirge Tyrols, der Grindlerkopf, das Rangiswangerhorn; weiter rechts der Hirschberg und der Künzlesspiz, höher ragend sodann der Hochlichtspiz, der Löffelspiz, die Kalkwände des Montafun, der Raucheberg, der Scheyakopf und andere. Ueber diesen meist doppelt übereinander gereihten Bergkolossen zeigen sich bei reinem Himmel noch in scharfen Conturen die beeisten Zacken der höchsten Tyroler- und Bündtner-Alpen, der Schapoltspiz, der Hundskopf und manche ungenannte, bis zum weißglänzenden Brandjoch, dem Zimpaspiz und dem Seekopf. — Ueber dem weichansteigenden Schweizer-Ufer bei Arbon und Romanshorn beginnen die Appenzellerberge, deren höchster, der hohe Säntis, wie ein gewaltiges Bollwerk die übrigen kühn beherrscht, unter ihnen der Altmann und der Gyrenspiz, zur Linken die niedrigeren Knochen des Föneren und des Kamor, des Hohenkasten und Anderer; zur Rechten die Schwägalp, und weiter die Berge des Toggenburgs und die kahlen Zinnen der sieben Kurfürsten, hinter ihnen der beschneite Spizweiler, der Tschingen und der Ofen bis wo die glänzenden Eisberge des Glarus sich in die Luft erheben.

Wie hier das Großartige überrascht und fesselt, so ziehen die nahen vaterländischen Ufer, vom südlichen Flügel aus gesehen, durch ihre traute Heimlichkeit und Ruhe an. Das prächtige Grün der Buchenwälder, gehoben durch den Ernst der eingemengten Tannen; von Bäumen halbverdeckt der Dörflein Eck mit seinem weiland komtur'schen Schlößlein; Staad der Stappelort harmlos ab- und zugehender Segelschifflein und Fischernachen, weiter hin die sonnigen

Schweizerufer und über ihnen in stiller Größe wiedrum die Alpen. — Wahrlich Du empfindest, warum die Gegend um den Bodensee die Heimath so vieler Minnesänger ist, und warum die treuherzigen Alten das Blütheneiland, auf dem Du stehst, die Mainau genannt haben — denn Mai und Freude und Lust waren im sinnigen Mittelalter gleichbedeutende Worte.

Nach diesem Schweifen in die Ferne haftet unser Interesse gerne wieder an der nächsten Umgebung. Eine heraldische Stammtafel, im Stiegenhause des Mittelbaues aufgehängt, erinnert an das hohe Alter und die Geschichte des Ritterhauses. Sie enthält die „Schild' und Wappen deren hochwürdigen Herren Commandeurs und Statthalters, Hauscommandeurs und Hofmeisters der Reichscommende Mainau", von Frater Rudolf von Schafhus (1264) bis zu Komtur Georg Christoph Rinck von Baldenstein (1678); oben thront die hl. Jungfrau mit dem Kinde, als Beschützerin und Fürbitterin des Ordens, ihr zur Seite als Vorbilder der Ordenspflicht stehen, der hl. Georg, der Ritter und Verfechter des christlichen Glaubens, und die hl. Margaretha, die Mildthätige und Pflegerin der Kranken und Presthaften. — Ein zweites, späteres Tableau führt die Reihenfolge der Komture weiter bis zum Lezten, Karl Reich von Reichenstein-Brombach.

Um diese Erinnerungen einer in sich abgeschlossenen

Vergangenheit schlingen sich überall die frischen grünen Ranken der Gegenwart. Mit einem reichen geschmackvollen Hausrath sehen wir bereits manch' werthvollen Schmuck der bildenden Kunst durch den kunstliebenden durchlauchtigsten Besitzer hieher verpflanzt. Als von speziell vaterländischem Interesse heben wir hervor: Die Cartons von Hofmalerin Fräulein Marie Ellenrieder, ein Cyclus von Ansichten badischer Städte und Gegenden von Landschaftsmaler Mosbrugger in Konstanz, und von einem ältern Meister die Ahnenbilder Friderich Magnus Markgrafen von Baden und seine Gemahlin.

Außerhalb des Schlosses, aber noch in seinem Umfange, ligt die Ordens-Kirche zu unsrer lieben Frauen. Sie ist in gleichem Style, wie das Schloß. Ihr Thurm bekrönt ein zierliches Zwiebeldach, auf dessen Spitze das goldene Ordenskreuz blinkt. Das Innere des freundlichen Tempels schmücken drei den Ordensheiligen geweihte Altäre. Rechts in einem Seitenbau des Chors befindet sich die Gruft der Ritter und im Langhause die Beamtengruft, in welcher auch der Baumeister des Schlosses und der Kirche, Johann Caspar Bagnato, gestorben 1757, einer fröhlichen Urstände harrt. — Früher bestand hier eine Bruderschaft zu Ehren des Märtyrers und Ritters Sanct Sebastian, errichtet mit päpstlicher Bestätigung von Komtur Georg v. Gemmingen anno 1587, „damit Gott durch die Verdienste und Fürbitte des Heiligen abwende alle Pestilenz und ansteckende Krankheiten, nicht allein von dem Haus Mainau, sondern von dem ganzen Land." Die einverleibten Brüder und Schwestern waren vorzugsweise zur Ausübung der Werke der Barmherzigkeit verpflichtet. Am Sebastianstag (20. Jänner) wurde im Ritterhause ein allgemeines außergewöhnliches Almosen gespendet. — Gegenwärtig findet alle Samstag ein Gottesdienst darin statt, den der Geistliche von Lüzelstetten zu besorgen hat. Es ist dies eine Stiftung des Engländers Darby, welcher unter Esterhazy längere Zeit zur Miethe im Schlosse gewohnt; Orgel und Meßparamente verdanken ihr Daseyn der Freigebigkeit dieses Fürsten.

Nahe der Kirche stand ehedem das Zeughaus. Die Franzosen sollen sechs Kanonen und zwanzig gute Panzer daraus entführt haben.

Das Haus selbst wurde unter Langenstein'scher Verwaltung abgebrochen. In der nämlichen Richtung (gen Südosten) ragte früher ein Thurm, der zum Gefängniß diente und die Katze hieß. Gegenwärtig finden wir in dieser Gegend das Treibhaus, eine Schöpfung des Grafen Douglas; ferner einen schönen Blumengarten über einem Theile der abgebrochenen Fortifikationen angelegt.

Ein wohlerhaltenes Gebäude innerhalb des Burgfriedens ist der Reitstall. Er soll spätern Ursprunges seyn als das Schloß, und seine Lage vor dem Schloßhof die Laune eines Komturs seyn, der leidend am Podagra, und ein Liebhaber von Pferden, von seinen Fenstern aus die Reitübungen überwachte und leitete. — Hinter diesem Gebäude stand früher eine Schmiedwerkstätte und ein großes Waschhaus, in welchem zugleich eine Obstdörre angebracht war. Und mehr gegen die Kirche zu fanden sich die Bäckerei und eine Schreinerwerkstatt.

Bei Musterung der noch vorhandenen Befestigungswerke müssen wir dem viereckigen Thurm an der Schloßhalde das höchste Alter zuerkennen. Sein Dach wurde unter dem vorigen Besitzer abgetragen und zur Plattform hergerichtet. Es mochte der massive Bau, mit der einst um zwanzig Fuß höheren Ringmauer, dem alten Schlosse zur Vertheidigung gedient haben. — Von den übrigen Thürmen haben sich, außer dem bereits genannten Thorthurm, nur zwei vollständig erhalten, der Gärtnerthurm am Wallgraben und ein runder Wartthurm im Rebberge gegen Süden. Ein dritter Rundthurm, der Jägerthurm, stand im südlichen Verlaufe des Grabens, etwa 50 Schritte vom Gärtnerthurm, während nordwestlich ein ähnliches (noch als Fragment vorhandenes) Rondell gegen den See hinschaute. — Unten am Ufer, Egg gegenüber, heißt jetzt noch ein Platz die Schwedenschanze; ein etwas kleinerer, „das Schwedenschänzle", findet sich hinter dem Hause des Pächters im nordwestlichen Theile der Insel. Beide wurden, wie oben gehört, beim Herannahen der Gefahr, gegen die Schweden errichtet.

Eine der wichtigsten Einrichtungen der Insel ist der

Hafen. Er leistet nicht nur den Inselbewohnern gute Dienste, auch für die Schifffahrt überhaupt ist er von Bedeutung, theils als gelegentlicher Ruhepunkt zwischen dem Ober- und Ueberlingersee, theils als sicherer Hort bei Stürmen, die hier besonders verderblich werden können.

Wenn nämlich die Föhn weht und große Wassermassen in die Bucht des Ueberlingersee's schwellet, der Gegendruck aber das Gleichgewicht mit dem obern Wasserstande herzustellen kämpft, wird der See vom Grund aus bewegt — der Schiffer nennt es das Grundgewelle, was besonders in der Gegend der Mainau fürchterlich und höchst gefahrvoll werden kann. Wie alte Schiffleute behaupten, wäre schon manches Unglück geschehen, wenn der Mainauer Hafen nicht ein schirmendes Asyl gewährt hätte. Die ganze Anlage ist eine sehr solide und es scheint ihre gegenwärtige Beschaffenheit, wie ein erneuertes Wappen schließen läßt, aus der Zeit des Komturs von Stadion (1626) herzurühren. Den Eingang bewacht das über der Mauer angebrachte Bildniß der heiligen Jungfrau, während am Ufer ein kleines Wohnhaus wie zur Aufsicht hernieder schaut. Unterhalb diesem Häuslein war an der östlichen Hafenmauer eine leichte Bedachung angebracht für die herrschaftlichen Schiffe, unter denen sich ein großer Segner befand, in welchem der Komtur, begleitet von sechs Matrosen, seine Spazierfahrten zu machen pflegte. Das Schiff beschattete ein weißer Baldachin mit schwarzer Einfassung, Troddeln und Glöcklein von ebendenselben Farben, auch der Segelbaum war also gefärbt, weil schwarz und weiß die Farben des Ordens im Frieden waren.

Zwischen dem Hafen und dem viereckigen Thurme, an letzteren angebaut, stand, in der Richtung gegen das Häuslein am Hafen, der große Landkomturskeller, dessen oberer Theil zur Fruchtschütte diente. Ein zweiter, der sog. Seekeller, fand sich etwas entfernt nördlich vom Thurme. Er war viel geräumiger als der Landkomturskeller und enthielt das größte Faß der Commende mit 60 alten Seefudern (das Fuder zu 30 Eimer, der Eimer zu 32 Maaß). Außerdem hatte er noch Fässer von 40, 50, 60 Fudern und obenauf ebenfalls Getreidespeicher. Weiter nördlich hart am Ufer und zum Theil über dasselbe hinausgebaut, hatten die Kiefer ihre Werkstatt, sie hieß das Bindhaus. Und daß nichts fehlte, was zu einem wohlgeordneten Gemeinhaushalt gehört, war am südlichen flachen Ufer, unten am Rebberge, ein Platz und großer Schopf für die Zimmerleute. —

Das anmuthige Wäldchen am nordöstlichen Ufer beherbergte ehedem jenes „hohe Obrigkeits-Signum", von dem vorne Seite 46 gesagt wird, daß ein solches um's Jahr 1671 noch nicht auf der Insel vorhanden gewesen. Der Platz hat noch heutzutage den artigen Namen „das Galgentöbele".

Wenn wir längs der Ufer-Mauer durch die Ahorn-

und Nußbaum-Allee dem südlichen Ende der Insel zuwandeln, kommen wir zum Badplatz, der noch aus alten Zeiten mit steinernen Treppen und Platten zum Baden im Freien hergerichtet ist. — Weiter hin gelangen wir in denjenigen Theil des Eilandes, der ausschließlich landwirthlichen Zwecken gewidmet ist. Terrassenförmig steigen üppige Wiesen an, fruchtbares Ackerfeld und sonnige Rebhalden. — So klein die Gemarkung an Umfang ist, so fruchtbar und reich ist sie an Produkten aller Art — Getreide, vorzüglichen Wein, feines Obst, Gemüse, gewürzige Futterkräuter, Hanf, Oel, Holz — kurz Alles, was ein vollkommener Landwirth sich nur wünschen mag. — Das nutzbare Feld der Insel ist, mit Ausnahme der Reben, theils an den Pächter, theils an den Gastwirth zu Mainau verpachtet. — Die hiesige Erndte fällt in die Zeit um Jakobi.

Was nebst einer üppigen abwechselnden Vegetation das Landschaftliche angenehm belebt, sind die vielen gefiederten Gäste, die von „Lustes-wegen" in dem grünen Eilande ihren Aus- und Einflug haben. Von dem bedächtigen Weih, der lauernd über den Feldern schwebt, bis zum zierlichsten kleinen Sänger sind beinahe alle heimischen Gattungen vertreten. Auch die Nachtigall fehlt nicht; ihre süßlockende Weise ertönt während mehreren Frühlingswochen regelmäßig im Park an der Schloßhalde. Ein eigentliches Heimathsrecht aber scheint die Schwalbe auf dem Eilande zu beanspruchen;

die offene Vorhalle des Schlosses dient ihr zu familiären Ansiedlungen. Ebenso häufig hält sich auch die Wildente in der Nähe der Insel auf; ihr Lustrevier ist das schilfreiche Ufer gegen den Lüzelstetter Berg. — Ein weniger gern gesehener Gast ist ein Insekt, die wilde Biene; sie verklebt mit ihrem Gehäuse von feinem Sand alle Thüren- und Fenstergestelle des Schlosses.

Zur Zeit des humoristischen Wirthes Schnetz, der noch aus der Verlassenschaft des Ordens bis vor Kurzem auf der Insel lebte, waren die Gehölze und Anlagen mit einer zahlreichen Familie von Kanarienvögeln bevölkert, die, sobald der Winter heranrückte, freiwillig sich wiederum zu ihrem Herrn in Kost und Logis zu begeben pflegte. Unter dem letzten Komtur ward stets auch ein kleiner Wildstand von Hirschen und Rehen, unter Aufsicht des Jägers, im Wallgraben unterhalten; ebenso ein Fasanenhaus. — Zu jener Zeit erstreckte sich ein Zier- und Lustgarten vom Gärtnerthurm bis gegen den Vogelherd. Alte komturische Unterthanen wissen noch viel von seiner „himmlischen Schönheit" zu erzählen.

Ist das liebliche Eiland auch von jeher einer der reizendsten Punkte des südlichen Deutschlands gewesen, so wird ihm doch jetzt erst durch die Municicenz seines hohen Besitzers die gebührende Rücksicht und Pflege. Sehr Vieles ist bereits im Laufe dieses Sommers geschehen. Das regste Leben in allen Richtungen herrschte auf dem freundlichen Insellande. Gärtner, Bauleute, Dichter und Maler zogen herbei zur Verschönerung und Verherrlichung des würdigen Fürstensitzes.

Eine der größeren neueren Unternehmungen ist die Anlage eines Reit- und Fahrweges längs den Ufern rund um die Insel. (Der schönen Gartenanlagen im Schloßhofe haben wir bereits gedacht.) Wichtig ist auch die erst kürzlich getroffene Einrichtung des regelmäßigen hierortigen Landens der Dampfschiffe auf ihrer Tour von Konstanz nach Mersburg und Ueberlingen; so wie zuweilen noch extra Fahrten stattfinden, unternommen von größern Gesellschaften, die unter Sang und Klang einziehen und fröhliche Gelage auf dem grünen Plane halten.

Aber auch in höherer Beziehung ist der Uebergang des Besitzthums an den jetzigen durchlauchtigsten Herrn von Bedeutung. Der Bewohner des Seekreises glaubt nämlich, darin die Gewähr eines längst gehegten Lieblingswunsches zu finden, seinen allverehrten, ritterlichen Landesfürsten — wohl bald an der Seite einer hohen minniglichen Gemahlin, Höchstderen Stammburg eine dem See benachbarte ist — einen Theil der schönen Jahreszeit in den obern Gauen zubringen zu sehen.

Sicherlich aber wird die Auszeichnung, welche der Seegegend durch die Erwerbung der Mainau geworden, nicht verfehlen, auf den Fremdenbesuch überhaupt Einfluß zu üben. Sind ja doch namentlich die schönen, an Abwechslung so reichen badischen Ufer noch viel zu wenig besucht und gekannt. Denn nicht nur dem flüchtig Durchstreifenden gewähren sie hohen Genuß, auch der länger Verweilende wird Alles finden, was ihm den Aufenthalt lieb und werth machen kann.

Ein paar Wochen z. B. auf unserm grünen Eilande Mainau — welch ein herz- und sinnerquickender Aufenthalt! Das geräumige Gasthaus, wenn auch nicht ein Hotel ersten Ranges, läßt billigem Verlangen gewiß nichts zu wünschen übrig. Die edle Liberalität, durch welche dem Fremden die ganze Insel mit ihren Einrichtungen zur Verfügung gestellt ist, gewährt dem Gaste Annehmlichkeiten, die er anderwärts für schweres Geld nicht haben kann. — Und ist das Wohnen, umgeben von solcher Anmuth, Heiterkeit und Güte der Natur nicht an sich schon ein Hochgenuß?

Wenn ein goldener Morgen glänzend über den Wellen erwacht, über deinem, vom Thau befeuchteten Luftbezirke frühe schon das hohe Lied der Lerche klingt und um die Berge Morgennebel ringen mit dem Strahl der Sonne — wie fühlt sich da der Geist gehoben und zu neuer Lebenslust erregt. Und in der stillen Mittagsstunde — wo verträumte sich ein Stündlein besser, als unter den Blüthenbüschen neben dem geschwätzigen Springquell im Schloßhof, in dem luftigen Saal mit den grünen Fenstern und ihren

THOR UND GASTHAUS ZU MAINAU

lieblichen Fernsichten! — Zwischen den Häuptern dunkelbelaubter Nußbäume und alten Tannen, die wie verwundert über die Ringmauer hereinschauen, der Blick der Sonne, die Silberwellen des See's — und die lichtblauen Gebirge des schwäbischen Ufers. — Ueber Dir tändelndes Gelispel der Silberpappel, der Athem süßer Maienlüfte und das lustige Zwischenspiel schnell hinschießender Schwalben. Dazu das Gefühl, rings von Wasser umschlossen, unnahbar Alles was Dich stören könnte — eine selige Einsamkeit. — Am langen Sommernachmittag ein Gang durch das Inselfeld, wo im grünen Wiesenplan geschäftige Gruppen um duftende Heuschober sich mühen, oder Schnitter und Schnitterin im gelben Weizenfelde, während dort schon wieder im frühherbstlichen Stoppelfelde der Pflug seine braunen Furchen zieht. — Oder Du steigst hinab durch die kühlen Schatten der Ahorn- und Nußbäume — zum Hafen, um eine Lustfahrt zu machen auf weiter, ungemessener Wellenbahn — in zierlicher Gondel allein, umrudernd das stille Inselland, das hohe Schloß am Meere und seinen schattigen Park, wiedergespiegelt im feuchten, tiefen Grüne der kristallenen Fluth, wankend und webend in ungewissen Umrissen; hinaus in den offenen See, der von sonnigen Dünsten zum Meer erweitet scheint oder blau bis zu den Alpen, deren Bild lieblich im Gewässer badet. Wieder zurück am Abend, wenn rosiger Schein die Welle säumt und Geläute deutlich, nah, von den Uferdörflein hallt; beim Sinken des Tages, in der Dämmerstunde, wenn Ruhe, sanfte, süße Schwermuth sich zum Herzen drängt — wenn Dunkelheit den Mantel breitet, Nebel aus der Tiefe steigen und über dem Gebirge leise Gluth den auftauchenden Vollmond verkündet.

Ja selbst Sturm und Gewitter, der trüb umdüsterte Tag, die Schauer der Nacht haben, hier erlebt, ihr Bedeutendes und Schönes. Wenn das bekannte Sturmsignal, der weißgraue Nebel — Brähme nennt ihn der Schiffsmann — aufsteigt, und zuletzt zur finstern Wolke gestaltet heranzieht, so sucht jeder Fährmann so rasch wie möglich das tückische Element zu verlassen. — Mit welcher Theilnahme verfolgst Du dann den Segner, der mit Getreide von Ueberlingen oder mit Ziegelwaaren von Bodman kömmt — wie er auf- und niederschwankt in dem mehr als klafterhohen Gewoge, wie er rudert und ringt, den Hafen der Mainau zu gewinnen, der hilfreich seine starken Arme in den gefahrbringenden Wellenkampf hinausstreckt. — Welch ein Anblick, wenn ein plötzlich hereingebrochener Gewittersturm mannshoch die Wogen aufregt, dann in rasendem Gewirbel die Spitzen der Wellen zum sprühenden Nebel zerstiebt, der im Nu weit umher den See verhüllt. — Du stehst am Ufer — ein gewaltiger Ost oder Nord durchstürmt den herbstlich fahlen Tag; in Schlangensprüngen, weit, unabsehbar, tobt die weißbeschäumte Woge — und die Brandung am alten Gemäuer führt zur Musik des Sturmes einen wilden dämonischen Tanz auf, hochanspritzend, zischend, lärmend, wie in toller verzweiflungsvoller Lust. — In mitternächtiger Stunde, wenn es über den See, um die alten Mauern und Thürme tost und schnaubt, als erklängen im Winde wallende Geisterstimmen aus den Tagen Wrangels und des Komturs von Hundbiß.

Oder Du wandelst in lauer Frühlingsnacht um dein träumerisch stilles Blühteneiland; aus halbverschleiertem Himmel blinken einzelne Sterne, am Horizont zuckt es wie Wetterleuchten; um die jungen Wipfel flüstert der Nachtwind, am Bord leis andrängender Wellen Gemurmel — verstohlen wie Geplauder der Liebe, und dazwischen, in lang gehaltenen Pausen, der süße Schlag der Nachtigall im verschwiegenen Park des hehren Schlosses — wie klagend um das verlorne Glück der treuen Maid von Bodman und des Ritters Hug von Langenstein.

Konstanz.

Ungern, wie von einem nach kurzer Bekanntschaft liebgewonnenen Freunde, scheiden wir von dem schönen Eilande, um der nahen Hauptstadt des badischen Seekreises, der alten Konstanzia, einen Besuch abzustatten.

Wenn wir einen kleinen Umweg nicht scheuen, schlagen wir die Landstraße ein, über Egg, Almansdorf und die St. Lorettokapelle. Das erstere Dörflein ligt der Mainau gegenüber. Es hat ein vormals orden'sches Schlößlein, in welchem der Rentmeister wohnte, der jeden Tag auf einem Schifflein nach der Insel fuhr. — Das Pfarrdorf Almansdorf ist sehr alt; es wurde im Jahr 724 von Karl Martell an das Stift Reichenau vergeben. Die Besitzungen, welche der Deutschorden daselbst besessen, haben wir oben verzeichnet. — Von hier geht die Straße über die Höhe, wo man zunächst der (aus Anlaß der Pest erbauten) St. Lorettokapelle eine überraschende Fernsicht hat.

Der nähere, kaum eine Stunde weite Weg führt durch den St. Katharinawald in gerader Richtung nach der Stadt.

DER HAFEN ZU CONSTANZ

Diese erscheint dem Ankommenden von hier aus beinahe ganz verdeckt von Obstbäumen und Gärten; die alten Wälle im Vordergrund, erheben sich allein das ehemalige Kloster Petershausen und die Steinmassen des Münsters.

Zurückblickend auf die Entstehungsgeschichte des Ortes begegnen wir zuerst den Römern, welche, nach der Tradition, auf der Insel (später Dominikanerinsel) ein Kastell errichteten, von den umwohnenden Deutschen die Niederburg geheißen. — Eine alte Sage, von Schultheiß erzählt, gibt vom Ursprunge der Stadt folgende Nachricht:

„Kaiser Severus schickte, 207 Jahre n. Chr., zwei Landpfleger in das eroberte Helvetien. Der eine, Konstantius, herrschte von der Lindmag (Limat) bis an den Vorder-Rhein. Er saß zu Pfyn und erbaute sich auf der jetzigen Dominikanerinsel bei Konstanz ein Jagdhaus, welches er befestigte, weil er zwei gefährliche Feinde in der Nachbarschaft hatte: der eine, ein ungarischer Edler, wohnte auf der Anhöhe des jetzigen Almansdorf, der andere, ein deutscher Herzog, hatte seine Burg zu Ueberlingen, wo jetzt das Johanniterhaus steht. Zur größeren Sicherheit der neuerbauten Veste gab Konstantius dem Orte allerlei Freiheiten, damit sich Leute daselbst ansiedeln sollten, was auch in kurzer Zeit geschah. — Als Konstantius einmal von seinem Jagdgefolge abgekommen, allein in den Wäldern gegen Frutweilen und Ermatingen jagte, erschrack sein Pferd vor einem ungeheuern Wurme (Drachen), von welchen damals das Land voll war. Es wurde scheu und gieng durch; Konstantius aber blieb im Stegreife hängen und wurde weit fortgeschleppt, bis auf das Geschrei des Jägers die Knechte herbei eilten, das Pferd anhielten und den Landpfleger so schnell sie konnten nach Konstanz verbrachten, wo er an der Stelle starb, da jetzt die Kirche St. Stephan steht. — Nach seinem Tode setzten die vorgenannten beiden Feinde der Burg und Stadt, Niederwasserburg geheißen, so zu, daß fast alle Einwohner dieselbe verließen und der Ort wüst und öde wurde. Hundert Jahre nachher schickte Kaiser Diokletian seinen obersten Feldhauptmann Konstantius nach Deutschland und Helvetien, gegen den Herzog von Ellgen, den er mit fünf andern Königen in der Nähe von Konstanz traf. Er überwand sie alle und machte sie den Römern unterthänig. Dieses Sieges und der schönen, bequemen Lage wegen baute er die Stadt wieder auf und benannte sie nach sich — Konstantia."

„Das erste Gotteshaus, welches gebaut wurde, soll St. Johann gewesen seyn, ein geviertes Kirchlein ohne Abseiten und Chor; gleichzeitig entstand die jetzige Schreibergasse, in welcher das Rathhaus zur „Tulle" stand. Als die Stadt um diese Zeit bereits sehr mächtig geworden und viel Volk hinzogen war, erhielten Geistliche, die man jetzt (im 16. Jahrh.) regulierte Chorherren nennt, vom Kaiser die Erlaubniß, sich darin niederlassen zu dürfen.

Sie bauten, da wo jetzt das Münster steht, eine Kirche in der Weite des Münsters. Wo jetzt die Sakristei ist und auf dem Kreuzgange, hatten sie ihre Schlafkammern, im Stauff, der am Kreuzgange ist, den Speisesaal und die Wohnung ihres Abtes u. s. w."

Zu großer Bedeutung kam der Ort durch den bischöflichen Sitz, der im 6ten Jahrhundert von Windisch, einem kleinen thurgauischen Flecken, nach Konstanz verlegt wurde. — Ein weiterer Grund zum Gedeihen und stets erneuter Lebensbewegung gab die herrliche Lage, an dem Engpaß zwischen dem Ober- und Untersee, so wie nicht minder die große Handelsstraße (die ehmalige Römerstraße), welche über hier vom Norden nach der Levante hinzog. — In Folge dieser günstigen Verhältnisse mußte frühe schon zu Erweiterungen der Stadt geschritten werden; um so mehr, als nach und nach viele benachbarte edle Geschlechter ihre einsamen, oft bedrohten Burgen verließen und in der wohlbefestigten Stadt, unter dem Schutze mächtiger Bischöfe, sich niederließen.

Die trefflich gelegene Bodensee- und Bischofsstadt erlangte so gewaltiges Ansehen, daß sie von beinahe allen gekrönten Häuptern alter Zeit besucht und mit großen Vorrechten begabt wurde. So melden uns die Chronisten, daß Karl der Große, als er zur Krönung nach Rom reiste, mit seiner Gemahlin Hildegard, Konstanz und die dortige Marienkirche besucht habe. Ebenso Karl der Dicke im

Jahr 828 und König Arnolf 890. — Einige Jahrzehnd später, zur Zeit als der berühmte Salomo III auf dem Bischofsstuhl saß, erschien Kaiser Konrad um Weihnachten zu feiern, und zu Ende des zehnten Jahrhunderts sah man Kaiser Otto III nach glücklich geführtem italienischen Kriege sieggekrönt in Konstanz einziehen.

Gleiches geschah unter den nachfolgenden Herrschern, die theils als Gäste, theils zu Verrichtung wichtiger Reichsgeschäfte nach Konstanz kamen. Im Jahr 1025 empfängt Kaiser Konrad II daselbst die Huldigung der Lombarden, und acht und zwanzig Jahre nachher hält Heinrich III in Konstanz einen Reichstag. Auch Heinrich IV und Konrad III beehrten die Stadt mit ihren Besuchen, sowie der berühmte Hohenstaufe, Friderich Barbarossa, welcher 1183 hier den bekannten Frieden mit den Lombardischen Städten schloß und dabei der Stadt wichtige Freiheiten schenkte.

In ebenso großer Gunst stand der Ort unter den Habsburgern; wie denn Rudolf, nach dem Sieg über Ottokar von Böhmen, in Konstanz sich huldigen, und den schwäbischen Adel den allgemeinen Landfrieden beschwören ließ.

Bei diesem freudigen Aufblühen nach außen und innen fehlte es jedoch nicht an mancherlei Mißhelligkeiten und vorübergehenden Störungen im städtischen Haushalte. Nebst der Bischofgewalt, die allmählig zur eigentlichen Landeshoheit anwuchs und die ursprüngliche Reichsfreiheit der Stadt zu vernichten drohte, waren es die adeligen Geschlechter, welche Grund zu Unzufriedenheit und Streit gaben, da sie im Verlaufe der Zeit das städtische Regiment völlig an sich gerissen hatten, während jetzt auch die Zünfte gleichen Antheil daran haben wollten. Der Hader deßhalb dauerte vom dreizehnten bis in's fünfzehnte Jahrhundert; es kam zu bewaffneten Aufläufen, in Folge deren ein Theil des Adels die Stadt verließ. Der Bischof, die Nachbarstädte und selbst der Kaiser legten sich wiederholt in's Mittel, bis man zuletzt sich dahin verglich, daß die oberste Gewalt zwischen Patriziern und Bürgerlichen abwechseln solle. Doch dauerte die Rivalität beider Stände noch längere Zeit fort, und Beschlüsse wie der folgende halfen nur wenig.

1) Ein Jeder, hieß es in einer Gemeindeordnung vom Jahr 1420, solle in der Zunft verbleiben, in welcher sein Vater gewesen, und nicht zu denen auf der „Katzen" (dem Gelaghaus der adeligen Geschlechter), noch zu andern Gesellschaften gehen. Er darf jedoch auf andere Stuben gehen um seinen Pfennig oder zwei ꝛc. — 2) Da die Geschlechter bisher ihre Tänze in der Rathsstube gehalten und zu denselben nur diejenigen aus der Gemeinde geladen haben, welche mit ihnen befreundet sind, so sollen die Geschlechter fürderhin keine Tänze mehr daselbst halten dürfen, ausgenommen wenn Fürsten und Herren kommen. — 3) Man solle 4 Tafeln mit dem jüngsten Gericht malen und solche in der Rathsstube aufhängen lassen, damit die Rathsherren

desto mehr göttliche Furcht vor Augen haben. — Aehnliche Bestimmungen wiederholen sich später.

Wie sehr bereits im vierzehnten Jahrhundert Kleiderluxus in der Stadt überhand genommen, erhellt aus einer Kleiderordnung vom Jahr 1390. — Jeder Mann, heißt es darin, kann einen Rock oder Mantel machen lassen so lang und weit er will, jedoch nicht länger, als daß er auf die Erde gehe. Auch soll er weder Lappen noch Schnizzle daran tragen, die länger seyen als ein Gelaich. Auch soll er keinen zu hohen Kappenzipfel tragen. — Kein Mann, jung oder alt, soll Kränze oder große Schappel tragen, weder in der Kirche, noch auf der Gasse, zu Tänzen, zu Schimpf (Spiel) oder Ernst. Erlaubt sind nur die schlechten (einfachen) Schappel, die man von alter Gewohnheit her trug. — Es sollen auch keine Schuh auswendig Brisen haben, wie neulich vorkamen. Auch sollen sie keine Oertle haben, weder rothe noch weiße, oder von andern Farben. — Kein Mann, sei er arm oder reich, soll mehr als ein zweifarbiges Gewand haben, und die Tricco in zwei oder vier Stücken. — Ein jeglicher Mann soll an Gürteln, Ketten oder beschlagenem Gewand nicht mehr tragen als 6 Mark Silbers an Werth; ebenso soll Keiner im bloßen Wams zum Tanze oder auf die Gasse gehen, sondern sich mit einem längern Kleide ehrbar machen. — Die „Ordnung frowlicher Zucht" bestimmte: daß keine Frau, reich oder arm, ein Tuch trage, das, wenn es von Seide sei, mehr habe als 20Fache, und wenn von Wolle, mehr als 16Fache; und sind dieselben Tücher so zu machen in der Breite, daß sie jeglichem Weibe den Nacken, ihr Haar und Haarbändel bedecken, vornen unter dem Kinn aber zusammen gehen, gebunden mit einem Schnürlein. — Es soll auch keine Frau eine Haube tragen, die köstlicher sei an Perlen, Gestein, Ringen und Häftlein als 50 Gulden Werths. Dazu mag sie ihren Vermählungsring tragen an ihren Händen. — Es soll auch keine Frau weder ein beschlagenes noch silbernes Gürtelein, noch Halsband tragen, bei 4 Mark Silbers Strafe. — Auch soll Keine einen Rock noch Mantel länger machen, als daß er auf die Erde stoße, und ihr nicht nachgehe. Und endlich soll keine Frau einen Kranz noch Schappel tragen. (Es stund dies nur Jungfrauen zu, wie noch theilweise im Schwarzwald und in der Baar bis auf den heutigen Tag Sitte ist.)

Seit dem Jahr 1384 besaß der Rath zu Konstanz das von Kaiser Wenzislaus verliehene Recht, Uebelthäter zum Tode zu verurtheilen. Nach Beispielen, die Schultheiß in seinen Schriften anführt, war die Prozedur eine ziemlich strenge und kurze. Um 1418, erzählt er, war zu Konstanz ein Schneider, Namens Hans Ritter, der hatte, wie die meisten seiner Zunftgenossen, ein hitziges Geblüt und Anlage zum Helden — war aber dabei ein großer Prahlhans, auf dessen Rede niemand viel hielt. Dieser Mann sagte, er habe große Feindschaft gegen Radolfszell und schon viele Ritter und Knechte aufgebracht, um die Stadt zu nehmen und hernach darin nach Gutdünken zu schalten und zu walten. Die Zeller, denen das zu Ohren kam, geriethen in Angst, obwohl der Schneider nie daran gedacht hatte, das Gesagte auszuführen. Sie verklagten den Prahler beim Rathe zu Konstanz, worauf ihn der Bürgermeister Abends vor dem Rathhause erscheinen und verhören ließ; er ward sogleich verurtheilt und am andern Morgen in der Frühe — ertränkt. — Als später einmal zwei Gesellen wegen falschen Spiels zum Tode verurtheilt wurden, verlangten sie, daß man ihnen statt anderer Todesstrafe, den „Seemann" gebe; worauf der Rath beschloß, künftig jedem Verurtheilten den Seemann zu geben, der seiner begehre.

Aber nicht nur gegen Weltliche, auch gegen die Diener der Kirche wendete sich diese Strenge, wie ein Raths-Gesetz vom Jahr 1380 darthut, wonach jeder Bürger in Fällen, wo es sich um die Ehre seiner Frau oder Tochter handelte, nach eigenem Ermessen an dem Uebelthäter im geistlichen Gewande Rache nehmen durfte; als bald darauf Einer vom Klerus von einem Bürger auf der Gasse angefallen wurde, verordneten die Obern, daß kein Geistlicher Nachts ohne Licht ausgehen dürfe. — Zuweilen kommt in dieser und der spätern Zeit noch vor, daß in zweifelhaften Fällen im Gottesgerichte oder öffentlichen Zweikampfe das Recht gesucht wurde. — So z. B. beschuldigte, im Jahr 1437, ein junger Geselle Wilhelm v. Wengi, den andern, Hans v. Lopheim, der Anstiftung zum Morde. Da sich der Fall im Thurgau ereignet haben sollte, über welche Landschaft die Stadt Konstanz die Gerichtsbarkeit besaß, so wurde die Sache vor dem Landgerichte in Konstanz verhandelt. Die schweizerischen Heimathskantone nahmen sich des Handels eifrig an. — Da schlug der Anschuldiger einen öffentlichen Zweikampf vor, um zu zeigen, wie ein freier Mann einen Bösewicht behandle. Der Gegner wollte auf dieses nicht eingehen, worauf das Gericht entschied, daß er für schuldig erkannt werden solle, wenn er den Kampf nicht annehme. Es wurde ein Tag bestimmt, ein Platz vor dem Thore abgesteckt und gleiche Kleidung, Schwerter und Schilde bereit gehalten. — Beide stellten sich, und man zog in Begleitung von 40 Gewappneten aus jeder der Zünfte hinaus vor die Stadt. — Inzwischen hatte sich der Bischof Heinrich von Höwen (der vorher schon vergebliche Versuche gemacht hatte, den Kampf zu beseitigen) mit seinem stolz und edeln Gezeuge und 40 Pferden auf der Pfalz versammelt, und ritt zum Augustinerthor hinaus, um den Graben. Er erreichte den Zug vor dem Schnetzthor und erwischte zuerst den Lopheimer. „Wer hat dir erlaubt zu kämpfen in meinem Bisthum!" rief der Bischof. „Es ist nicht erlaubt zu kämpfen und soll auch nicht seyn. Du mußt mein Gefangener seyn und ich will Rath halten mit meinen Freunden, meinen Kapitelsherren, meinen Freunden in Konstanz und andern

Reichsstädten, daß ich deine Ehre besorge.“ Hierauf ließ er ihn wegführen, so wie seinen Gegner Wengi. Niemand widersetzte sich diesem Befehle, denn es geschah mit Willen der Stadt und der Andern all. Man meinte, es wäre Alles vorher angelegt worden.

Von Alters her galt die bischöfliche Pfalz als eine Freistätte für verfolgte Mörder. Als (1493) zwei Gesellen im Hause eines „guten Weibleins“ Nachts einen Edelmann von Pfirt erstochen, flüchteten die Uebelthäter in die sog. Freiheit auf der Pfalz. Der Rath schickte in der Frühe zum Bischof und ließ ihm sagen, sie hofften, er werde den Mördern keinen Schutz gewähren. Der Bischof versammelte seine Räthe und sandte nach gepflogener Besprechung seinen Hofmeister Balthasar von Randeck zu den Mördern, der ihnen die Freiheit abkündigte. Die Knechte der Stadt ergriffen sie und führten sie in den Thurm. Am Tage darauf wurden sie vor den Rath gestellt, und da vielfältig für sie gebeten wurde, so enthauptete man sie „aus Gnade“ noch am nämlichen Tage.

Einen berühmten Akt in der Geschichte von Konstanz bildet das große Concil vom Jahr 1414 bis 1418. Als man bei einer Vorberathung zu Lodi wegen eines schicklichen Ortes zur Abhaltung dieser Versammlung sich besprach, lenkte der Graf von Nellenburg die Aufmerksamkeit des Papstes und des Kaisers auf Konstanz: als sei dies eine Stadt, „welche am Bodensee gelegen, wohlerbaut sey und viel Gemächer und Stallung habe". — Der Papst schickte Abgesandte dahin, und die Versammlung wurde nach Konstanz ausgeschrieben. — Weder vorher noch nachher hatte die abendländische Welt ein solches Zusammenströmen aller Nationen der Christenheit gesehen. Am 6. November (1414) fand die erste Sitzung in der Domkirche statt (wo auch alle übrigen Sessionen gehalten wurden). Die Hauptresultate dieser, die Herstellung des Kirchenfriedens bezweckenden Versammlung, waren bekanntlich die Absetzung dreier Päpste (Gegenpäpste), die Wahl eines neuen Papstes und die Anklage und Verurtheilung des Johannes Huß von Prag und seines Schülers Hieronymus.

Von den Aeußerlichkeiten jener Tage haben uns die Chronisten manche interessante Einzelheiten aufbewahrt. — Am 25. Dezember, nachdem das Concil schon seit Wochen eröffnet war, erschien Kaiser Sigismund in Konstanz. Am Christabend war er in Ueberlingen angekommen und hatte von dort dem in Konstanz weilenden Papste Johann seine Ankunft auf den kommenden Dienstag melden lassen, mit der Bitte: der hl. Vater möge mit Lesung der drei hl. Messen etwas zuwarten, bis er, der Kaiser, angekommen. Sogleich wurden von Konstanz Schiffe nach Ueberlingen gesendet, auf welchen das Reichsoberhaupt mit den Seinen eine Stunde nach Mitternacht in Konstanz eintraf. In seinem Gefolge befanden sich: seine Gemahlin Barbara, eine geborne Gräfin von Cilly in Steyermark, die Königin

Elisabeth von Bosnien, der Churfürst Ludewig von Sachsen, die Gräfin von Würtemberg und viele andere Edle. Am Fischmarkt stieg man an's Land und begab sich in das Rathhaus. Die Nacht war kalt, und die Damen eilten in die warme Rathsstube zu kommen, wo man die hohen Gäste mit köstlichem Malvasier und Konfituren gebührender Maßen bediente. Der Kaiserin wurden zwei große, herrlich mit Gold durchwirkte Tücher verehrt, die zu Traghimmeln dienten, unter welchen, zwei Stunden später, das kaiserliche Paar, begleitet vom ganzen Hofadel durch die schön erleuchteten Straßen nach der Domkirche wandelte. Der regierende Bürgermeister Heinrich von Ulm, Heinrich Schilter, Altbürgermeister nebst dem Reichsvogt Hagen und Stadtamann Ehinger hatten die Ehre, den goldenen Baldachin über dem Haupte des Kaisers zu tragen, während Bürger und Rathsherrn der Stadt gleicher Ehre bei der Gemahlin des Kaisers und der Königin von Bosnien sich erfreuten. — Der Kaiser wurde von lautem Zujauchzen des versammelten Volkes begrüßt. Seine hohe Gestalt hatte etwas ehrfurchtgebietendes. Ein langer Mannsbart zierte sein schmales einnehmendes Gesicht, welches herabfallende blonde Locken umwallten. Nach der Ankunft des erlauchten Paares in der Domkirche, hielt der Papst in eigener Person das Hochamt der ersten Messe. Als dieselbe zum Evangelium gekommen, bestieg der Kaiser in der Kleidung eines Diakons, begleitet von der Geistlichkeit mit brennenden Kerzen, die

Kanzel und las das Evangelium: „Es ist vom Kaiser August ein Gebot ausgegangen" u. s. w. Während dieser feierlichen Handlung hielt der Churfürst, Herzog Ludewig von Sachsen die Spitze des entblößten Schwertes, welches der Papst dem Kaiser als dem obersten Schutzherrn der Kirche übergeben hatte, gerade über des Letzteren Haupt. Nachdem der Gottesdienst zu Ende war, ertheilte der heilige Vater auf dem Pfarraltar dem Volke den Segen und begab sich wieder in die bischöfliche Pfalz; der Kaiser aber mit seiner Gemahlin und die Königin von Bosnien bezogen das Rillenhaus zur Leiter.

Damit es während der langwierigen ernsten Verhandlungen nicht an Abwechslung und geselliger Kurzweil fehle, war man eifrig besorgt, den anwesenden Herren und edeln Gästen Feste und Spiele mancherlei Art zu bereiten.

So gab (am 2. März 1416) Herzog Ludewig von Baiern, Vikar des Concils, zu Ehren der anwesenden Ritter und adelichen Einwohner der Stadt Konstanz, ein prachtvolles Turnier, bei welchem drei Herzoge, sechs Grafen, viele Ritter und Knechte und bei fünfzig Helme in den Schranken erschienen; die Damen und adelichen Fräulein aber zwei Tage hindurch mit Tanz und festlichen Banketten sich erlustigten. — Von der Großartigkeit solcher Kampfspiele mögen uns die Zurüstungen zu denselben einigen Begriff geben. Als im Jahr 1434 dem Kaiser Sigmund in Konstanz ein Turney gegeben werden sollte, mußten die benachbarten Klöster und Gemeinden über dreitausend Baumstämme zu Errichtung der Schranken liefern. — Im nämlichen Jahre 1416 sah man am Tage des hl. Johann Baptists die Abgesandten aus Florenz in der Stadt das Fest des Patrons ihrer Vaterstadt mit großer Pracht abhalten. Unter Pfeifen- und Posaunenschall wurde am Abend vorher in allen Gassen ausgerufen: „Ihr Herrn! alle meine Herrn von Florenz wollen morgen in der Kirche zu St. Johann das Fest des hl. Joh. Baptist feiern.“ — In der Frühe versammelten sich sodann alle Florentiner bei den Franziskanern, und begaben sich nebst dem Kaiser Sigismund, dem kaiserlichen Hofstaate, vielen Herzogen, Fürsten und Grafen, von denen jeder eine pfündige brennende Wachskerze trug, mit hoher und niederer Geistlichkeit in feierlicher Prozession durch die mit Blumen bestreuten und mit grünen Bäumen geschmückten Gassen nach der Kirche St. Johann, allwo der erste Kardinal und päpstliche Kanzler das Hochamt hielt. Ein ähnliches Fest feierten, am 29. Dezember, als dem Tage des hl. Thomas von Kanterbury, die in Konstanz anwesenden Engländer.

Das Prachtvollste, was man von einem Einzuge sehen konnte, gab nach Versicherung der Chronisten, der Markgraf Friderich von Meißen bei seiner Ankunft in Konstanz zum Besten. Mit dreizehn vornehmen, ihm dienenden Grafen zog er ein; sechszehn Gepäckwägen, acht und zwanzig Lastthiere, nebst fünfhundert Berittenen bildeten das

Gefolge; Letztere sammt und sonders mit ganzen und prächtigen Harnischen angethan, und geziert mit goldenen Ketten und Emblemen. Der Kaiser selbst und viele Großen ehrten den Gast durch ihre Begleitung.

Einen besonders wichtigen Akt bildete, wenige Tage nachher (den 15. April 1417) die feierliche Belehnung des Burggrafen von Nürnberg auf dem obern Markte*). Nicht minder Außergewöhnliches bot das Fronleichnamsfest,

*) Dieser Akt bekommt für uns Badener durch die Verlobung einer durchlauchtigsten Urenkelin des Burggrafen mit dem Enkel und Nachfolger Karl Friderichs ein besonderes, erhöhtes Interesse. Denn durch jene Belohnung, welche die Folge eines Pfandvertrags zwischen dem Kaiser und dem Burggrafen war, gelangte der fränkische (oder burggräflich nürnbergische) Zweig des Hauses von Zollern in den Besitz der Markgrafschaft Brandenburg mit der kurfürstlichen Würde. Diese Erhebung aber verhalf ihm zu derjenigen Stellung unter den deutschen Reichsfürsten, welcher das zollern-brandenburgische Fürstengeschlecht die Erreichung seiner gegenwärtigen Macht und Würde verdankt, worin es als Besitzer des zweiten Großstaates von Deutschland ein ausschlaggebendes Gewicht in die Wagschaale des europäischen Gleichgewichtes legt, und für das Land Baden, nachdem es dasselbe aus den frevlerischen Händen der Revolution errettet, nun durch die bevorstehende Verbindung der Prinzessin **Luise** von Preußen, Königliche Hoheit, mit Seiner Königlichen Hoheit dem Prinz-Regenten **Friderich** von unberechenbarer Bedeutung wird.

indem bei der öffentlichen Prozession drei Patriarchen, fünf- und zwanzig Kardinäle, zweihundert und fünf infulirte Erzbischöfe, Bischöfe und Prälaten zugegen waren, mit einem Gefolge von fünfhundert päpstlichen Auditoren, Schreibern, Hofbeamten und den Repräsentanten der hohen Schulen und aller Gelehrsamkeit. Ebenso zahlreich sah man dabei die weltlichen Gewalten vertreten: Kaiser Sigismund im Krönungsornate, zwei Churfürsten, drei und zwanzig Herzoge, fünf Fürsten, Landgrafen, fünfzig Reichsgrafen und Barone, und eine Menge Ritter und Edle mit ihren Knechten; im Ganzen wohl viertausend Personen, alle mit brennenden Kerzen in den Händen.

Auch als ritterlicher Kämpe zeigte sich einmal der Kaiser, und zwar bei einem großen Turnier, welches zu Fastnacht 1418 die Adeligen in Konstanz auf dem Brühl veranstalteten. Mit verbundenem Helme, ohne Wappenschild, ritt er in die Schranken, und zog, nachdem er einen Ritter und drei Knechte niedergerannt hatte, wieder ab, ohne das Visier zu lüften.

Es läßt sich denken, welch' ungeheure Menge Volkes während dieser außerordentlichen Zeit nach Konstanz gelockt worden seyn mag. Um dem gemeinen Manne und den armen Priestern, Schülern und Andern, die des Concils wegen in die Stadt gekommen waren, Gelegenheit zum Verdienste zu geben, ließ der Magistrat, ohne daß es durch Noth geboten gewesen wäre, die Mauern und Gräben der

Stadt im Taglohn bauen und ausbessern; ebenso arbeiteten viele Gelehrte und Priester in den Weingärten an städtischen Gebäuden oder wo es sonst etwas zu verdienen gab.

Als nach Beendigung der allgemeinen Kirchenversammlung der neugewählte Papst Martin V von Konstanz hinweg zog, ritt er, angethan mit einem goldenen Meßgewande, auf einem scharlach bedeckten Pferde, zur Stadt hinaus. Den Baldachin über seinem Haupte trugen zwei Ritter von Bodman, einer von Schellenberg und ein Herr von Klingenberg. Der Kaiser führte das Pferd am Zaume und zur Rechten gieng der neue Churfürst von Brandenburg, links der Herzog Ludewig aus Baiern, welche, mit dem nachfolgenden Herzoge Friderich von Oesterreich die Decke des Pferdes gefaßt hielten.

Nicht so glänzend war bekanntlich der Wegzug des Kaisers. Seine Dienerschaft hatte Schulden gemacht, und das Reichsoberhaupt sah sich genöthigt, zu ihrer Auslösung eine Summe Geldes zu leihen und den Gläubigern (zu Konstanz, Zell, Arbon und einigen von Augsburg) einen Theil seiner kostbaren Tücher und Tapeten in Versatz zu geben, mit dem Versprechen, binnen Jahresfrist die Pfänder zu lösen. Es waren fünfzehn seidene Tücher (Bett- und große Wandvorhänge, auch einige Haupttücher) von schwarzer und blauer Farbe, geziert mit grünen und rothen Rosen, güldenen Kreuzen und dem kaiserlichen Adler, im Werthe von 13,000 fl.; dazu 13 Stück Tapeten mit Gold durchwirkt, gewerthet zu 7000 fl. Alle diese Sachen wurden im Kaufhause niedergelegt. — Als die bestimmte Frist verstrichen und keine Lösung erfolgt war, blieben die Sachen, zum Schaden der Gläubiger, Jahre lang ligen. Angeknüpfte Unterhandlungen und Botschaften führten zu keinem Ziele, weil der Kaiser eine Gegenforderung machte, betreffend: der Stadt zu kaufen gegebene Steuern, den Kauf des Landgerichtes Thurgau, und Strafgelder in Sachen des Auflaufs gegen die Geschlechter und gegen die Juden. — Als Sigismund im Jahr 1430 zu Weihnachten wiederum nach Konstanz kam, wurde auf's Neue unterhandelt. Der Kaiser forderte 10,000 fl. Nachlaß oder daß man je den sechsten Pfennig an der Schuld fallen lasse, wogegen er den Gläubigern den Rest an die Juden verweisen wollte, die in Strafe verfällt waren, wegen eines zu Ravensburg (1429) an einem Christenknäblein verübten Frevels. Man wurde aber nicht einig. Zuletzt kam es dazu, „daß die Gläubiger die Pfänder unter sich vertrieben, und als sie solche verkauften, wurde kaum die Hälfte Geldes daraus erlöst; worüber viel zu schreiben wäre."

Während das Concil in Basel tagte (1737), wurden von dort aus Gesandte in alle Städte geschickt, die Stöcke in den Kirchen aufrichteten, damit Jedermann unrecht erworbenes Gut hineinlege und Ablaß gewänne. Die geopferten Güter wollte man zur Bekehrung der Griechen verwenden. In Konstanz scheint aber die Sache wenig Anklang gefunden zu haben; denn die Tafel, welche mit Figuren und Inschrift am Stocke (im Münster) angebracht war, fand man eines Morgens zerbrochen, und als eine neue hinzu kam, fand man sie gleich darauf mit schwarzer Farbe bestrichen. Der unbekannte Thäter ward von der Kanzel in Bann gethan und mit dem Judasfluch belegt; wäre er entdeckt worden, so hätte er den Frevel im See gebüßt, da der Stadt übel nachgeredet wurde. — Als der Stock etwa ein halbes Jahr da gestanden, fand man beim Aufschließen desselben 17 Schillinge, 3 Pfennige und drei Würfel. Der Raum war so mit Sand gefüllt, daß nichts mehr Platz hatte; in einem zweiten Stocke dagegen wurde viel Geld und Gut gefunden, ohne daß man wußte, woher es gekommen.

Ein eigentlich stadtbürgerliches Vergnügen und Ueben war von jeher das Scheibenschießen. Auch Konstanz hatte seine wohleingerichtete Schießstatt. Im Jahr 1456 (am Frauentag 15. August) gab der Rath und die Schützengesellschaft in Konstanz ein großes Freischießen für Armbrustschützen, wozu Fürsten, Herrn und Knechte und andere ehrbare Leute eingeladen wurden. Die Schußweite betrug 135 Schritte, anwesende Schützen waren es 285 und das Schießen dauerte 10 Tage. Unter den ausgesetzten Preisen waren ein „gedecktes Pferd", gewerthet zu 24 fl., ein anderes zu 18 fl. und eines zu 14 fl., ferner Ochsen zu 10—8 und 7 fl.; mehrere silberne Pokale, eine Armbrust (für 3 fl.) und etliche goldene Ringe. Zugleich standen Preise ausgesetzt in den verschiedenen Spielen, Laufen, Springen, Steinstoßen und Ballschlagen. Die Stadt schenkte dabei alle Tage 30 halbe Viertel Wein. — Im Verlauf des Festes gerieth ein Konstanzer Bürger mit einem Schweizer, Namens Plaphart, in Streit; der Konstanzer nannte seinen Gegner „Kuhplaphart," welches Schimpfwort die anwesenden Schweizer als der ganzen Eidgenossenschaft zur Schmach geredet deuteten, und ein großes Geschrei darob anhuben. Es kam zu einem Tumult, den der Bürgermeister Hans v. Cappel mit Mühe beschwichtigte und den Betheiligten das Versprechen abnahm, Recht zu geben und zu nehmen. Als die Eidgenössischen aber heim kamen, klagten sie, wie man sie in Konstanz behandelt habe, und ihre Mitbürger sahen darin eine solche Beleidigung der Nationalehre, daß mehrere Kantone eine Anzahl Bewaffneter, wohl an 1000 Mann, zusammenzogen und gegen die Konstanzer in's Feld rückten, ohne diesen weder geschrieben, noch sie zur Rede gesetzt zu haben. Am heiligen Kreuztag (14. September) zogen sie über die Thur in das Dorf Weinfelden; es war zur Zeit der Weinlese und die Scheuern waren voll Korn. Als das Haus zu Weinfelden (die Veste) auf Gnade und Ungnade sich ergeben hatte, fiel der muthwillige Haufen in die

Reben, hieb einen Theil davon um und stiftete viel Unfug und Schaden. Die Konstanzer erhielten aber zur Stunde erst den Absagebrief der Eidgenossen. Man bot an, Recht bei allen eidgenössischen Städten und Kantonen zu nehmen, jedoch ohne Erfolg. Auf dieses sammelte man sich in Konstanz um den großen Banner und ordnete als Hauptleute sechs Mann von den Geschlechtern und der Gemeinde dazu ab; auch den Geistlichen wurde befohlen, was sie zu thun hatten. Die Ueberlinger schickten ihren Bundesgenossen in Konstanz bei 500 wohlgerüstete Männer, und die von Lindau und Buchhorn ebenfalls viele Leute. — Unterdessen hatte sich der Feind fast bis zu 6000 Mann verstärkt, und weil man weiteren Schaden an den armen umligenden Dörfern, wo man die Weinlese erwartete und die Scheuern voll Korn hatte, abwenden wollte, schritt man zum Vergleich, den des Bischofs Vikari und andere Herren zu Stande brachten. Die Stadt zahlte 3000 fl. Brandschatzung und Berthold, der Reichsvogt, 2000 fl. Die Eidgenossen zogen ab, nahmen aber zum Andenken mit sich, was sie zu tragen vermochten. An der geforderten Brandschatzung schenkten die Züricher den Konstanzern ihren Antheil. — Also endete der „Plaphartkrieg", den ein einziges Wort entzündet hatte.

Als einen Beitrag zur Sittengeschichte des vielfarbigen fünfzehnten Jahrhunderts mögen noch einige in Konstanz stattgehabte Empfangsfeierlichkeiten gelten; die eine im

Jahr 1446 zu Ehren der Gemahlin des Herzogs Sigismund von Oesterreich. Die hohe Frau hielt ihren Einzug in einem vergüldeten Wagen, mit einem Gefolge von 600 Pferden. Auf der Pfalz, wo Herberge für sie bestellt war, fand eine Beglückwünschung statt von zehn adeligen und ebenso vielen bürgerlichen Frauen, wovon die Frau des Junkers Markwart Breisacher die Rede hielt, neigte sie sich, so neigten sich die Uebrigen auch, und welcher Frau die Herzogin die Hand bot, dieselbe küßte sie ihr. Nachdem die Herzogin die von der Stadt ihr dargebrachten passenden Geschenke an Wein, Fischen und Haber huldreichst anzunehmen geruht hatte, begann bei Nacht ein „Gestech mit scharfen Spießen", wobei die Ritter mit magisch flimmernden Kerzen auf den Schilden gegen einander sprengten.

Noch größere Ehre wurde 1592 dem Kaiser Maximilian bei einem Besuch in Konstanz erwiesen. Man fuhr ihm auf zwei Schiffen bis Buchhorn entgegen. In einem der Fahrzeuge waren die Rathsherren, im andern viele starke Knechte. Als der Kaiser nahe der Stadt kam, erblickte er ein großes Schiff von etlichen Gesellen zugerichtet; sie hatten eine Diele auf dasselbe gemacht, und tanzten unter einer darüber gebauten Reishütte einen hübschen Mohrischen-Tanz. Die Tänzer alle waren nackt und schwarz gefärbt. Sie hatten eine Scheibe oben am Segelbaum angebracht, auf welcher drei sitzen konnten; diese sprangen herab in's Wasser und kletterten behend an den gespannten Segelseilen auf und nieder. Während dem schoß man vom Kaufhause aus mit vielen Hackenbüchsen strenge; und Alles gefiel dem Kaiser wohl, sowie die schöne Lage der Stadt. An der Konrads-Brücke empfiengen ihn Bischof Thomas und sämmtliche Priesterschaft und Orden, die Prälaten von Petershausen, Kreuzlingen und Schotten, alle in ihren Habiten, auf das Köstlichste, mit allen Heiligthümern. Der Bischof hielt eine lange Rede, die der Kaiser kurz beantwortete. Nach diesen empfingen ihn die von Konstanz, begleitet von 400 wohlgerüsteten Knechten in Harnischen, welche vor dem Kaiser hergiengen, das zahlreich vom Lande herbeigeströmte Volk abzuhalten. Vom Fischmarkte an wurde er unter einem goldenen Himmel, getragen von Bürgermeister Konrad Schatz, dem Reichsvogt Ludwig Appentager, dem Ritter Ludwig von Helmsdorf und dem Hofmeister des Bischofs, Balthasar von Randeck, in das Münster begleitet, unter dem Geläute der Glocken aller Kirchen. Nach dem feierlichen Tedeum wurde er in die bischöfliche Pfalz geführt, und die 400 Knechte kamen auf den obern Hof, ließen sich sehen und machten ein „Rädle", was dem Kaiser sehr wohl gefiel. Er blieb über vier Wochen in Konstanz.

Begünstigt durch allgemeine wie besondere Zustände und Ereignisse hatte bis daher der Wohlstand und Flor der

Stadt auf's Erfreulichste zugenommen. Sehr ausgebreitet war der Handel, sowohl mit eigenen als fremden Erzeugnissen. Die Konstanzer Leinwand (tele di costanza) war weit berühmt *), sowie die Messen, welche, eine Vergünstigung des Kaisers Sigismund, seit dem großen Concil alljährlich in Konstanz abgehalten wurden. — Verschiedene Umstände vereinigten sich jedoch im Verlaufe der folgenden Jahrhunderte, das rege Handels- und Verkehrsleben der Bodenseestadt allmählig zu lähmen. Die erste Ursache war das Eingehen des großen Landweges vom Norden nach der Levante; denn durch die Entdeckung des Vorgebirgs der guten Hoffnung und des neuen Welttheils Amerika büßte Italien und mit ihm die Nachbarlande den Handel mit Spezereien und andern Produkten des Orients größtentheils ein. Nicht minder trugen später politische Ereignisse und Umgestaltungen zum Verfall der einst so belebten Stadt bei.

Zu Anfang des sechszehnten Jahrhunderts verlor Konstanz durch den unglücklich und ruhmlos geführten Krieg mit den Eidgenossen unter Kaiser Maximilian, die bisher besessenen landesherrlichen Rechte über das thurgauische Gebiet. — Noch Schlimmeres brachten die blutigen Wirren der Reformationszeit. — Die Bürgerschaft, anfänglich der neuen Lehre zugethan, war dem Schmalkaldischen Bunde beigetreten. Der Bischof und das Domkapitel verließen die

*) Mone, Zeitschr. für Geschichte des Oberrheins, Bd. IV.

Stadt, ebenso alle geistlichen Ordensleute mit Ausnahme einer Nonne in St. Katharina und eines Dominikaners, welche erklärten, lieber sterben als ihr Kloster verlassen zu wollen. Erbittert über diese Vorfälle schickte Karl V ein spanisches Heer, unter Alfonso de Vives, gegen die Stadt, um den Ungehorsam ihrer Bürger zu strafen. — Aber die Bedrohten setzten sich muthig zur Wehr und vertrieben den Feind; der Kaiser verhängte hierauf die Reichsacht über die Widersetzlichen. Sich selbst überlassen und erschreckt durch den kaiserlichen Machtspruch unterwarf sich zuletzt die Bürgerschaft, verlor jedoch ihre Reichsfreiheit im Jahr 1549.

Ein und achtzig Jahre später, als der verderbliche dreißigjährige Krieg bereits in schönster Blüthe stund, kamen abermals schwere Tage. — Gustav Horn, der schwedische Feldmarschall, rückte, im Spätjahre 1633, mit großer Macht den Rhein herauf gegen die Veste Konstanz. Ueberrascht sahen die Bürger von ihren Thürmen den Feind im nahen Tegermoos ein Lager schlagen. Die österreichische Besatzung in der Stadt war gering, aber vereinigt mit den wehrhaften Bürgern beschloß man mit Gut und Blut sich zu vertheidigen. Horn, dem dieser Entschluß, auf die Aufforderung sich zu ergeben, kund gethan ward, ließ dem Stadtkommandanten Grafen Wolfegg erwiedern: je stärker man sich wehre, um so lieber werd' es ihm seyn! Doch fand er herzhafteren Widerstand, als ihm lieb seyn mochte.

Alle Stürme wurden blutig abgeschlagen, und nach sechswöchentlicher Belagerung mußte der Schwede unverrichteter Sache das Feld räumen. Die Konstanzer aber feierten ihren Sieg, am 4. October, mit einem feierlichen Tedeum in der Domkirche. Bis auf die neueste Zeit waren dort noch schwedische, hereingeworfene Bomben als Votiva aufgehängt. (Im Jahr 1849 ließ der hessische General Schäfer bei der allgemeinen Entwaffnung diese ehrwürdigen Denkzeichen bestandener Gefahr wegnehmen.)

Die nachkommenden Successions-Kriege giengen ohne besondere Folgen für unsere Stadt vorüber. Mehr und mehr aber verschwand die Regsamkeit und Behäbigkeit ihrer Bewohner. Die Kraft und Selbstständigkeit des gemeinen Wesens waren längst dahin, Handel und Gewerbthätigkeit lagen darnieder. Viele Häuser stunden leer, und wo früher starkbesuchte Messen sich bewegten, blickte jetzt Merkurius mit seinem goldenen Stab von dem steinernen Brunnen der Marktstätte traurig auf den Platz, auf dem die Dammkärner ihre Mittagsruhe hielten, während ihre Thiere behaglich in dem hohen Grase schmaußten, welches dem alten Straßenpflaster üppig entsproßte.

In diesem Zustande traf Kaiser Joseph II, auf seiner Rückreise von Paris, im Jahr 1777, seine vorderösterreichische Provinzialstadt. Der wohlwollende Monarch sah die Entvölkerung und Gewerblosigkeit der Stadt und faßte den Plan, ihr aufzuhelfen. Zur selbigen Zeit standen in Genf mehrere vermögliche Fabrikherren, ausgebrochener Mißhelligkeiten wegen, im Begriffe, ihre Vaterstadt zu verlassen. Diese Leute wandten sich an den Kaiser, und dieser lud sie ein, nach Konstanz zu kommen und sich da niederzulassen. Es wurden ihnen bedeutende Vorrechte und völlige Religionsfreiheit zugesichert; überdies erhielt einer der vermöglichsten Fabrikherren, J. Macaire, die schön gelegene Dominikaner-Insel mit ihren Gebäuden unentgeldlich zur Errichtung einer Indienne- und Coton-Fabrik. Aehnliche Vergünstigungen wurden den hereingekommenen Taschenuhrenmachern und Goldarbeitern gewährt.

Noch erzählt man sich in Konstanz verschiedene Aeußerungen des Kaisers, aus den Tagen seines Besuches. — So befanden sich unter Andern an verschiedenen Plätzen der Stadt kleine hölzerne Wachthäuslein für die städtischen Nachtwächter. Der Kaiser, dem dieselben auffielen, fragte nach ihrem Zwecke, und erhielt die naive Antwort: „Das sind die Häuslein, in welchem die Nachtwächter schlafen." — „So, schlafen bei Euch die Nachtwächter," soll der Kaiser lachend erwiedert haben, „bei Uns wachen sie!" Ferner wird dem Monarchen ein hartes Wort in den Mund gelegt über den Konstanzer Klerus, dem er einen Theil der Schuld am Herabkommen der Stadt beimaß.

Der gute Kaiser, meint unser Gewährsmann, der verstorbene Zeichnungslehrer Nikolaus Hug von Konstanz*) konnte schon aus dem Thun und Lassen der Jugend den vorwiegenden Einfluß der damaligen Klostergeistlichkeit abnehmen.

Viele Aeltern, erzählt er, thaten, aufgemuntert durch geistliche Hausfreunde, das Gelübde, dies oder jenes Kind irgend einem Ordensheiligen zu weihen und bei seiner Volljährigkeit in ein Kloster zu bringen. Die Mütter trieben den frommen Eifer häufig so weit, daß die Kleinen bereits in zartem Alter Ordenshabitchen tragen mußten. Es war keine Seltenheit, sechs= bis achtjährige Kupuziner oder Dominikaner auf der Gasse sich herumbalgen zu sehen. — Die Schilderung damaliger Zustände der Stadt und ihrer Umgebung überhaupt, wie sie uns Nikolaus Hug hinterlassen, ist interessant genug, um Mehreres daraus hier mitzutheilen.

Im Ganzen, erfahren wir, gab es um's Jahr 1780 dreiundvierzig Kapuzinerklöster im Sprengel Konstanz, wovon eines in der bischöflichen Residenz selbst sich befand. Wie in allen ihren Klöstern gab es auch hier einen sog. Malefizpater, dessen Geschäft es war, Hexen und böse Leute zu bannen und den Teufel auszutreiben. Gewöhnlich wurden die unsaubern Geister in kleine Kisten beschworen und wohl verpackt, gegen Nachnahme, an entlegene Orte verschickt.

---

*) Ein Bruder des rühmlichst bekannten Dr. Joh. Bernh. Hug, weiland geh. Rath und Domdekan zu Freiburg.

Geschah in einem Hause irgend etwas Ungewöhnliches, so nahm man seine Zuflucht zu den Vätern Kapuziner. Ja, sogar die Evangelischen, aus den benachbarten Schweizerkantonen, kamen häufig in die Stadt, um bei den guten Patres in allerlei Angelegenheiten Hilfe zu suchen. — In Häusern, wo einige Behäbigkeit herrschte, erschienen an Namensfesten oder sonstigen Familientagen gewöhnlich ein oder zwei Kapuziner, dem Hausherrn gar freundlich zu gratuliren und ihn zu versichern, daß man im Gebete seiner gedenken werde. Für diese Aufmerksamkeit wurde ihnen gebührend mit einem guten Glas Wein und einem „Leibspeisle" aufgewartet, später aber erst noch ein Eimer Wein, die Hälfte eines Kalbes oder 30 bis 40 Pfund guten Brodes in das Kloster gesendet. Wer dies unterließ, sah das nächste Jahr keinen Kapuziner mehr in seinem Haus.*)

Nebst den Kapuzinern waren noch verschiedene andere Ordensklöster in der Stadt, die es an religiösen, im Geiste der damaligen Zeit ligenden Exhibitionen keineswegs fehlen

*) Die Bettelmönche hatten darin einiges Gute, daß sie manche unserer heutigen Armen- und Suppen-Anstalten entbehrlich machten. Allwöchentlich wurde ein gewisses Quantum Brod für die Armen gebacken, sowie reisende Handwerksgesellen jederzeit unentgeldliche Bewirthung fanden. Doch wo viele solcher Almosenanstalten waren, hatten sie allerdings nicht den besten Einfluß auf Thätigkeit und Fleiß der abhängigen Bevölkerung.

ließen. Am Charfreitage z. B. hielten die Jesuiten einen feierlichen Umgang durch die Straßen und mit ihnen die Studenten und sämmtliche Professoren. Hinter diesen Corporationen gieng ein Zug, welcher sinnbildlich die Grablegung Christi vorstellte, umgeben von Büßenden, die sich geißelten, und Männern, welche schwere Kreuze und eiserne Ketten schleppten. So bewegte sich die Prozession von einer Kirche der Stadt zur andern, um an den dort errichteten heiligen Gräbern das übliche Gebet zu verrichten.

Zu einer andern Stunde am Charfreitage hielt die lateinische Congregation ihren Umzug. In dieser Bruderschaft befanden sich Priester, Beamte und angesehene Bürger. An ihren Festtagen wurden in einer eigenen Kapelle im Münsterkreuzgange lateinische Predigten gehalten. — Ebenso feierte diesen Tag auch die bürgerliche Congregation. Diese hielt ihren Gottesdienst und ihre Feste in der Pfarrkirche St. Paul.

Wenn wir weiter auf die weltlichen Zustände, Sitten und Gebräuche blicken, wie sie vor kaum sechszig Jahren noch gang und gebe waren, so können wir uns nicht der Verwunderung enthalten, wie in kurzer Zeit so Vieles im bürgerlichen Haushalte sich geändert hat.

Bekannt ist die Art und Weise, wie damals rekrutirt wurde. Die Regimenter bestanden sozusagen meist aus Strafkompagnien, weil Landläufer, Tagdiebe und Uebelthäter verschiedener Art in die Soldatenjacke gesteckt wurden.

Da aber die erforderliche Mannschaft durch solche Subjekte nicht immer zusammengebracht werden konnte, so nahm man seine Zuflucht zu Werbungen. In Konstanz hielten sich stets zwei kaiserliche Werber auf.

Als Kaiser Joseph im Jahr 1780 mit den Türken Krieg führte, wurden die Werbungen in Konstanz auf folgende Art bewerkstelligt: Ein Rathsdiener trug Geld in einer Platte von Gasse zu Gasse. Hinter ihm gieng ein Stadttaglöhner mit einer vier- bis sechsmäßigen Kanne guten Weins, ein Anderer trug die Gläser dazu. So zog man durch die Straßen, müssige Handwerksgesellen und gaffende Landleute zu verlocken. Jeder Rekrut erhielt 25 fl. Handgeld und einen Trunk: Vivat Maria Theresia! Vivat Kaiser Joseph! u. s. w. und fort giengs unter Jubel und Geschrei auf eine städtische Zunft, wo die Leute wohl gespeist und von Neuem mit der süßen Bachusgabe traktirt wurden. Nach diesem wurden sie unter Aufsicht eines Rathsdieners auf Wägen nach dem vorderösterreichischen Platze Günzburg abgeführt.

Nicht minder Eigenthümliches hatte der Handwerkerstand. Noch zu Anfang unseres Jahrhunderts war es Sitte, dem wandernden Gesellen, statt eines polizeilichen Passes oder Wanderbuches, eine sogenannte Kundschaft oder Ausweis, von seinem Handwerke ausgestellt, mitzugeben. Diese Kundschaften bestunden in einem großen Bogen Papier mit schöner Einfassung und einer Ansicht derjenigen

Stadt, wo der Geselle sein Handwerk erlernt hatte. Darunter stund mit schön verzierter Frakturschrift: Wir Bürgermeister und Rath der löbl. Stadt N. N. und die vorgesetzten Meister des ehrsamen Handwerks der Schmiede ꝛc. beurkunden hiemit u. s. w." Die Vollmacht, solche Kundschaften auszustellen, hatte jeder Altmeister des Handwerks. Die beigesetzten Personalbeschriebe fielen aber oft sonderbar aus; denn die Hälfte der Handwerksmeister konnte nur kümmerlich lesen und schreiben. Daher die Signalements sozusagen stereotyp waren. Gewöhnlich hatten die Schlosser und Schmiedgesellen schwarze Haare, schwarze Augen, und waren fünf Schuh acht Zoll groß, während die Bäckergesellen sämmtlich blond und kurze fette Bürschlein waren. Oft kam es vor, daß Diebe oder faule Gesellen solche Kundschaften stahlen, und unter dem Namen des ursprünglichen Besitzers Diebstähle oder gar Mordthaten begiengen, enthauptet oder gehenkt wurden. Kam nun die Kunde von einer solchen Exekution in die Heimath des ersten, rechtmäßigen Kundschaftsbesitzers, so gerieth Alles in Schrecken und Bestürzung, bis nach durchgemachter Wanderzeit der vermeintlich Hingerichtete gesund und wohlbehalten bei den Seinen eintraf, und thatsächlich jene Gerüchte widerlegte.

Einzelne Gewerke, wie z. B. die Metzger und Gärtner, gaben den Ihrigen statt den gewöhnlichen Kundschaften große Pergament-Bögen mit, auf welchen sich der wanderlustige Geselle, je nach seinem Vermögen, von einem Maler oder Schönschreiber etwas Hübsches malen ließ. Die Gärtner z. B. wollten meistens den Garten ihres Lehrmeisters mit allen Gebäulichkeiten und Pflanzen darauf haben, während die Metzger schönes Vieh bestellten, nebst dem Lieblingshunde „Packan" oder „Bläß". — Nikolaus Hug erzählt, daß im Jahr 1797 in einer größeren Stadt des Mittelrheinkreises ein Maler eine solche Bestellung von einem Metzger bekommen, und mit vielem Fleiße also ausgeführt habe, daß er zwischen die zierlichen Buchstaben und Worte: „Wir Bürgermeister und Rath" — Ochsen-, Kälber- und Schafsköpfe ꝛc. gemalt habe, was der Metzgerzunft ungemein, dem Rath hingegen so sehr mißfallen habe, daß der arme Künstler zu einer Abbitte und Vernichtung des Lehrbriefes sich habe bequemen müssen.

Ein recht lustiges Leben führten auch die Studenten auf den Vakanzreisen. Mit ihren Zeugnissen und langen Degen an der Seite besuchten sie die Landpriester und wohlhabenden Bürger aller Orten. In jedem Kloster ward ihnen Herberge gegeben auf sechs bis acht Tage, und Essen und Trinken im Ueberfluß. Mancher arme Schlucker brachte von einer vierwöchentlichen Vakanzreise zwanzig bis dreißig Gulden baares Geld nach Hause. In der Stadt gab man armen Studenten bei Professionisten gerne Kosttäge, wofür sie dem Hausherrn, der im Schreiben und Rechnen entweder gar nicht oder schlecht unterrichtet war, die Hausbücher und Rechnungen in Ordnung halten mußten.

Eine eigenthümliche Klasse von Menschen bildeten die Waldbrüder oder Eremiten, welche auf Kirchhöfen, bei Kapellen, oder in Wäldern ihre Klausen hatten. Sie zeigten sich im Aeußern als sehr fromme Leute, welche in den Kirchen die Priester bedienten, dem Meßner bei Verzierung der Altäre halfen und mit dem Volke zu verschiedenen Zeiten in ihren Kirchlein Betstunden abhielten. Ein solcher Klausner befand sich noch zu Ende des vorigen Säkulums auf dem Schottenkirchhofe in Konstanz. Seine Zelle war mit passenden Symbolen und Versen geziert, z. B.

„Wahre Thränen, wahre Buß,
Waschen ab den Sündenruß“.

Trotz solcher frommen Aeußerungen scheuten übrigens manche dieser wunderlichen Heiligen ein Bischen „Ruß“ nicht, wenn es darauf ankam, sich ein Bene zu thun.

Zu gleicher Zeit gab es auch Schwärme von Bettlern und abgedankten gardenden Soldaten mit Frauen, Kindern und kleinen Fuhrwerken. Sie zogen von einem Pfarrsprengel zum andern und besuchten die Kirchweihen. In Konstanz hatten diese Bettler eine eigene Zunftordnung unter sich aufgestellt: starb ein alter Mann oder ein altes Weib, so rückte die jeweils älteste Person um einen Platz näher an die Kirchenthüre, und durch die ganze Armee fand das gleiche Avancement statt. — An der Straße nach

Kreuzlingen konnte man an schönen Sonntagen ganze Bettlerfamilien gelagert erblicken. Hier seufzte einer wegen Krankheit, dort schrie ein anderer seiner brennenden Wunden wegen, alle so erbärmlich wie möglich, um ein Almosen von den Vorübergehenden zu erhalten. Kam der Abend und die thauige Nacht, so hörten die Schmerzen auf; man zog in verschiedene Schenken und Herbergen und verzehrte erheiterten Gemüthes das erbettelte Geld.

Die Bewohner des an der Straße nach Loretto gelegenen Siechenhauses (errichtet von Bischof Hermann III, aus dem Geschlechte v. Breitenlandenberg) hatten das Recht, am Neujahrstage die Straßen der Stadt zu durchziehen. Sie sangen geistliche Lieder und führten einen Wagen mit sich, zur Fortschaffung des reichlichen Almosens, was ihnen von mitleidigen Einwohnern gespendet wurde.

Ein anderer anmuthiger Brauch war das öffentliche Singen vom Weihnachtsabend bis zum Feste der heiligen drei Könige. Am Weihnachtsabend setzten sich Banden alter und junger oft seltsam verkleideter Leute in Bewegung, um vor denjenigen Häusern der Stadt zu singen, aus welchem sie bereitwillige Spenden erwarten durften. Man sang meist Lieder von der Geburt und dem Leben Jesu, oft mit sehr schönen klangreichen Stimmen. Hin und wieder hörte man aber auch ein Kriegs- oder Liebeslied. — War man den nächtlichen Sängern gewogen, so wickelte man die Geldspende in ein langes Papier, zündete es an, und warf es zum Fenster hinaus der Bande zu. Ließ aber der flammende Dank allzulange auf sich warten, so rief man in geduldigem Tone:

„Wenn ihr üs ge wend,
So gend ü's bald,
Denn uf den Gaßen ist es kalt.“

Noch im Jahre 1792 war es in Augsburg Sitte, daß an jedem Samstag arme Studenten, mit Mänteln angethan, vor jedem Hause, wo sie Wohlthaten empfingen, ein deutsches Lied sangen oder ein Vaterunser beteten.

Am heiligen drei Königstage fand das bekannte Herumgehen der drei Könige mit dem Sterne statt. Unser Berichterstatter gibt in seinem Nachlaß eine Probe von einem Liede, welches an diesem Tage in Konstanz von den verkleideten Weisen gewöhnlich gesungen wurde.

„Die heiligen drei Könige mit ihrem Stern,
Sie suchen den Herrn und sähen ihn gern,
Sie kommen vor's König's Herodeßen Haus,
Herodes, der schauet zum Fenster heraus.
Herodes, der sprach mit falschem Bedacht:
„Warum ist nur der hintere so schwarz?“
Er ist nicht schwarz, er ist ganz weiß;
Wir suchen Ihn mit ganzem Fleiß.
Zu Nacht sind wir den Berg gegangen,
Dann ist der Stern wohl aufgestanden.

Der Sternen rückt fort, wir folgen ihm nach,
Bis wir zusammen nach Bethlehem kamen;
Nach Bethlehem in die heilige Stadt,
Wo Jesus Christkindlein die Liegerstatt hat.
Wir fallen Ihm alle Drei zu Füßen,
Zum Opfer Ihm schenken wir Gold,
Weihrauch und Myrrhen.
Dies war das liebste Jesulein.«

Allgemein war auch in der Seegegend das Johannisfeuer. Vom Hafendamme aus konnte man am Abend des Johannistages weithin im Schwäbischen und benachbarten Schweizerlande die Feuer lodern sehen; und noch heute ist dieser Brauch nicht ganz erloschen. In Konstanz aber hörte diese alte Sitte auf mit dem Jahr 1805, allwo ein junges Mädchen bei dem üblichen Sprung über das Feuer in die Flammen fiel und sich stark beschädigte. Die Stadtbehörde, welche das Feuermachen in den Gassen ohnehin ungerne sehen mochte, verbot die Abhaltung des Brauchs.

Zu jener Zeit hatte auch noch jeder Bürger das althergekommene Recht, seinen selbstgepflanzten Wein öffentlich auszuschenken. Die Verkündigung solcher Schenkeröffnungen geschah durch einen alten Mann in halb weißem und halb rothem Mantel. — Am Sonntagmorgen nach beendigtem Gottesdienste geschahen die Ausrufungen, mittelst der Schelle. Es konnte geschehen, daß zwölf bis vierzehn Schenkwirthe und Weinsorten auf einmal ausgerufen wurden, was dem Ausscheller eben so viele Maß Wein und Kreuzer eintrug.

Bei All' dem waren die öffentlichen Verkehrsanstalten, denen in unserer Zeit fast übergroße Sorgfalt zugewendet wird, in sehr mangelhaftem Zustande.

Noch in den achtziger Jahren des leztverflossenen Jahrhunderts finden wir im ganzen Lande über kleinere Flüsse keine Brücken. Fuhrwerke und Reisende wurden auf kleinen Fähren übergesetzt. Förmliche Straßen bestanden nur zwischen ganz bedeutenden Orten, und da waren sie meist so schmal, daß die Pferde eins hinter dem andern mußten eingespannt werden. Ganz besonders schwierig war das Fortkommen auf schweizerischem Boden. Bis zum Jahre 1796 z. B. mußten die Reisenden auf der stark begangenen Straße zwischen Pfyn und Frauenfeld nach Frankreich, auf Flößen oder flachen Schiffen über den reißenden Thurfluß setzen. War dieser von Gewitterregen oder geschmolzenem Schnee hoch angeschwollen, so mußten die Wanderer eben Geduld haben, bis das Element sich etwas verlaufen hatte. Natürlich, daß auch das Post- und Botenwesen dem Zustande der Wege entsprach.

In gedachter Zeit befand sich in Konstanz die Post auf dem obern Markte, unter den Bögen des jetzigen Leo'schen Kaffeehauses. Ein alter Herr Namens Radergast besorgte gemächlich und ohne Gehilfen das Geschäft. Die Postkutsche fuhr etwa zweimal in der Woche nach Radolfszell; nach der Schweiz aber giengen bis zum Jahr 1780 noch keine Fahrposten. Erst von da an wurden solche dort eingerichtet und mit der Reichspost in Verbindung gebracht. Die ersten Wagen hatten Raum für vier Personen. Die Kasten ruhten hinten auf hölzernen, eisenbeschlagenen Federn und hiengen in Ketten, während sie vorne unmittelbar auf der Achse auflagen. Da mochte, zumal auf den holperigen Straßen, dem Fahrenden das einlullende Schläfchen wohl verscheucht worden seyn.

Alle Postillone von der Reichsseite kamen zu Pferde. Die Briefe hatten sie in ledernen Beuteln rückwärts am Sattel festgeschnallt; die Postillone aber von Ueberlingen, Mersburg u. s. w. trugen kleine lederne Brieffelleisen auf dem Rücken. Mit noch weniger Umständlichkeit betrieben die Eidgenossen das Geschäft. Von Luzern kam wöchentlich einmal ein Bote zu Fuß mit einem Tragkorb, worin die Korrespondenz sich befand; von Wiel aber brachte, patriarchischer Sitte gemäß, eine Frau mit einem Esel das ihr Anvertraute nach Konstanz und von da zurück.

Zwischen vielen schwäbischen und schweizer Orten und Konstanz bestand gar keine regelmäßige Verbindung; man konnte von dort nichts erhalten und folglich auch nichts dahin versenden. Der Briefwechsel überhaupt mag damals ein sehr geringer gewesen seyn. So genügte z. B. vor fünfzig Jahren noch eine einzige Person, in Konstanz die Poststücke auszutragen. Es war eine alte Jungfer Namens S i d o n i a, welche mit einem Körblein am Arme die

Briefe in der Stadt umher trug; als sie alt und schwach geworden, überließ sie das Geschäft einer Base.

Regelmäßige Botenfuhren für Frachtstücke kamen erst in Mitte des vorigen Jahrhunderts auf. Später verband man auch Fahrgelegenheiten für Reisende damit, jedoch nur für solche Passagiere, welche keine allzugroße Eile hatten, indem die Reisewagen einfach hinten an den Güterwagen angehängt wurden. — Kutschen gab es dazumal noch wenige. Um's Jahr 1787 zählte man in Konstanz nicht mehr als zehn Kutschen, wovon zwei der Stadtgemeinde, eben so viele zweien vermöglichen Bürgern und die übrigen dem Bischof und den Domherren gehörten.

Mustern wir Kleidung und Tracht unserer Altvordern, so finden wir bei ihnen weniger Modenwechsel, aber dafür mehr Solidität in den Stoffen. Sonntags (im Winter) gieng der reichere Stadtbürger nie anders als im silberbortirten dunkelblauen Mantel; der Patrizier hatte solchen von Scharlach mit Goldborten auf dem Kragen, und als Auszeichnung den Degen, der übrigens auch dem Künstler, Beamten und wohlhabenden Kaufmanne zustand. Vermögliche Professionisten pflegten ihres Handwerkes goldenen Boden in massiven silbernen Rock- und Westenknöpfen zur Schau zu tragen, während von nicht minder kostbarem Metalle die Schuh- und Hosenschnallen, Uhrgehänge und Anderes seyn mußten. Statt unsern leichten Modezeugen sah man an den Frauen fein tuchene, mit ächten Silberborten besetzte Kleider, dazu die schmucke Goldhaube. Beim Kirchgang fehlte nicht das silberbeschlagene Gebetbuch von kunstreicher Arbeit und der Rosenkranz von Bernstein oder Korallen mit Denk- und Schaumünzen behangen.

Die Erben bekamen damals werthvolle Hinterlassenschaften, während ihnen heute meist werthloser Modekram und verbrauchte Fetzen zu Theil werden.

Manche, uns beinahe unentbehrliche Geräthschaften dagegen, waren dazumal noch selten oder gar nicht im bürgerlichen Hauswesen anzutreffen. Regenschirme z. B. sah man nur bei Vermöglichen. Sie bestanden aus dunkelfarbiger, mit großen Blumen gezierter Wachsleinwand. Die gemeinen Bürger- und Bauernweiber aber behalfen sich bei regnerischer Witterung damit, daß sie einen Theil ihrer Obergewänder über das bedrohte Haupt zogen, wie in unsern Tagen noch auf dem Lande zu sehen. — Vom Gebrauche der Spiegel wußten unsere Landleute ebenfalls noch wenig. Sie wendeten sich einfach an das bekannte Element, in welchem schon im frühesten Alterthum Narciß sein jugendliches Bild erschaut. Samstag Abends nämlich stellten die ländlichen Schönen eine Gelte voll Wasser in ihre Kammer, worin sie, nach dem Ankleiden ehe sie zur Kirche giengen, noch einmal sich bespiegelten, ob Alles in gehöriger Ordnung sei. Also einfach waren die Sitten und Zustände der s. g. guten Zeit. — Aus ihren Trümmern erwuchs in raschem Wechsel das Neue, welches zu beschreiben den Nachkömmlingen überlassen bleiben mag.

Nebst den mannigfachen Umgestaltungen der Josephinischen Zeit überhaupt, war für unser Konstanz die Ansiedlung der genannten Genfercolonie von großem Einfluß. So wie alles kommende Neue Bewegung und Leben in das vorhandene Alte bringt, so wirkte auch dieses Ereigniß anregend auf die Zustände der altbürgerlichen Stadt. In Folge der Ankunft so vieler thätigen und vermöglichen Fremden fieng man an, die modernden Kehrichtwinkel in den Gassen zu säubern, die vom Wurme zerfressenen Ingebäude der (zur Hälfte leerstehenden) Häuser auszubessern und bequemere Wohnungen darin einzurichten. Alle Handwerksleute, die gute Arbeit zu liefern vermochten, bekamen zu thun. Taglöhner, welche früher von Almosen und Klostersuppen sich genährt, griffen ermuthigt zur Arbeit. Zwischen den neu hergekommenen und den ursprünglichen Bürgern bestand das freundlichste Verhältniß; die jüngern Einheimischen lernten bald Französisch und die Genfer, wenn auch etwas langsamer, Deutsch. Mit jedem Jahr hob sich der Wohlstand. — Die Genferknaben, meist lustiges Blut, besuchten die Schule in Zofingen, so auch die Mädchen. In Religionssachen huldigte man einer gewissen Toleranz. Die Mädchen der protestantischen Genferfamilien nahmen am katholischen Religionsunterrichte Theil; es hieß, sie könnten ja größer und urtheilsfähiger geworden, selbst sich das Bessere wählen. — Erst nach mehreren Jahren kam ein Genfer protestantischer Geistlicher mit Familie nach Konstanz; und bereitwillig wurde ihm ein Lokal zur Abhaltung des Gottesdienstes eingeräumt.

Im Ganzen bestand die Colonie aus etwa fünfhundert Köpfen. Dem Gewerb- und Fabriktreibenden ward vom Kaiser zwanzigjährige Steuer- und Militärfreiheit bewilligt. Wie schon oben bemerkt, bekam die Familie Macaire, zur Errichtung einer Indienne- und Cotonfabrik, die Dominikaner-Insel unentgeldlich. Bei dem Einzuge hatte Jakob Macaire, wie Hug erzählt, ein sonderbares Mißgeschick. Als der erste schwerbeladene Güterwagen über die Brücke zum Kloster fuhr, brach dieselbe unter der Last zusammen und Pferde und Wagen stürzten stark beschädigt in den Wassergraben. — Die vertriebenen Klostermönche und ihre Anhänger aber frohlockten und wollten eine höhere Fügung darin erkennen, so natürlich es auch war, daß die, nur zu Brodfrüchten und Weinfuhren hergerichtete Brücke, unter der ungewöhnlichen übermäßigen Last einbrechen mußte. — Bis auf den heutigen Tag wird dies Fabrikgeschäft mit gutem Erfolg betrieben. Andere, von den Eingewanderten angefangenen Industriezweige, wie z. B. die Sackuhren- und Goldwaaren-Fabrikation sind jedoch wiederum in Abgang gekommen. Um der Ersteren aufzuhelfen, ward die zollfreie Einfuhr von 20,000 Stück Sackuhren während acht Jahren in die österreichischen Staaten gestattet. Da aber die Fabrik weit mehr zu liefern im Stande war, so wurde der Ueberschuß im Orient verschlossen.

Am Schluß des genannten Jahrhunderts war Konstanz zum andernmal Zeuge einer Einwanderung. Das große Ereigniß der französischen Revolution scheuchte wie bekannt eine Menge Priester und Mönche, welche der neuen gebietenden Macht den Eid nicht leisten wollten, über den Rhein. Unser Gewährsmann schildert sie der Mehrzahl nach als sehr unwissend. — Nebst einer Menge der niedern Geistlichkeit waren auch sehr viele höhere Würdenträger der Kirche nach Konstanz gekommen. Die Frohleichnams-Prozession 1793 gewährte daher das ungewöhnliche Schauspiel, daß dreizehn französische Bischöfe, darunter drei Erzbischöfe, und nebst diesen der Malteserfürst von Heitersheim, zu sehen waren.

Zu Betrachtungen entgegengesetzter Art gaben überrheinische Emigranten im Jahre 1814 Veranlassung. Es waren ehemalige Nationaldeputirte, welche zum Tode König Ludwigs XVI gestimmt hatten und nach Wiederherstellung des Königsthrones aus Frankreich fliehen mußten. Der eine war der Exdeputirte für Corrèze, Prival, welcher bei Erblickung des Blutgerüstes für den König, in der Voraussetzung, das Volk könne das Schauspiel nicht bequem genug sehen, ausgerufen haben soll: Es ist zu nieder! — Dieser Mann wurde später in Konstanz wahnsinnig, und wo er vor einem Hause eine Treppe erblickte, sprang er hastig hinauf und herunter. Die Stufen zum Königlichen Blutgerüste standen immer noch vor seinen wirren Sinnen. Ein zweiter, Monnel mit Namen (aus dem Departement Marne), stellte kurz vor seinem Tode in Konstanz eine öffentliche Urkunde aus, worin er seine Reue bezeugte, zum Tode des unglücklichen Königs gestimmt zu haben. — Der dritte, Dübois Bellegarde, Deputirter für Charente, wird als roh und religionslos geschildert; er rühmte sich vieler Mordthaten, aß wie ein Schwein faules Fleisch und Fische, spottete über Gott und den Teufel — und fürchtete sich bei seinem Ende doch vor demselben. — Ein vierter, für das Departement Cher, La Brunerie, zeigte sich als ein braver Mann, der oft seinen Kummer aussprach, zum Tode seines Königs gestimmt zu haben. — Alle diese Männer starben während der zwanziger Jahre.

Bei der Wanderung durch die Stadt lenken wir billig unsere Blicke zuerst auf die altehrwürdige Domkirche. — Wie alte Berichte sagen, rührt ihre ursprüngliche Anlage von Bischof Rumoald (1052) her. Nach Andern jedoch wäre schon früher, im Jahre 950, zur Zeit Konrads des Heiligen der Grundstein gelegt worden, und Rumoald habe nur die Einweihung des fertigen Baues vollzogen. Die sechszehn massiven steinerne Säulen im Innern der Kirche sollen, nach einer Sage, unter Konrad dem Heiligen gesetzt worden seyn*). — Die ursprüngliche Form des Ganzen ist die des Kreuzes, wozu spätere Jahrhunderte, bauend und verändernd, das Ihrige hiezu gethan haben. — In frühern Zeiten hatte der Bau zwei Thürme. Im Jahr 1497 am 18. April wurde ein dritter, der „Mittel neue Münsterthurm" zu bauen angefangen. Das Fundament dazu war drei Mann tief, weßhalb etliche Steine von den andern Thürmen abrissen und beinahe fünf Knechte erschlagen hätten. Bischof Hugo (von Hohenlandenberg) legte den ersten Stein durch seinen Hofmeister Walther von Hallweil. Zu gleicher Zeit waren die großen Glocken gegossen worden.

Aber die Herrlichkeit dauerte nur kurze Zeit; eine Feuersbrunst ruinirte im Jahre 1511 alle drei Thürme sammt den Glocken. — Zwei Dachdecker hatten am Kirchendache etwas auszubessern; dem Einen entfiel der glühende Löthkolben und entzündete einen unter dem Gebälk ligenden Haufen Hobelspäne. Der Dachstuhl gerieth in Flammen, welche bald rießig hoch die Thürme umloderten, so zwar, daß die bleigedeckten Helme derselben mit den Glocken schmolzen, und das flüssige Metall herabträufelte wie ein Regen. Drei Tage schwebte dadurch die Stadt in Feuersgefahr; die beiden unseligen Dachdecker aber hatten ihr Heil

*) Diese Säulen nebst den übrigen Bausteinen kamen aus einem Steinbruche beim Schlosse Bodman.

in der Flucht gesucht. — Nach diesem Ruin ließ das Domkapitel die Werkmeister der benachbarten Städte Freiburg i. B., Straßburg, Zürich, Ueberlingen, Neuhausen und Salmansweiler nach Konstanz berufen, um von ihnen zu hören, was zu thun sei. Die Meister gaben den Rath, das vom Brande ganz ruinirte Mauerwerk der Thürme bis auf Weniges abzutragen und mit verzierten Kuppeln oder Helmen zu versehen, in derselben Gestalt, wie das Bauwerk noch bis auf unsere Zeiten gekommen ist. — Papst Pius III hatte allen Denen, die einen Beitrag zum Bau leisten würden, einen Ablaß verheißen. Nach Braunegger soll ein Amann von Rorschach unentgeldlich die Steine geliefert, und Kaiser Maximilian auf Bitte des Bischofs, Metall zum Gusse neuer Glocken, so wie zur Deckung der Thürme gegeben haben. — Nachdem der ganze aus grünlichem Sandstein ausgeführte Bau im Laufe mehrerer Jahrhunderte sehr in Zerfall gerathen, wurde im Jahr 1847 unter Großherzog Leopold's landesväterlicher Regierung, zu einem großartigen Ausbau und einer Reparatur aller schadhaften Theile geschritten. Nach einem Plane von Hr. Baudirektor Heinrich Hübsch (ausgeführt von Architekt Leonhard und Bildhauer Lucas Ahorn) sehen wir jetzt die mittlere Pyramide fünfzig Fuß hoch den alten Dom überragen und bis in weiteste Ferne den See und seine herrlichen Ufer beherrschen. Von den drei Statuen, welche über das Hauptportal zu stehen kommen, ist die mittlere, die heilige Jungfrau mit dem Kinde, als Kirchenheilige, gefertigt von Bildhauer Xaver Reich, bereits aufgestellt. Die beiden Nebenfiguren, der heilige Pelagius, Stadtpatron, und der heilige Konrad, des Sprengels Schirmherr, werden von dem Konstanzer Bildhauer Baur ausgeführt. Beim Anblick der Vorhalle und des Innern der Kirche wird der Mangel alter Skulpturen auffällig; zumal wenn wir bedenken, daß die alten Baumeister im wohlverstandenen Kunstinteresse nicht wohl ein öffentliches Gebäude herstellten, ohne Mitwirkung der Maler und Bildhauer. — Um diese Erscheinung vorligenden Falles zu erklären, erinnern wir an die Zeiten der reformatorischen Umwälzungen, wo auch in Konstanz alle Bildnisse als anstößig entfernt oder zertrümmert wurden. Unser Gewährsmann erzählt, daß deßhalb (sowie überhaupt wegen der Vorfälle zur Reformationszeit) Bischof Balthasar Mercklin sich beschwerend an den Kaiser gewendet, und dieser die Bürgerschaft in eine Strafe von 100,000 fl. verfällt habe, wovon jedoch, nach längerem Unterhandeln, nur 20,000 fl. erlegt werden durften.

Trotz diesen Zerstörungen ist noch viel Herrliches von alter Kunst im Dome übrig geblieben. — Gleich beim Eintritt erregen die in Eichenholz geschnitzten Thüren des Portals unsere Aufmerksamkeit. Sie enthalten in zwanzig Feldern Reliefs, welche Momente aus dem Leben Christi darstellen. Eine Inschrift nennt Simon Baider als den

Verfertiger (1470). — Von ungleich mehr künstlerischem Werthe sind jedoch die mittelalterlichen Domherrnstühle im Chor des Mittelschiffs. Es war die Aufgabe des Künstlers, drei übereinanderstehende Reihen von hölzernen Sitzen (72 an der Zahl) würdig und sinnreich zu schmücken. Wir sehen deßhalb (sehr unähnlich der meist bild- und phantasielosen Gothik unsrer Zeit) eine Menge Bildwerke der trefflichsten Erfindung mit dem architektonischen Theil organisch verbunden. Alles, was in der Seele des Künstlers von Gemüth, Phantasie und originellem Humor lebte und webte, erscheint darin wieder gegeben: die Uranfänge des Menschengeschlechts, die Verheißungs- und Erlösungsgeschichte, Legenden, Allegorien und Gestalten aus dem wirklichen Leben. Von ganz köstlicher Erfindung sind unter Anderm die Consolchen auf der Kehrseite der beweglichen Sitzbretter. Gewiß würde es lohnend seyn, diese zierlichen Kunstwerke abzuformen und zu vervielfältigen. Bedauerlich ist hiebei allerdings der Anstrich von dicker Oelfarbe, welcher wahrscheinlich im vorigen Jahrhundert dem Ganzen gegeben wurde. — Der Name des Meisters findet sich nirgends verzeichnet. Allem nach aber fällt die treffliche Arbeit in das letzte Viertel des fünfzehnten oder in den Anfang des folgenden Jahrhunderts.

Nicht minder schätzbare Sculpturen sind die Bischofsgrabmäler in einigen Seitenkapellen.

Sämmtliche Monumente sind, nach gewohnter Darstellungsweise des Mittelalters, auf Särgen ligende Porträtgestalten, im Costüm bis in's einzelne ein charakteristisches Bild ihrer Zeit, aber groß in der Auffassung und durchaus edeln Styls — Eigenschaften, welche diesen Denkmälern fern von allem akademisch römernden Pomp und Conventionellidealen, nebst großem Kunstwerth wahrhaft historischen Gehalt geben. — Wenn da und dort noch schulweise Bedenken entstehen möchten, ob dem Plastiker erlaubt sei, bei Porträtgestalten der Neuzeit das herrschende Costüm anzuwenden, so lehren uns die vernünftigen Alten ganz einfach das Rechte. Eines der interessantesten dieser Monumente ist das Grabmal des Bischofs Otto III, eines badischen Markgrafen von Hachberg und Röteln, in der mit alten Glasmalereien gezierten (von Otto erbauten) Margarethenkapelle. Ueber dem Grabmal erblicken wir in einer Nische ein gleichzeitiges, leider aber stark beschädigtes Freskobild, Christus am Kreuz mit den knieenden Gestalten des Bischofs und eines Ritters, wahrscheinlich eines Bruders des ersteren. Otto's III kirchliches Regiment fällt in die Zeit der großen Kirchenversammlung; er war einer der gelehrtesten Männer seiner Zeit und äußerst kunstliebend, nach Schulthaiß besaß er eine ansehnliche Bibliothek und wohl für 3000 fl. silberne Heiligenfiguren, welche letztere, nach seiner Abtretung des Bisthums an Heinrich von Zollern, das Domkapitel erkaufte und zwei Tafeln daraus machen ließ. Nach seiner Abdankung zog er nach Schaffhausen in das Kloster, kehrte aber bald wieder nach Konstanz zurück, wo er 1437 starb.

Aus dem Chor der linken Seite führen Stufen abwärts in die Kapelle des heiligen Konrad. Neben dem Altar befindet sich ein Sarg ohne Inschrift und auf dessen Deckel, wie angenommen wird, das Bild des Bischofs. — Diesem nach wäre Konrad der Heilige schlanken Wuchses gewesen; das länglichte Gesicht ist von einem schwachen Barte eingefaßt, ein Zug von Wohlwollen und Humanität schwebt um das wohlgebildete Antlitz. — Von dieser Kapelle kommt man in die unterirdische Crypta, ohne Zweifel der älteste Theil der Kirche. Aus ihr zurückkehrend beschreiten wir den Kreuzgang an der nördlichen Seite des Domes, wo sich in eigener Kapelle das Grabmal des im Jahr 1398 verstorbenen Bischofs Burckart von Höwen befindet. Weiter gegen Osten führt eine Pforte in die Kapelle des heiligen Grabes. Bischof Konrad der Heilige soll sie erbaut haben. Das steinerne Grabgebäu in Mitte der düstern Kapelle wurde ehedem in der Charwoche Abends von vielen hundert Lampen festlich erleuchtet. Die Figuren im Innern des Grabhauses sind sehr alt und geben uns wahrheitsgetreue Trachten der Johanniter oder Spitalbrüder aus den Zeiten der ersten Kreuzzüge.

Verzichtend jedoch auf eine Beschreibung aller Sehenswürdigkeiten wollen wir noch einiger Arbeiten älterer Konstanzer Meister erwähnen*). — Im Langhause rückwärts um das große Portal befindet sich ein großes allegorisches Oelgemälde, ein Denkmal für den Canonicus Georg Müller. Es ist das nicht unverdienstliche Werk Christoph Storer's, welcher in der zweiten Hälfte des siebenzehnten Jahrhunderts in Konstanz lebte. — Bei seinem Vater Lucas erlernte er die Anfangsgründe der Kunst, und bildete sich in der Werkstätte des damals berühmten Malers Herkules Proccacini in Mailand weiter aus. Als praktischer Meister malte er mehrere Bilder für die Kirchen zu Mailand und die Karthause in Pavia. Der junge Mann liebte eine schöne Mailänderin, Angelica Pamphora, welche im Jahr 1652 seine Gattin wurde, nachdem die Jungfrau seinem Wunsche gemäß in Konstanz als Bürgerin aufgenommen war. Kurze Zeit nachher ehrte ihn die Vaterstadt durch die Ernennung zum Mitgliede des innern Rathes. Sein Ende fällt in das Jahr 1671. Auf dem Schottenkirchhof in Konstanz ist sein Grab. — Von einem andern Konstanzer, Ludwig Herrmann, sehen wir auf der

---

*) Eine detailierte Beschreibung des Domes gibt das Schriftchen: „Führer durch die Münsterkirche in Konstanz. Bei Stadler 1853.“ Ebenso das fragmentarische Werk von Josua Eiselein: „Geschichte der Stadt Konstanz und ihrer nächsten Umgebung. Konstanz, bei W. Meck.“

linken Seite in zwei Kapellen Altarbilder, jedoch von untergeordnetem Werth; das eine die Marter des Apostels Bartholomä, das andere die Weisen aus dem Morgenlande (gemalt 1750 *).

Einheimische Bildhauer, die für den Dom arbeiteten, werden außer dem erwähnten Simon Baider nur die Gebrüder Schenk mit Gewißheit angegeben. Das zwölf Fuß hohe Cruzifix im linken Seitenchor soll von ihnen seyn. Die Beiden lebten zur Zeit des dreißigjährigen Krieges. — Ungleich besser, als die genannte Arbeit, ist ein steinernes Grabmal: die sterbende Maria von den Aposteln umgeben, im linken Seitenchor. Von besonderer Zartheit erscheint die Hauptfigur. Dieses Werk soll, nach Braunecker, der Bildhauer Waldmann dem Andenken seiner geliebten, früh verstorbenen Tochter Sabina zum Gedächtniß errichtet haben.

Auf der südlichen Seite des Domes und mit demselben verbunden stand ehedem die bischöfliche Pfalz, erbaut von Bischof Salomo III im Jahr 891. Bischof Otto III ließ das Bauwerk, „das vorher ein altes, liebloses Ding war", erneuern und zum würdigen Empfang des Papstes

---

*) Ein Sohn Herrmann's verzierte unter Anderm die Narrenstube, worin die Konstanzer Fastnachtsgesellschaft ihre Versammlungen hielt, mit Arabesken und Masken komischen Genres, welche Arbeit viel Beifall fand.

und des Kaisers, kurz vor dem Concil herrlich restauriren und ausschmücken. Der kunstsinnige Herr gab den Wänden des großen Saales ein eichenholzenes Getäfel von künstlichem Schnitzwerk mit den Wappen der damaligen Domherrn; an den Säulen, welche die Decke trugen, sah man die Wappen des Papstes und des Kaisers, sowie das des Hochstifts und des Hachbergischen Geschlechtes; der obere Stock enthielt Wandgemälde von demselben Meister, der den herrlichen alten Saal im alten Kloster zu Stein am Rhein gemalt hat.

Bis zur Reformation war die Pfalz von zwei und fünfzig Bischöfen bewohnt. Hugo von Landenberg, um's Jahr 1527 Bischof, verlegte die Residenz nach Mersburg wo nach ihm alle Bischöfe residierten.

Im neunzehnten Jahrhundert befanden sich in der verlassenen Pfalz nur noch wenige bewohnbare Zimmer. Alle übrigen waren ohne Fenster und Verschluß; das Ganze gewährte den Anblick einer halbzerfallenen Ruine. Im Jahr 1830 wurde der Bau niedergerissen — und ein s. g. Museum an dessen Stelle gebaut.

Ein schönes wohlerhaltenes Baudenkmal des Mittelalters ist die Pfarrkirche St. Stephan. Bischof Salomo III, aus dem alten Grafengeschlechte von Ramschwag wird als ihr Erbauer genannt. Vor dem Jahre 900 befand sich diese Kirche noch außerhalb der Stadtmauern und kam erst bei der dritten Erweiterung, um 919 innerhalb derselben zu stehen. Der mehrerwähnte Bischof Otto III renovierte den alten Bau von Grund aus und zierte seine Fenster mit herrlichen Glasgemälden, von welchen noch Reste vorhanden sind. Zur Zeit der Reformation hatte die Kirche, wie alle übrigen, das traurige Loos, durch Beschluß des übelberathenen Stadtrathes (1529) all' ihres Schmuckes an Bildsäulen, Grabmälern und Gemälden beraubt zu werden. — Erst nach hundert oder mehr Jahren konnte sie durch milde Beiträge wieder verschönert und zur Pfarrkirche erhoben werden.

Der Hochaltar enthält ein Gemälde, die Weisen aus dem Morgenlande, von dem Konstanzer Meister Philipp Memberger. Das Leben dieses Künstlers fiel in die Zeit der vorerwähnten Bilderstürmerei. Als der gute Mann so viel Herrliches der Kunst, welcher sein ganzes Leben geweiht war, in Staub sinken sah, ergriff ihn Unwille und Schmerz, und er eiferte in heftigen Reden gegen den Stadtrath und die fanatischen Predikanten. Da ließen ihn die Stadtverordneten in's Gefängniß werfen, aus dem er erst nach langer Zeit, als die Spanier im Jahr 1548 die Stadt besetzten, wiederum befreit wurde. Nach diesem Umschwung der Dinge malte der mißhandelte Künstler das obgenannte Bild. Von einem andern einheimischen Künstler des siebenzehnten Jahrhunderts, dem bekannten Bildhauer Hans Morink, sehen wir in der Kirche einige Reliefs;

ebenso Altarbilder von den Malern Christoph Storer und Ludwig Herrmann.

Eine dritte Pfarrkirche ist die Spitalkirche in dem ehmaligen Augustinerkloster; ihr Hauptschmuck ist ein schönes Altargemälde von der rühmlichst bekannten Konstanzer Malerin Maria Ellenrieder.

Ein sehr interessanter Bau ist die alte Stadtkanzlei; sie scheint von einem Italiener erbaut zu seyn; der Charakter ihrer Façade und des äußerst malerischen Höfes erinnern an venezianische Bauwerke. — Bereitwillig werden dem Fremden die werthvollen Documente alter Zeit gezeigt, welche das städtische Archiv enthält: darunter die bildreiche Chronik von Ulrich von Richenthal (aus der Zeit des Concils), die handschriftlichen Sammlungen von Schulthaiß (aus dem sechszehnten Jahrhundert), Zündele, Mangold und Braunecker. Auch einige Glasgemälde von localem Interesse sind (durch die Vorsorge der Herren Dr. Stanz und Stadtrechner Molitor) dem Verderben früherer geringschätzender Zeiten entronnen. Die Kunst der Glasmalerei war von Alters her in Konstanz heimisch. Beinahe alle öffentlichen Gebäude prangten in diesem herrlichen Schmucke. Namentlich reich ausgestattet war die Schießstatt, in welcher alle Gänge und Stuben mit den Wappen von vielen hundert der ältesten Schützen geziert waren. Erst um die Mitte des sechszehnten Jahrhunderts jedoch finden sich Namen der Künstler angegeben.

Die Glieder der Famlilie Spengler übten diese Kunst über zwei Jahrhunderte lang in Konstanz. Das Alterthumskabinet des Herrn Nikolaus Vincent in dem großen Saale auf dem Münster-Kreuzgang enthält viele Arbeiten von ihnen.

Das Beste aber was dem Freunde des Schönen in Konstanz werden kann, ist ein Besuch der vorzüglichen Sammlung von Kunstwerken im Hause des verehrten Freiherrn v. Wessenberg. Sowohl bei den Oelgemälden als Kupferstichen gibt sich der feine gediegene Sinn und Geschmack des edeln Besitzers kund. Eine außerordentlich bändereiche Bibliothek schließt sich würdig diesen bildlichen Schätzen an, die mit Liberalität jedem Fremden gezeigt werden.

Unter den Gebäuden, welche noch unverändert aus dem Mittelalter in die Neuzeit hereinragen, zeichnet sich vor Allem das Haus zur Katze aus, der ehemalige Versammlungsort der adeligen Geschlechter. Der wahrhaft ritterliche Bau enthält einen geräumigen wohlerhaltenen Saal. — Ein anderes öffentliches Gebäude aus dem fünfzehnten Jahrhundert dagegen mußte sich eine Umwandlung in's kahle Moderne gefallen lassen: das Rathhaus am Fischmarkt, im Besitze eines Privatmanns. Die schöne alte Portalverzierung ist ihm geblieben; sie ist eine Arbeit des Konstanzer Meisters Ulrich Greyfenberg, „welcher den Schildstein anher verehrte". Wir sehen in ihm die Wappen des Reichs und der Stadt, gehalten von dem Papste und dem Kaiser, mit der Jahreszahl 1479.

Besonderes Interesse hat im Laufe der Zeit das Kaufhaus erlangt mit dem sog. Conciliumssaal (erbaut 1388) obwohl hier nie eine Sitzung des Concils, wohl aber die Wahl des Papstes Martin V stattgefunden. Das kolossale Haus mit seinem hölzernen Ueberbau und mächtigen Dache ist so zu sagen das Wahrzeichen der Stadt — ein Denkmal der großen Kirchenversammlung geworden. Kein Fremder wird Konstanz verlassen, ohne dem Bau und seinen Sehenswürdigkeiten ein paar Augenblicke geopfert zu haben. — Aus der Zeit des Concils zeigt uns der alte Custos den Thronsessel Kaiser Sigismunds, den Altar auf dem der Papst eine heilige Messe gelesen, ein Stück von Hußens Kerker, den Angeklagten und seine Widersacher selbst, naturwahr fast bis zum Erschrecken; sodann einen städtischen altväterischen Gallawagen, Schilde aus den Kreuzzügen, etwelche heidnische Gözenbilder und diverse Oelgemälde. Wahrlich, wir werden in dieser Umgebung unwillkührlich in die Vorzeit zurück versetzt, zumal wenn, wie bei meiner Anwesenheit, der Sturm um den riesenhaften Dachstuhl saußt und unheimlich mit den Windfahnen musiziert und ächzt, als lebten sie wieder auf die streitenden Geister der alten Tage.

Ich wandelte eine Weile im Gespräch mit dem Custos zwischen den massiven Eschenholzsäulen des weiten Saales auf und ab. Der Mann verbreitete sich gerne über die Zustände der früheren Zeit, deren Zeuge er noch gewesen. — „Gab es“, fragte ich, als der polternde Sturm einige Augenblicke schwieg, „gab es zu jener Zeit auch viele Geister und Gespenster in der Stadt?“ — „Ja wohl!“ erwiderte der launige Altvater, „zumal in guten Weinjahren. — Bei der Stadtmauer, vom Paradieserthor bis zum Pulverthurm und Rheinthor, beim Kaufhaus u. s. w. sah man bei Nacht Geister, feurige Geisböcke und Gespenster, die einem auf den Weg standen, so daß man sich kaum getraute, bei Nacht auszugehen. — Nicht viel besser war's hinter dem Franziskanerkloster und bei den Dominikanern, wo einer, der keine Ortskenntniß hatte, nicht leicht ohne Püffe oder eine sonstige derbe Lektion davon kam. Dann gab es auch noch, daß ich's nicht vergesse, das wohlbekannte Stadtthier — ein Gespenst, von dem alte Leute noch viel zu erzählen wissen.“ Hierauf kam er auf seine Jugend zu sprechen: wie damals so viel Geselligkeit und Harmonie unter den Bürgern geherrscht habe. Der Hauptspaziergang der alten Konstanzer sei gewesen zum „Schäpfle“ drüben in der Schweiz (wir hatten zufällig die Aussicht durch die hohen Fensteröffnungen dahin); weil der Schoppen groß und der Wein gut gewesen, so sei auch er vom achtzehnten bis gegen sein siebenzigstes Jahr regelmäßig dahin gewandelt, und so mäßig er stets im Trinken gewesen, so hab ihm neulich doch Einer ausgerechnet, daß er im Ganzen in selbigem Schäpfle vertilgt habe — „wie viel meinen Sie? — 16 Fuder, 20 Eimer und ungerade Schoppen" referierte er mit großer Befriedigung. — Unter solchen Gesprächen war sein Stündlein gekommen, wo er gewöhnlich den „Conciliumssaal" zu verlassen und sich in seine Wohnung zurückzuziehen pflegte. Mir aber gab der Rest des Tages noch Muße genug, am Hafen umherzuschlendern und einen Gang zu machen um die alten Wälle, Stadtmauern und Thorthürme, welche erhaltenswerthe malerische Denkmäler der Ortsgeschichte sind.

Der See wälzte stürmisch seine weißbekrönten Wellen gegen den steinernen Damm und die Ufer, und ließ in erhöhtem Maaße die Wohlfahrt des schirmenden Hafens fühlen. Und wenn wir aus der Gegenwart in vergangene Zeiten zurückschauen, gewahren wir auch hier die mannigfachen Segnungen einer friedlichen Zeit. Denn wo ehedem nur eine einfache Reihe von Pfählen nothdürftig den Landungsplatz schützte, sehen wir jetzt den stattlichen Hafenbau, zu welchem unter Großherzog Leopold's väterlicher Regierung, im Jahr 1836, der Grund gelegt wurde. Mit vielen Freiheiten begabt, hob sich der Platz bald zu großer Bedeutung für das Verkehrsleben der herrlich gelegenen Stadt, welche den natürlichen Mittelpunkt der jetzigen Dampfschifffahrt bildet. Konstanz, der Sitz der großherzoglichen Kreisregierung, eines Hofgerichts, eines Lyceums und seit neuerer Zeit einer Garnison, zählt, letztere nicht gerechnet, beiläufig 6500 Einwohner, von denen etwa 350 protestantisch, die übrigen katholischer Confession sind. Die Stadt besitzt mit ihren drei Vorstädten, Kreuzlingen, Paradies und Petershausen einen Umfang von 4000 geometrischen Ruthen. Sie ist, bei ziemlich mannigfachen Annehmlichkeiten des geselligen Lebens, umgeben von einer paradiesischen Landschaft, und vereinigt alles, was dem Fremden einen längern Aufenthalt erfreulich machen kann. Und sollte ihn je eine Sehnsucht anwandeln nach den fernern blauen Seegestaden mit den riesigen Massen der Alpen im Hintergrunde, so gibt die tägliche Einkehr bequemer Dampfboote Gelegenheit, dem Zuge des Herzens zu folgen. Aber auch die Nähe bietet unzählige erquickliche Lust- und Erholungsorte: die Wirthschaften zum Gütle, Fürstenberg, Käntle, die Inseln Mainau und Reichenau, sowie die im obst- und weinreichen Garten des Thurgau's ligenden Orte Kreuzlingen, Emmishofen, Gottlieben rc. die genußreichsten Ausflüge und Ruheplätze gewähren.

Liebt aber der Erholungsuchende fern von heitrer Lust Gewühl, mit sich und seinen Träumen allein zu seyn, so vertraue er der leicht beweglichen Gondel sich an, daß sie ihn hinaustrage in das weite herrliche Element, in der Kühle des duftigen Morgens, zur sommerlich hellen Mittagsstunde, oder am Abend, wenn das Flammenauge des Tages hinabgezogen ist hinter die fernen glutumfangenen

Bergschlösser des Hegau's, und eine milde, sterndurchwebte Nacht ihren Zauber ausbreitet über dem tiefen, geheimnißvoll ruhenden Gewässer.

Wir scheiden von Konstanz mit reich gelabter Seele; aber auch mit einem schmerzlichen Blicke voll jener Erinnerungen, welche das Bild einer ehemaligen alten Reichsstadt immer in uns hervorruft. Es erinnert an so manche schöne Blüthe, die durch Ungunst der Veränderungen im großen politischen Leben um ihre Entwicklung gekommen. — Nichts kann uns über diesen Verlust besser trösten, als die Wohlthat guter Fürsten, welche mit edler Liebe zu Land und Volk überall das Gute und Schöne großherzig zu fördern bestrebt sind, und uns so, im Strome der allgewaltigen Zeit, noch die Früchte eines befriedigenden Daseins gewinnen lassen.

Mersburg.

Wie in den vorigen Tagen, war auch bei meiner Abreise von Konstanz der See noch immer in schäumender Bewegung. Aeolus blies sein altes Lied, die Aufforderung zum Tanz, so kräftig gegen den Hafen, daß selbst die hier ligenden Dampfboote und schweren Segelschiffe in schaukelnde Bewegung geriethen. — Der „Friderich“, der schnellste Fährmann des Bodensee's, eröffnete troß dem Aufruhr der Elemente den Reigen, um im Sturme die alte Mersburg zu gewinnen.

Sprühende Regenschauer verhüllten die fernen Gestade, und wie hinter einem wehenden Schleier erschien bald die seitwärts ligende, wellengeborene Königin des See's, die liebliche Mainau. Mit ungehinderter Kraft durchschnitt das Boot die wallende Fluth, welcher bald groß und größer die Felswände Mersburgs und seine Bischofsschlösser entstiegen. — Welche Fortschritte, dachte ich, mögen nicht im Bereiche der Schifffahrt gemacht worden seyn, seit den Tagen, wo unter König Dagobert der alte Thurm dort oben zum Leuchtthurm gedient, und später auf der grauen Mersburg die Gaugrafen von Nordorf saßen, um im Namen des Kaisers die Ueberfahrt über den See zu schirmen. — Jene Zeiten mit ihren Sitten= und Kulturzuständen sind längst vorüber, aber ihr Bau, von einem guten Geiste beschützt und erhalten, grüßt noch heute wie vor tausend Jahren den Ankömmling. Ein Geharnischter mit geschlossenem Visier, schaut er herab auf das alte Städtlein, und hinüber zu seinem jüngern Nachbar, der Bischofsresidenz im Gewande des Roccoco. — Ein Blick auf die Lage Mersburgs gibt einigen Aufschluß über seine Entstehung. Offenbar entstand die untere Stadt unter dem Schutze der Burg, als Stapelplatz von Schiffern und Fischern, während der obere jüngere Theil den Dienstmannen und Beamten der hier wohnenden Konstanzischen Bischöfe sein Emporkommen verdankt. — Wann aber die Letztern in den Besitz der alten Burg gekommen, davon geben uns die Chronisten keine ganz sichere Nachricht. Jedenfalls diente frühe schon die Veste den geistlichen Herren zum Zufluchtsort, in jenen kampferfüllten Zeiten, wo die Kirchenobern stets in ähnlichem Falle sich befanden, wie jener italienische Meister, der von Nebenbuhlern bedroht, immer das gezogene Schwert neben sich an der Staffelei ligen hatte.

Ein solcher Schutz mußte die Burg im Jahr 1354 ihrem Besitzer, dem Bischof von Konstanz, leisten. — Nach Bischof Rudolfs III Tode waren die Wahlstimmen zwiespältig, die einen auf Albrecht von Hohenberg, die

DAS ALTE SCHLOSS ZU MEERSBURG

andern auf Nicolaus von Kenzingen gefallen. Der Letztere erhielt des Papstes Bestätigung; Albrecht's Vater jedoch, der mächtige Graf v. Hohenberg, zog das Schwert, um für seinen Sohn das Bisthum zu gewinnen. Sein Bundesgenosse war Kaiser Ludewig selbst, welcher aus Haß gegen den Papst ein zahlreiches Volk benachbarter Städte gegen Mersburg führte, wo Bischof Nicolaus mit den Seinen das alte Schloß besetzt hielt. Als der Bedrohte das Kriegswetter kommen gesehen, hatte er mehrere hundert Bergleute berufen, welche den Fels um das Schloß abschroten und durch eine tiefe Kluft von dem übrigen Lande trennen mußten. Die Bischöflichen hatten kriegserfahrene Hauptleute, einen Grafen von Toggenburg, Kanonikus von Konstanz und den gedienten Feldobersten, Jasso. Während Ersterer in blutigen Ausfällen die Feinde schlug, führte Jasso einen kühnen Seekrieg, nahm des Feindes Frachtschiffe weg, und machte mit seinen Pfeilschützen wilde Jagden auf die Nachen der Belagerer; die er, wie der Chronist sagt, mit Netzen fieng wie Fische, und als ergrimmter Leu unter ihrer Bemannung wüthete. — Dieser Widerstand brachte den Feind zum Nachgeben, ohne daß der Graf v. Hohenberg seinen Schwur erfüllt gesehen hätte: „nicht eher abzulassen, bis er der hl. Jungfrau Maria (Schutzpatronin des Hochstiftes) das Hemd vom Leib gezogen habe". — Noch bewahrt das städtische Archiv eiserne

Bolzen aus dieser Fehde, die beim Abbruch eines Thores in eichenem Gebälke gefunden wurden.

Weniger glücklich war einer der nachfolgenden Bischöfe, Heinrich von Höwen. Die Bürger Mersburgs empörten sich wider ihn (1436), belagerten das Schloß und zwangen ihn zur Flucht. In die Reichsacht erklärt, mußten sie aber (1457) Stadt und Schloß ihrem Landesherrn wiedrum zurückgeben.

Große Drangsale brachte auch der dreißigjährige Krieg. Nach städtischen Schriften unternahmen 1647 die Schweden von der Mainau her einen Angriff auf das alte Schloß, wobei der Dachstuhl in Flammen aufgieng. Als drei Jahre später der Schaden ausgebessert wurde, ersuchte der Bischof seine getreuen Stadtbürger um Ehrenfuhren bei dem Bauwesen; sie wurden bereitwillig, aber mit dem Vorbehalte geleistet, daß dieser Dienst hinfüro zu keiner Schuldigkeit ausgedehnt werden möge.

Auch Widerhold, der Peiniger des Volkes im Hegau und am See, suchte die Stadt von seiner Veste Hohentwiel aus mit Erpressungen heim, wobei er mit „Schwert und Brand" drohte.

Wie verarmt das städtische Wesen in jenen unseligen Kriegsläufen geworden, kann der Umstand darthun, daß im Jahr 1650, als die Stadt „wegen Armuth und Mittellosigkeit" ein Anlehen machte, der sämmtliche Kirchenschatz einem Sohn Abraham's in Versatz gegeben wurde.

Zu dieser Lebensnoth kam bald noch eine Leibesplage, die Pest, welche so verheerend wirkte, daß kein einheimischer Priester mehr in der Stadt am Leben blieb. In diesen schrecklichen Tagen waren es die Franziskaner von Sulgau, welche täglich auf die Stätte des Todes kamen, um auf offener Straße Beichte zu hören und den Sterbenden den Trost der Religion zu bringen — ein Dienst, den die Stadt dadurch zu vergelten suchte, daß den frommen Vätern erlaubt wurde, hinfüro alljährlich im Herbst in Mersburg ihr Almosen zu sammeln. — Von dem zerstörenden Wesen jener dreißigjährigen Kriegszeit überhaupt finden wir aller Orten noch schriftliche und mündliche Ueberlieferungen in Menge. In den Mersburger Rathsprotokollen ist unter Anderm erwähnt, wie anno 1653 im benachbarten Schwaben die Wölfe furchtbar überhand genommen und bereits vierundzwanzig Kinder zerrissen hätten; weßhalb auf Befehl des Erzherzogs Karl von Oesterreich zu Konstanz die Mersburger Büchsenschützen aufgeboten wurden zu allgemeiner Jagd auf die Bestien.

Alle diese Trübsale und Einbußen mochten jedoch bald verschmerzt seyn, in einer Gemeine wie Mersburg, die durch den fürstlichen Hofhalt der Bischöfe, durch ergiebigen Grundbesitz und lebhaften Getreidehandel über den See so vielfache Erwerbsquellen hatte. Auch giengen die nachfolgenden Zeiten ohne sonderliche Unfälle vorüber. — Im

Kriegsjahr 1796 jedoch wäre der Ort durch eines jener, in neuerer Zeit berüchtigt gewordenen Mißverständnisse beinahe dem Brande und der Plünderung anheim gefallen. Die Ursache hievon war ein französischer emigrierter Mönch, der sich einige Zeit als geistlicher Abentheurer in Mersburg und Umgegend herumtrieb. Dieser Mann kam eines Tages zum fürstlichen Präsidenten (der Hof war in Ulm auf der Flucht) und vertraute diesem, er habe erfahren, daß ein Trupp französischer Marodeurs vom Tareau'schen Corps die Stadt zu überfallen trachte. — Der erschreckte Beamte schickte nach dem Bürgermeister und Rath, und man kömmt überein, die Thore zu schließen und, bis anderwärtige Hilfe käme, den eigenen Herd mit Gut und Blut zu vertheidigen. Die wehrhaften Bürger schließen und besetzen also die Thore; und wirklich dauert es nicht lange, so erscheint eine starke Reiterschaar, die verwundert die Eingänge verrammelt und die Bürgerschaft in Waffen sieht. Erbittert über solche Feindseligkeit in bereits erobertem Lande, schickt man sich an, den Eingang mit Gewalt zu erzwingen. — Indessen waren einige Bürger eiligst in's Schloß gelaufen, dem Präsidenten zu melden, daß keine Marodeurs, sondern reguläre französische Husaren vor den Thoren hielten. Der gute Mann war jedoch längst über den See geflüchtet; die Bürger aber beeilten sich, zu öffnen. Der Feind drohte mit Plünderung und Brand, und als man sich entschuldigte, der bischöfliche Präsident habe die Thore zu schließen befohlen, stürmten die erbitterten Soldaten in's Schloß und ergriffen den bischöflichen Kanzler, welcher zufällig während des Handels von Ulm her in die Stadt gekommen war. Nur mit Mühe konnte der unschuldige Mann von einer Copulation mit des Seilers Tochter befreit werden. Ebenso schenkten die Republikaner, als das ganze Mißverständniß aufgeklärt war, der Stadt Verzeihung, indem sie großmüthig mit einer Summe Geldes sich begnügten.

Die größte Einbuße erlitt Mersburg nachmals freilich durch die Verlegung der bischöflichen Residenz. Wer die hinterlassenen großartigen Bauten und Anlagen derselben betrachtet, mag einen Schluß ziehen auf den prachtvollen Hofhalt, der hier geführt worden. Noch leben alte bischöfliche Diener in Mersburg, welche sich jener Tage mit Vorliebe erinnern.

Ihr Gedenken geht bis zu Bischof und Kardinal Fr. Konrad Roth, dem drittletzten der hier regierenden Fürstbischöfe. Er war der Sohn des österreichischen Feldzeugmeisters Baron Joh. v. Roth und kam im Jahr 1750 auf den bischöflichen Stuhl. Sechs Jahre später wurde er in Gegenwart des Kaisers Franz von Papst Benedikt IV in Wien zum Kardinalpriester erhoben. Als ein Mann von großer Energie und Willenskraft hatte er nicht wenig Einfluß auf die Wahl des Papstes Ganganelli, welchem Akte er als kaiserlicher Kronkardinal beiwohnte.

In seinem bischöflichen Haushalte liebte Roth Pracht und zahlreiche Dienerschaft, doch verstand er auch zu sparen, was seine hinterlassenen Baarvorräthe beweisen. Die bildende Kunst hatte an ihm einen Freund; auch soll er, worauf man dazumal vieles hielt, ein guter Lateiner gewesen seyn. Zudem war er ein gewaltiger Nimrod und trefflicher Schütze, der stets einen großen Wildstand unterhielt und gegen Wilddiebe unerbittliche Strenge handhabte. Alljährlich im Herbst wurden große Hauptjagden in der Höre, um den Schienerberg abgehalten, wo Edel- und Schwarzwild in Menge hauste. Dieser robusten Beschäftigung entsprechend war der Körperbau des Kardinals. Kaiser Joseph soll von ihm gesagt haben, daß er bei seiner ganzen Garde keinen so kolossalen starken Mann habe, wie der Kardinal Bischof Roth. — Noch erzählt man die Begegnung der Beiden, im Jahre 1777, als der Kaiser bei seiner Rückkehr von Paris, wo er seine Schwester Maria Antonette besucht hatte, Mersburg berührte. Der Kardinal war dem kaiserlichen Reformator, dem er als Geistlicher nicht sonderlich gewogen seyn mochte, ein Stück Wegs entgegen gegangen, um ihn einzuladen, in dem bischöflichen Schlosse sein Absteigquartier zu nehmen. Der Kaiser bedauerte, seine Einkehr im Gasthaus zum Löwen bereits anmelden lassen zu haben; worauf Roth beleidigt erwiderte: „Nun so behüte Gott Eure Majestät“ — und indem er mit der Hand gegen das Gasthaus wies —

„dahinauf führt der Weg zum goldenen Löwen" — sich umwendete und schweigend seiner Residenz zuschritt.

Der Kardinal, welcher in seinem Leben so viele hohe Ehrenstellen begleitet hatte (er war zugleich Protektor des hohen Johanniter-Ordens zu Malta und Abt zu Sirard in Ungarn ꝛc.), verordnete, daß bei seiner Beerdigung kein Wort in der Leichenrede zu seinem Lobe, sondern nur über die Nichtigkeit des irdischen Lebens überhaupt gesprochen werden solle.

Auf Franz Konrad Roth folgte dessen Bruder Maximilian Christoph, zum Bischof erwählt im Jahr 1775. In seiner Jugend lebhaft und heftig, zeichnete den Mann gereifteren Alters, Milde und Güte gegen das Volk und die Armen aus. Unzähligen jungen Leuten seines Sprengels gab er das Lehrgeld zu irgend einem Handwerke; auch liebte er die schönen Künste, weßhalb strebende Musensöhne stets erwünschte Unterstützung bei ihm fanden. Als leidenschaftlicher Musikfreund sah der Bischof darauf, daß eine Anzahl seiner Diener zugleich geübte Tonkünstler seyn mußten, welche ein ständiges Quartett bildeten. Bei größeren Aufführungen kamen die Domherren von Konstanz noch hinzu. Allen wandernden Spielleuten, Bergknappen, Harfnern und Sängern von Nah und Fern war der Zutritt in's bischöfliche Schloß gestattet. — Auch die Wissenschaften fanden an diesem Hof ihre Pflege. Das Naturalienkabinet, welches unter Maximilian in Mersburg angelegt wurde, war seiner Zeit eines der bedeutendsten in Deutschland; so daß diese Sammlung noch heute einen wesentlichen Bestandtheil des Großherzoglichen Naturalienkabinets in Karlsruhe ausmacht.

Noch hatte sich damals manches von althergekommenen Volksfesten und öffentlichen Spielen erhalten, den gegebenen Verhältnissen und Zuständen entsprossen. Wie überhaupt an den früheren geistlichen Höfen in vielen Dingen löbliche Toleranz herrschte, so ward auch der Fastnacht, welche von jeher im Oberlande heimisch, in der bischöflichen Hofburg gerne Raum gestattet. Von vier bis fünf Stunden Weges strömten die Umwohner herbei, um die Aufführungen zu sehen, welche während jener Tage in dem, mit frischem Sand überstreuten, Schloßhofe stattfanden. Da sah man den uralten Schwerdtertanz, von jungen Burschen mit der blanken Waffe in der Hand ausgeführt; das Reifspringen, das Ringelrennen — eine Uebung zu Pferd, von welcher städtische Schriften um's Jahr 1597 schon Erwähnung thun, und Anderes mehr. — Nachmittags belebte dann allgemeines Narrenlaufen die Gassen des Städtleins, wobei der ganzen hochansehnlichen Narrenzunft der Zutritt in's fürstliche Tafelzimmer gestattet war.

Herrschte während dieser Lusttage auch Freiheit und buntes Leben, so war nichts destoweniger dafür gesorgt, daß gewisse Schranken nicht ungestraft überschritten werden durften. So z. B. war es nur Erwachsenen erlaubt, sich zu maskieren. Ließ sich ein naseweiser Bube verleiten, es den Alten gleichthun zu wollen, so ward er ergriffen und, zur Abkühlung des allzu hitzigen Geblüts, in den Brunnen getaucht. — Eine Gelegenheit für das Landvolk, sich hervor zu thun, gab das Pfingstfest, wo die Bauernbursche den üblichen Pfingst-Ritt in der Stadt abhielten — ein Ueberrest der altdeutschen Maienfeier. — In wohlgeordnetem Zug, voran die Maienführer mit grünen Tannenbäumlein in der Hand, ritten sie ein, wo nach den herkömmlichen Sprüchen der in Rinde gehüllte „Pfingstputz" (ursprünglich den Winter vorstellend) in ein fließendes Wasser geworfen wurde; die ganze Bande aber, vom fürstlichen Hofe und den Bürgern reichlich mit Gaben bedacht, den Tag im Wirthshause beim Schmaus und Tanze beschloß.

Das mögen dann freilich für die kleine Stadt Mersburg angenehme, der Erinnerung werthe Zeiten gewesen seyn, um so mehr, da sie dem Orte nicht wenig Wohlstand brachten, indem die Anwesenheit des Hofes stets zahlreichen Besuch von Hoch und Nieder in die Stadt zog.

Maximilian Christoph schied aus dieser Zeitlichkeit in drei und achtzigjährigem Alter (1800), nachdem er längere Zeit kränklich gewesen war. Er war der Letzte des freiherrlichen Geschlechtes von Roth. — Sein sämmtliches Mobiliar fiel dem Verkauf anheim. Und also reichlich war die Hinterlassenschaft, daß die Versteigerung im Ganzen über ein Vierteljahr dauerte und so viele Kinder Israels herbeigelockt hatte, daß ein eigener Schächter in Mersburg genug zu thun hatte, dem auserwählten Volke den Fleischbedarf zu liefern.

Bischof Max war von großer Gestalt aber hager, von einnehmender, Wohlwollen aussprechender Gesichtsbildung. Sein Bildniß ist noch in mancher Stube des ehmaligen Sprengels anzutreffen; so wie ich mich auch eines Festkalenders von riesenhaftem Formate erinnere, welcher sein Bildniß trägt. Kalender und Porträt, kaum handgroß, sind umgeben von allegorischen Darstellungen, und es mißt der aus mehreren Platten bestehende Kupferstich im Ganzen nicht weniger als 5 Fuß in der Höhe und 2½ Fuß in der Breite.

Mit dem Tode dieses Fürstbischofes schließt die alte Zeit, indem sein Nachfolger, der edle Karl Theodor von Dalberg, an Bildung und Geistesrichtung schon ganz dem neugestaltenden neunzehnten Jahrhundert angehört. Seit dem Jahr 1788 Coadjutor am Bisthum Konstanz, kam er nach Roth's Hintritt auf den bischöflichen Stuhl, von wo ihn, wie bekannt, das Schicksal nach zwei Jahren abberief, um ihm den erledigten Sitz eines Kurfürsten von Mainz und Erzkanzlers des Reiches einzuräumen. Sein kaum zweijähriges bischöfliches Regiment bezeichnen viele vortreffliche Einrichtungen und Stiftungen; sein späteres Leben und Wirken, die Erhebung zum Fürstprimas von Deutschland und Frankfurt u. s. w., hat jedoch mehr weltgeschichtliches als specielles Interesse, und darf daher bei unsrer Schilderung nur noch erwähnt werden, daß Dalberg, der neunzigste Bischof, den würdigen Schluß einer mehr als zwölfhundertjährigen Reihenfolge von Inhabern des bischöflichen Stuhles zu Konstanz machte.

Ein Boden, ein Bauwerk, woran bedeutende historische Erinnerungen haften, übt auf Gegenwärtige stets eine anziehende Macht aus. Ein der Trauer verwandtes Gefühl möchte uns beschleichen beim Hinblick auf die schattenhafte Flüchtigkeit alles Irdischen, dessen sichtbare Spuren wir dann mit desto größerem Interesse betrachten. — In solcher Stimmung betrat auch ich den Hof und die Anlagen der herrlichen, aber verlassenen Bischofswohnung, dem alten Schlosse gegenüber. — Ich stand auf der steinernen Terrasse; tief unter mir der See, über dem ein heftiger Südwest daher brauste und langsam majestätisch die Wellen, gleich Sturmkolonnen, gegen den Hafen und das Gestade wälzte. Wie unwillig schreiend über die Störung, flatterten vom Winde aufgescheucht die Dohlen um die Dächer der alten Mersburg, welche im gebrochenen Lichte des trüben Tages finster zu meiner Rechten lag. — Die Dämmerung war allmählig hereingebrochen, und an einzelnen Fenstern jener mittelalterlichen Burg bewegten sich Lichter hin und her. Das neuere Schloß dagegen, in meiner unmittelbaren Nähe, stand ohne Zeichen innewohnenden Lebens; seit dem

Wegzuge Karls von Dalberg ward es nicht mehr bewohnt. — Mit welchem Interesse, kam mir in den Sinn, mag nicht Bischof Anton von Sickingen, aus dem alten Schlosse wegziehend, diesen Bau für ewige Zeiten geschaffen und herrlich für sich und seine Nachfolger eingerichtet haben. — Und jetzt, nach kaum hundert Jahren, steht er leer, ungewiß, ob je einmal wieder ein Besitzer sich darin häuslich niederlassen wird. — Ein glücklicheres Loos dagegen war seinem Nachbar, dem alten Schlosse beschieden.

Nachdem es unter den Bischöfen nach Anton von Sickingen zu Kanzlei und Beamtenwohnung gedient, später aber, nach dem Anfalle an das Haus Baden und dem Wegzuge des Bischoffsitzes nach Freiburg, dem Hofgerichte seine Räume geliehen, erkaufte es nach längerer Verwaisung der edle Freiherr von Laßberg, um den alten Bau zum gastlichen Familiensitze und zum Horte herrlicher Sammlungen zu machen.

Doch auch dieser treffliche Mann ist seitdem heimgegangen. — Kurze Zeit vor meinem Hiersein ward er zur Erde bestattet auf dem Kirchhofe der Stadt, neben der Ruhestätte seiner Schwägerin, der zartsinnigen Dichterin Annette Droste von Hülshof.

Der Abend, rauh und unfreundlich, war unter meinen Betrachtungen weit vorgerückt, und ließ mich auf den Rückzug und ein Nachtquartier bedacht seyn, welch letzteres ich in dem Wirthshause fand, wo acht Jahrzehnde zuvor Kaiser

Joseph, zum großen Verdrusse des Kardinals Roth, ebenfalls seine Einkehr genommen.

Im Wetter war eine erwünschte Aenderung eingetreten. Der Sturm hatte über Nacht das Gewölke vertrieben und den Himmel aufgeklärt. Ein sonniger Morgen folgte dem düstern Ungestüme des vorigen Tages — und mit den Wolken war auch meine gestrige zur Beschaulichkeit geneigte Stimmung verschwunden. Die warme frohe Gegenwart machte unbedingt ihr souveränes Recht geltend, und ich eilte, im Lichte des goldenen Morgens, die Gemächer des neuen Schlosses mit ihrer herrlichen Fernsicht in Augenschein zu nehmen.

Die Lage dieses Baues auf einer ansteigenden Terrasse ist wahrhaft imposant. Früher standen hier bürgerliche Gebäulichkeiten, die in den vierziger Jahren des vorigen Jahrhunderts abbrannten, worauf Bischof Anton das jetzige Schloß (1750) im opulenten Style aufführen ließ, durch den komturischen Baudirector Bagnato, welcher nebst dem Schlosse Mainau auch das Kornhaus in Rorschach erbaute. Die innere Decorierung trägt vollkommen das Gepräge ihrer Entstehungszeit — Griechenthum und Classicität in Puder und Reifrock. — In Statuen und Gemälden, an der Treppe und den Plafonds sehen wir den ganzen Olymp versammelt, um dem geistlichen Hausherrn galante Huldigungen darzubringen. Die Zimmerreihe im zweiten Geschoße ist wahrhaft fürstlich und äußerst geschmackvoll: das Getäfel von Eichenholz mit Gold, und an den Wänden große, aus dem alten Schlosse stammende Gobbelins mit Jagden und idyllischen Vorstellungen im Style der Schule des Julius Romano. — Und die Aussicht aus den Fenstern — in zauberischer Klarheit und Ruhe lag die noch vor kurzem unendlich aufgeregte Fläche vor meinem Blick — ein Gemälde, hingehaucht mit den zartesten Luft- und Wasserfarben: vom westlichen Endpunkte, wo noch deutlich die hochgethürmte Kathedrale von Konstanz ragt, bis zu den dunkeln Tannenwäldern um Bregenz; dazwischen in sanft ansteigenden Linien die Vorlande der Schweiz und ihre schneeigen Berghäupter, vom mächtigen Säntis und den Kurfürsten bis zu den blauen Hochwarten Tyrols.

Dieselbe prachtvolle Aussicht haben das ehemalige bischöfliche Seminarum ad St. Carolum Boromaeum (in neuerer Zeit der Sitz eines katholischen Schullehrerseminars), die Wohnungen der großherzoglichen Beamten und andere Theile der vielgebäudigen Hofburg.

Die großartigen Treibhäuser, welche zu Bischofszeiten den Hofgarten zierten, haben zu einem artigen Sprüchworte Veranlassung gegeben. Beim Sonnenschein nämlich strahlten die schrägligenden Fensterflächen der Treibhäuser in so gewaltigem Glanze, daß ihr Leuchten bis weit in's Appenzellerland hinein wahrgenommen wurde, daher dort das Sprüchwort aufkam „es glänzt — wie Mersburg."

Einen vortheilhaften Begriff von behäbigem städtischem

Wesen gibt das alte Rathhaus mit seinem hellen geräumigen Saal. Obwohl Mersburg nie eine eigentliche freie Reichsstadt gewesen, so gewährte seine alte Verfassung doch große Rechte und Selbstständigkeit. Die städtische Gerichtsbarkeit reichte eine halbe Wegstunde außerhalb der Stadt, wo dann das heiligenbergische Gebiet seinen Anfang nahm. Dem Stadtrathe stand das Blut- und Malefizgericht zu, bei welchem der regierende Bürgermeister als Reichsvogt oder Stabhalter präsidirte, zu Handen das entblößte Schwert. — Außerdem bestand in Mersburg die „ehrbare Gesellschaft der Hundertundeinser."

Diese unabhängige Korporation, welche ihre Stiftung und reichliche materielle Begabung einem Caspar Müller, in der Mitte des sechszehnten Jahrhunderts, verdankt, hatte den Zweck, in schwierigen Fällen, bei Noth und Theurung, Krieg oder andern städtischen Angelegenheiten, bei gegenseitigen Streitigkeiten und Zerwürfnissen 2c. berathend und vermittelnd einzuschreiten, so wie das brüderliche Zusammenhalten der ganzen Bürgerschaft überhaupt zu hegen und zu pflegen. — Die Gesellschaft war im Besitz eines eigenen Berathungs- und Gelaghauses (das jetzige Gasthaus zum Bären). Ihre oberste Leitung lag in der Hand eines Oberpflegers, dem ein Unterpfleger zur Seite stund, welcher das Gesellschaftsvermögen verwaltete, während ein Ober- und ein Unterordner die Gesellschaftsbestimmungen und die Ordnung bei Festen und Gelagen handhabten. Die ganze

Verbrüderung zerfiel, hundert und ein Mitglied zählend, wiederum unter sich in Meister und Gesellen. Von dem ersprießlichen Wirken dieser Verbindung nur ein Beispiel.

Von Alters her hatten die benachbarten Thurgauer (in commerzieller Beziehung stets verbunden mit der schwäbischen Bevölkerung) das Recht, in der Mersburger „Gred" oder dem Kaufhause ihren Bedarf an Früchten vor den Einheimischen einzukaufen.

Als nun in den letztverflossenen siebenziger Jahren, in Folge mehrerer Mißjahre, große Theurung, ja beinahe Hungersnoth eingetreten, machten die Schweizer also ausgedehnten Gebrauch von ihrem Vorrechte, daß die zurückgesetzten Bürger Einsprache erhoben, welche bald in großen Tumult übergieng und damit endete, daß die zudringlichen Nachbarn mit Gewalt aus dem Kaufhaus verjagt wurden. Fürstbischof Kardinal Roth, sehr aufgebracht über diesen Vorfall, und ohnehin nicht der Mann vieler Umschweife, ließ die schuldigen Bürger ergreifen und ohne weiteres in's Gefängniß werfen. — Die Stadtverordneten hatten nicht den Muth, dem Landesherrn entgegenzutreten; da ließ der Oberpfleger die Hundertundeinser-Gesellschaft zusammenrufen, und es ward beschlossen, in der Angelegenheit ein freimüthiges Wort zu sprechen. — Die Abgeordneten begaben sich in das Schloß, wo der Bischof in großer Aufregung sie fragte, in wessen Namen und Auftrag sie kämen? „Im Namen und Rechte der ehrbaren Gesellschaft der Hundertundeinser" lautete die Antwort. — Der Bischof mäßigte sich; die Sache wurde untersucht, und auf Grund der einsichtsvollen Auseinandersetzung der Gesellschaftsvorstände das Gesetz, welches die Schweizer beim Einkauf bevorrechtigte, für immer aufgehoben.

In neuerer Zeit besteht die Gesellschaft eigentlich nur noch dem Namen nach. Wenigstens wurden keine Beispiele ihrer Thätigkeit zu meiner Kenntniß gebracht, ausgenommen ein festliches Bankett, welches die Mitglieder jährlich in der alten Gelagsstube zum Bären abzuhalten pflegen.

Von den Thoren, die Mersburg hatte, hieß eines das Zwingthor; der Bischof allein soll das Recht gehabt haben, durch dasselbe aus- und einzugehen. Seit Jahrhunderten aber war es zugemauert. Folgendes Begebniß soll die Schließung veranlaßt haben. Ein fremder Cavalier, so berichtet die Sage, kam eines Tages gen Mersburg und wollte durch das Zwingthor einreiten. Ein Bürger vertrat ihm den Weg mit dem Bedeuten, hier dürfe nur der Bischof durchpassiren. Der Fremde, beleidigt durch die Zurechtweisung, zieht das Schwert, der Bürger greift ebenfalls zur Wehr, und es entspinnt sich ein Kampf, in dem der Bürger getödtet wird. Hierauf erhob sich ein Tumult in der Stadt; die herbeigelaufenen Bürger wollten ihren Genossen rächen, griffen zu den Waffen und verfolgten den Frevler. Dieser aber flüchtete in's alte Schloß, wo er sich unter den Schutz des Bischofs stellte. Vergeblich forderten die Bürger seine Auslieferung; der Bischof wollte das heilig gehaltene Gastrecht nicht verletzen. Es kam zu einer förmlichen Berennung des Schlosses und der Bischof mußte flüchten. — Die Bürger aber mauerten das Zwingthor für ewige Zeiten zu.

Diese Sage scheint ihren Grund zu haben in den Streitigkeiten zwischen den Bischöfen und der Stadt (in der ersten Hälfte des fünfzehnten Jahrhunderts), wo Mißverständnisse und Tumulte wegen Schließung der Thore, Verwahrung der Schlüssel, Ein- und Auslaß bischöflicher Diener vorkamen, und die herrschsüchtigen Vögte der Bischöfe wiederholt zu Klagen und bewaffneten Widersetzlichkeiten von Seiten der Bürger Veranlassung gaben — worüber die Stadt einmal in die Acht gerieth.

Mit einem Theil der Mauern und Thore fiel auch die alte Pfarrkirche und eine daneben stehende Kapelle dem Abbruch anheim. In letzterer befanden sich altdeutsche Gemälde, die in jenen Zeiten, wo man das Gute nicht zu schätzen wußte, abhanden gekommen, und, wie versichert wird, nach Berlin in eine dortige Sammlung gewandert sind. — Ein schöner altdeutscher Altar befindet sich in der Nikolaus-Kapelle (alte Hofkapelle) der untern Stadt, wo die Fischerzunft alljährlich einen Gottesdienst, zu Ehren ihres Schutzpatrons, des heiligen Johannes von Nepomuk, abzuhalten pflegt.

Wenn der Besucher Mersburgs alle noch vorhandenen Zeugen der Vergangenheit zur Genüge betrachtet und in den Berggassen sich müde gelaufen hat, so mag er, der genußreicheren Gegenwart sich zuwendend, seine Schritte nach dem Gasthaus zum Schiffe lenken, wo das Zimmer auf den See hinaus einen herrlichen Blick über die weitausgedehnte Wasserfläche darbietet. Sollte ihn aber am heißen Tage etwa die Lust anwandeln, in der verlockenden Fluth selbst erquickliche Kühlung zu suchen, so ist auch diesem Bedürfnisse Rechnung getragen, in einer erst neuerer Zeit errichteten Badanstalt, welche ihr Entstehen zunächst der anregenden Thätigkeit des Herrn Amtmanns Speer in Mersburg verdankt.

Mir war vor meiner Abreise noch gegönnt, einen Theil der Laßberg'schen Sammlungen zu sehen, welche, wahrscheinlich nur noch kurze Zeit, in den Gemächern der alten Dagobertsburg aufbewahrt sind. Durch die edle Gastfreundlichkeit der verwittweten Freifrau selbst wurden mir die Zimmer geöffnet, deren Wände eine Sammlung von Gemälden älterer Meister schmückt. Es war mir dieß um so interessanter, da ich wußte, daß diese Kunstwerke in Bälde in meine Heimath wandern, d. h. in den Besitz Seiner Durchlaucht des Fürsten von Fürstenberg übergehen und einen ergänzenden Bestandtheil der Sammlungen im Schlosse zu Hüfingen bilden würden.

Freiherr Josef v. Laßberg wurde geboren in Donaueschingen 1770. Seine Jugend fiel in eine Zeit, wo an dem kleinen fürstenbergischen Hofe alles Schöne und Veredelnde Pflege und Gunst fand. Die Anregungen, welche seine Kindheit von daher empfangen, mögen den Jüngling und Mann wohl durch's ganze Leben begleitet und seiner Neigung zu Literatur und bildender Kunst den Grund gelegt haben. Das Gymnasium zu Donaueschiugen gab Gelegenheit zu ersten Studien, die in Straßburg und Freiburg fortgesetzt und vervollständigt wurden. Forstwissenschaft war das Fach, welchem, nach dem Beispiele des Vaters, der eines der ersten Hof-Forstämter in Donaueschingen begleitete, der Jüngling sich widmete. Bereits zu Anfang der neunziger Jahre erhielt der junge Mann eine selbstständige Stellung in dem Amte eines fürstlichen Oberforstmeisters zu Heiligenberg, und im Jahr 1804 wurde er zum Landesoberforstmeister des Fürstenthums ernannt. — Es waren die Zeiten, deren Stürmen das deutsche Reich erlag und mit dessen Auflösung Vieles im politischen Haushalte der Nation sich änderte. Die reichsfürstliche fürstenbergische Linie war mit Karl Joachim zu Grabe gegangen und das nunmehr standesherrliche Fürstenthum dem erlauchten Sprößling böhmischer Linie Carl Egon zugefallen, während dessen Minderjährigkeit die Fürstin-Mutter, Elisabeth, die vormundschaftliche Regierung führte. Laßberg ward zum geheimen Rath, nach dem Tode seines

Vaters zum Oberjägermeister ernannt. Mit dem Aufhören der vormundschaftlichen Regierung suchte er jedoch Entlassung aus den Dienstgeschäften, und widmete sich, in der Umgebung der hohen, durch die seltensten Herzens- und Geistesgaben ausgezeichneten Fürstin Elisabeth, ganz den Musen. Sein Mannesalter war in die Epoche gefallen, wo gleichzeitig mit dem Aufschwunge der neuern Literatur auch den Schätzen der früheren Zeit geschärfte Aufmerksamkeit zugewendet wurde. Dieß konnte jedoch nicht hindern, daß bei den in bewegten Zeiten vor sich gehenden Klosteraufhebungen manches Werthvolle der Kunst und Wissenschaft verschleudert, verloren oder ganz vernichtet wurde. Freiherr v. Laßberg, im Besitze gründlicher Kenntnisse und auch der nöthigen materiellen Mittel, hatte sich's schon früher zur eigentlichsten Lebensaufgabe gemacht, Zerstreutes zu sammeln, Verlorenes aufzusuchen, und was sich in profanen Händen befand, an sich zu bringen. So entstand nach und nach eine herrliche Sammlung von seltenen Handschriften, Incunabeln und alten Malereien, wie nicht leicht ein Privatmann eine ähnliche aufzuweisen haben mochte. Der Besitzer aber war keiner jener grillenhaften Liebhaber oder pedantischen Gelehrten, welche ihre Schätze mißtrauisch verschließen und möglichst unzugänglich machen; das Erworbene sollte wieder dem Leben, der Kunst und Wissenschaft zurückfließen, weßhalb der um altdeutsche Literatur und Geschichte so hochverdiente Herausgeber des „Liedersaales" sein Bestes uneigennützig seinen Freunden zu Lust und Lieb an's Licht stellte. In Verbindung und Freundschaftsverhältnissen mit vielen Gleichgesinnten und Aehnlichstrebenden sah der gastfreie Burgherr beständig werthe Besuche von Nah und Fern bei sich. Eine geistig wie körperlich ausdauernde Gesundheit ließ den trefflichen Mann alle diese glücklichen Lebensverhältnisse bis in's höchste Alter ungeschmälert genießen. Er starb im fünfundachtzigsten Lebensjahr, wenige Monate nach dem vielbetrauerten Hingange seines hochherzigen Fürsten und Herrn, Carl Egon von Fürstenberg. — Zahlreichen Freunden aber ist die schöne Erinnerung geblieben an einen genußreichen geistigen Verkehr und manche heitere Stunden im edlen Familienkreise auf der alten Mersburg. „Da finden Sie eben mich", schrieb v. Laßberg, nach dem Tode seines Sohnes, seinem vertrauten Freunde geistlichen Rath und Professor Fr. Carl Grieshaber in Rastatt, „da finden Sie mich mit liebem Weib und Kindern, mit weißem, schneeweißem Haupte zwar, aber mit immer grünem, warmem und fröhlichem Herzen, der von sich sagen kann: *Οἶδα ποτ᾽ ἄγραν Κοσμεῖν καὶ λόγχαν καὶ λίνα καλάμους**). Ach ja, fuimus Troes! Und jetzt stehe ich da, wie ein alter Baum, dem der Blitz die Krone abgeschlagen hat; denn meine Krone

*) „Ich versteh' es, dem Waidwerk Zierde zu seyn und dem Speer, Netzen und fliegendem Rohr".

und mein Stolz war dieser Sohn, den mir der Himmel diesen Sommer entführt hat*). In eine bessere Welt, so pflegt man zu sagen; aber auch diese wäre ihm vielleicht für viele Jahre noch gut genug gewesen, denn sie konnte ihn wohl brauchen."

Ehe wir von Mersburg scheiden, sei eines andern verdienten Mannes gedacht. Es ist der vaterländische Geschichtsforscher und Schriftsteller Joh. Bapt. Kolb, geboren in Mersburg 1774, wo sein Vater die Stelle eines fürstbischöflichen Archivars begleitete. Das Wenige, was sich von den Lebensumständen dieses Mannes noch erhalten, gibt Dr. Josef Bader in seinem neuesten Werke: „Meine Fahrten und Wanderungen im Heimathlande".

Das Lexicon über das Großherzogthum Baden von Kolb ist ein rühmliches Zeugniß unermüdlichen Fleißes und uneigennütziger Liebe zum Heimischen, die ihren bescheidenen Lohn meist allein nur in dem Bewußtseyn findet, der Allgemeinheit einen Dienst geleistet zu haben.

Indem ich noch des Grabmals gedenke, welches die naturforschende Gesellschaft in Berlin dem in Mersburg verstorbenen Magnetiseur Dr. Mesmer, in Gestalt einer abgestumpften Pyramide auf dem Gottesacker errichten ließ, kommt mir der Vorschlag von Göthe in den Sinn, Bild-

*) Friderich v. Laßberg, Sohn erster Ehe, war fürstlich sigmaringischer Regierungspräsident; er starb im Jahr 1838.

nisse verdienter Mitbürger, ausgezeichneter Künstler und Gelehrter, so wie von Großen, welche den Ort durch Wohlthaten oder persönliche Gegenwart ausgezeichnet ꝛc. malen oder modellieren zu lassen und nebst den Portraite der Landesherren in den Rathssäälen für bleibend aufzustellen. Demnach würde Mersburg das Bild v. Laßberg's, Kolb's, nebst dem bereits vorhandenen Portrait des Bischofs Max v. Roth in seiner Rathsstube der Mit- und Nachwelt aufzubewahren haben.

Möchte doch in allen Städten des Landes in diesem Sinne etwas geschehen; der Nutzen (wenn ein solcher auch nicht in der Gemeinderechnung mit Zahlen ausgedrückt werden kann) wäre kein geringer. Denn das Andenken merkwürdiger Männer regt von Zeit zu Zeit den Geist zu Betrachtungen auf, stärkt das nationale Gefühl und ermuthigt auf vorgewiesener Bahn Aehnliches zu erstreben.

Kirchberg und Hagnau.

Es war ein warmer Sonntagvormittag, den ich zu einem Ausfluge nach dem benachbarten großherzoglichen Schloß und Pachtgut Kirchberg benützte. — Der Frühling, jung und hold, hatte bereits die Wiesengelände und ihre Einhagungen mit zartem Grün geschmückt; aber die Obstbäume und Reben warteten noch auf ihren Ostertag. — Der Weg, die Straße nach Ludwigshafen und Lindau, führt durch Hagnau, welches Dorf nach wechselndem weltlichem und geistlichem Besitze durch den Preßburger Frieden an das Haus Baden gekommen. Eine kleine halbe Stunde von diesem Orte, unmittelbar an der Straße auf mäßig erhöhtem Terrain ligt Kirchberg — einer der zierlichsten Edelsitze am See. Alte Obstbaum-Alleen führen rechts von der Straße ab, zum Thor und Hofraum, in dessen Mitte ein plätschernder, von Kastanien beschatteter Brunnen erfrischende Labe spendet. Südlich, gegen den See, erhebt sich der Hauptbau des Schlosses mit einem östlich gewendeten, später erbauten Seitenflügel und Thor, während dem Commenden zur Linken die mittelalterliche Pächterswohnung und das Wirthshaus den Hof gegen die Straße hin abschließen.

Die Aussicht aus den Fenstern des Schlosses, oder von dessen Altane, gibt uns jedoch erst den wahren Begriff von der herrlichen Lage dieses behaglichen Sitzes. — In unmittelbarer Nähe ein lieblicher Park und Blumengarten; an der Abdachung gegen die grünen Seeufer sonnige Weingelände, und links ein schattiges Lustrevier junger Büsche und schlanker Buchen mit einem in den See hinaus gebauten Sommerhause. Bei Betrachtung dieses reizenden Landschaftbildes will es uns bedünken, als sei dieser Ort von Mutter Natur eigens zu einem jener Mußeplätze geschaffen, wo der Geist, von ermüdender Beschäftigung und vom Weltgetriebe ausruhend, neue Lust und Kräfte gewinnen soll. — So trugen Tag und Stunde meines Dortseyns ganz den Charakter, solch ein Gefühl zu erwecken. Ein heißer Mittag lag in brütender, allein vom Geschrei schweifender Möven und dem fernen Rauschen eines nicht sichtbaren Dampfbootes unterbrochene Stille über Land und See, in welch' letzterm sich strahlenden Glanzes die hochgethürmten Alpen bespiegelten. — Dieser Ruhe rings umher entsprachen die stillen Hausräume der nächsten Umgebung. Die ältern Bewohner Kirchbergs waren mit Ausnahme einiger Dienstboten nach Immenstad in die Kirche gegangen, während die Kinder in den nahen Wiesen nach Primeln

SCHLOSS KIRCHBERG

und Veilchen suchten, welche die warmen Apriltage hin und wieder dem blaßgrünen Teppiche eingewoben hatten.

Eine Dienerin erschloß mir die Zimmer, in welchen Seine Königliche Hoheit der Prinz und Regent im Herbst des Jahres 1853 einen längeren Aufenthalt zu nehmen geruhten. Es war mir bekannt, daß das eine dieser fürstlichen Gemächer, der Speisesaal, vorzügliche altdeutsche Gemälde bewahre noch aus den Zeiten, wo Kirchberg ein Besitzthum des Reichsstiftes Salem war.

Diese vortrefflichen Kunstwerke, viere an der Zahl, sind von der Hand Martin Schaffner's, und haben die Versuchungen des hl. Antonius zum Gegenstande*). Sie sind auf Holz und Kreidegrund gemalt, in gleicher Größe, etwa zwei Fuß breit und vierthalbe hoch.

Auf der ersten Tafel erblicken wir in einsiedlerischer Landschaft den heiligen Altvater, vertieft im Lesen eines Buches; neben ihm die halbfertige Arbeit eines Korbes von Binsengeflecht, und im Mittelgrunde seine Klause, die er, nach der Legende, über einem verlassenen Grabe errichtet hatte. Die frommen Betrachtungen des Klausners abzulenken, hat sich ihm eine reizende Jungfrau in reichem Schmuck und prächtigem Gewande genähert, welche dem Heiligen ein Gefäße von kostbarer Arbeit, wahrscheinlich eine zweite

*) Bereits im Jahrgang 1822 des Kunstblattes (8. August) von Brouillot erwähnt.

Pandorabüchse darbietet, die der angefochtene Mann jedoch mißtrauisch verwundert anzublicken scheint. — Eine zweite Versuchung versinnlicht die Scene im Mittelgrunde, wo der Böse, in Gestalt eines rothgekleideten Jägers mit Hunden und einem geflügelten Schweine dem Klausner ein netzartiges Jagdgeräthe vorweiset, während aus dem nahen Walde mitleidflehende trügerische Gestalten Presthafter und Bedürftiger auf die Beiden zukommen. Im obern Raum Christus in Wolken, vor dessen Erscheinung die Dämonen die Flucht ergreifen.

Die Hauptgruppe des zweiten Gemäldes zeigt den Heiligen betend, bedrängt jedoch und verwirrt von den üppigen Gestalten dreier Mädchen, deren lange rothe Gewänder und zierlich Haargeflechte nur unvollkommen Bocksfuß und sprossende Hörnlein verdecken. Die eine der Schönen faßt zudringlich des frommen Vaters Kapuze, während ihre Schwestern, neben einem reich verzierten Ruhebett stehend, mit arglistigem Lächeln die Verwirrung der Heiligen betrachten. Einen Theil des Mittelgrundes rechts füllt ein prächtiges Gebäude, an dessen Treppe Antonius, umgeben von Presthaften und den drei rothgekleideten verführerischen Weibern. Links, mehr in die Ferne gerückt, schließt das Bild mit einer Scene von anmuthigster Erfindung und Ausführung. An sommerlichem Tage sehen wir den Alten in sinnender Beschaulichkeit längs eines Waldrandes dahin wandeln. — Siehe, da tritt ihm der rothgekleidete Versucher wieder in den Weg, und zeigt gegen ein klares ruhig fließendes Waldwasser, wo drei nixenartig gestaltete Jungfrauen den schönen Leib im Bade kühlen.

Das dritte Bild stellt, im Gegensatze zu den Anfechtungen sinnlicher Begier, den Heiligen dar unter den Händen wilder Dämonen, die im Begriffe stehen, ihrem Opfer äußerliche Körperbeschädigungen beizubringen. Die eine dieser diabolischen Gestalten packt das Gewand des Alten, der in abwendender Gegenwehr nach oben blickt, wo die Lichtgestalt des Heilandes im Wolkenschimmer schwebt.

Den Schluß macht der Tod des Vielgeprüften. — Auf einer Binsenmatte ausgestreckt findet ihn sein Mitbruder, ein benachbarter Einsiedel, während zwei Löwen, bisherige Gefährten seiner Einsamkeit, emsig bemüht sind, mit ihren Klauen ein Grab in die Erde zu scharren. Im Mittelgrunde deutet der Künstler sinnreich noch den letzten Lebensmoment des Dahingeschiedenen an. — Antonius kniet im Gebete, vor einem in tiefer Waldeinsamkeit stehenden Cruzifixe. In der Ferne wandelt sein Freund, der Waldbruder, auf steinigem Felspfade, um dem Heiligen seinen Besuch abzustatten, der ihn jedoch, wie wir gesehen haben, nicht mehr unter den Lebenden trifft. — Sämmtliche Gemälde tragen das Monogramm des Künstlers und die Jahreszahl 1517.

Martin Schaffner's Werke wurden vielfach irrthümlicher Weise mit denen des Martin Schön, oder wie er zuweilen auch genannt wird, Martin Schongauer, verwechselt, obwohl Letzterer früher als Schaffner lebte und bereits in den achtziger Jahren des fünfzehnten Jahrhunderts sein rühmliches Daseyn in Colmar beschloß. Die Wirksamkeit Schaffner's dagegen fällt in den Anfang des sechszehnten Jahrhunderts, zu welcher Zeit der Meister in Ulm als Bürger und Mitglied der dortigen Malergilde lebte. Dieser Künstler hatte das sonderbare Schicksal, bis auf die neuere Zeit fast gänzlich im Dunkel geblieben zu seyn, wo ihn dann erst sorgfältige Forschungen in das verdiente Licht gestellt haben. Obwohl Martin Schaffner, wie erwiesen, nie Italien gesehen, so tragen seine Werke doch den Stempel jener kurzen Blüthezeit deutscher Kunst, in welcher die Bekanntschaft mit der italienischen Muse der strengen Charakteristik und der zwar innerlichen, aber in ihrem Aeußern allzu dürftigen Gemüthlichkeit der Deutschen mehr künstlerische Freiheit und Schönheit einhauchte — ein Einfluß, der in seinem Verlaufe mißverstanden, später allerdings dem reinen Kunstelemente verderblich wurde, nichts desto weniger aber in seiner anfänglichen Reinheit das Vortrefflichste deutsch mittelalterlicher Kunst hervorbringen half.

Ueber die Geschichte des Schlosses Kirchberg (oder wie die frühere Schreibart „Killiberg") berichtet Kolb, daß im Jahr 1288 das Besitzthum von dem ehemals fürstlichen Stifte Kempten durch Kauf an das Gotteshaus Salem gekommen; wie denn auch der letzte Vorsteher dieses Klosters, der Reichsprälat Kaspar Oechsle, hier sein Leben beschloß. Das vorhandene Schloß ist theilweise aus späterer Zeit, zweistöckig und ganz im Sinne eines behaglichen Wohnsitzes angelegt und ausgeführt. Die Wirthschaftsgebäude dagegen tragen noch mittelalterlichen Charakter.

Nachdem dieser herrliche Sitz längere Zeit unbewohnt gestanden, würdigte ihn der höchstselige Großherzog Leopold, zu Anfang der vierziger Jahre auf kurze Zeit seines Besuches. Einen zweiten Lichtpunkt in der Geschichte des Schlosses bildet der schon erwähnte Aufenthalt Seiner Königlichen Hoheit des allverehrtesten Regenten im Herbst des Jahres 1853. Der Aufenthalt dauerte über fünf Wochen und die meisten angehörigen Bodenseeorte hatten das Glück, von ihrem durchlauchtigsten Herrn und Regenten besucht zu werden.

An schönen Sonntagen ist die Wirthschaft zu Kirchberg ein besuchter Ausflugsort der Umgegend. Und wahrlich, es gibt wohl kaum ein einladenderes Plätzlein, die Muße eines schönen Sommernachmittags angenehm zu verbringen, als Kirchberg mit seinen Weinlauben, blumigen Wiesen und schattigen Gehölzen, angespült von den stillen Gewässern des mächtigen Bodan.

Der Volksglaube läßt in dieser Gegend zuweilen Wanderer nächtlicher Weile irre gehen; auch sollen nicht selten Pferde, welche an Fuhrwerken die Straße passieren, scheu werden. In nämlichem Sinne fährt auch mit sechsspännigem Zuge der Geist des Prälaten Anselm von Salem (gest. 1778) von seinem Kloster nach Kirchberg. Dieser Abt lebte mit Kardinal Bischof Roth in beständigen Territorial- und Rangstreitigkeiten, in Folge dessen der Kardinal dem Abte, als er einstens sechsspännig von Salem über Mersburg nach Kirchberg fahren wollte, zwei Pferde an dem Wagen ausspannen ließ.

In geringer Entfernung östlich von Kirchberg schaut das Schloß Herschberg stattlich von einem rebenbepflanzten Hügel über den See. Es ist der Sitz der fürstlichen Familie von Salm-Krautheim und ligt auf würtembergischem, vom badischen Gebiete umschlossenen Grund und Boden. Ein letzter badischer Uferort in genannter Richtung bildet das große Pfarrdorf Immenstad, ehemals unter fürstenbergischer Landeshoheit, jetzt ein Bestandtheil des großherzoglichen Bezirksamtes Mersburg.

Während ich auf dem Wiesenpfade längs den Seeufern von Kirchberg zurückkehrte, zog von Westen her ein Gewitter, welches bald heftige Regengüsse über Land und See schickte, und den Wanderer am Bodensee kaum noch ungenäßt den Ort Hagnau und das Wirthshaus zum Adler erreichen ließ.

In der Nähe dieses Gasthauses befindet sich ein mächtiger Steinbock, ein Denkmal des gefrorenen Bodensee's im Februar des Jahres 1830. — Als die Eisdecke Nachts unter furchtbarem Krachen sich hob und borst, wurde dieser Stein (wahrscheinlich eingefroren), mit vielen mannshohen tafelförmigen Eisschichten, aus dem See an das Ufer bei Hagnau geschleudert und später von den Einwohnern mittelst vier Pferden in's Dorf geschleift, um vor dem Adler zum ewigen Gedächtniß aufgestellt zu werden. Aehnliche Erinnerungszeichen warf der wunderliche Alte im Jahr 1573 zwischen Lindau und Wasserburg an's Land, so wie 1659 bei Arbon unweit der Stadtmauern einen Stein, der nicht weniger als hundert und fünfzig Zentner wog.

Das gänzliche Gefrieren des See's ist übrigens etwas so Seltenes, daß der gemeine Mann am See, vor dem Jahr dreißig, durchaus die Möglichkeit desselben bezweifelte und alle Berichte aus frühern Jahrhunderten in diesem Betreffe für eitel Lug und Fabel hielt*). — Von jeher wurde aber das Phänomen, wenn es eintraf, mit allerlei Festlichkeiten und Unternehmungen von den Umwohnern

*) Auch von außerordentlich gelinden Wintern berichten die Chronisten. „Anno 1287 war ein sehr warmer Winter, in welchem zu Konstanz die Bäume und Rosenstöcke geblühet, auch Veielin und andere Frühlings- und Sommerblumen gepflücket worden; da denn am Weihnachtsfest die jungen Mägdlin mit Blumenkränzen geschmückt zur Kirchen giengen, und die Knaben im Bodensee badeten.“

gefeiert. — Als im Jahr 1573 am 22. Januar der See hart gefror und es mehrere Wochen lang blieb, transportierte man schwere Lasten über das Eis, und sogar ein sechsspänniger Güterzug fuhr von Fußach nach Lindau. Bei Rorsach wurden Fastnachtsspiele und andere Lustbarkeiten auf dem Eis gehalten, und zwischen Lindau und Mehreran hielten 200 Bürger zu Fuß und zu Pferd die übliche Aschermittwochsschlacht. (Die Sage von dem Reiter, der die beschneite Eisdecke für eine Wiese gehalten und darüber geritten, ist bekannt.) — Ebenso lustig gieng es auf der Eisdecke im Februar 1830 zu. Güter wurden hin und her geschafft, und zahllose Spaziergänge von einem Uferorte zum andern gemacht. Die Küferzunft von Konstanz verfertigte ein großes Weinfaß auf dem Eis, und die Immenstader benützten die Bahn, um den s. g. Hennenzins auf einem Schlitten von ihrem Dorfe nach Mersburg zu verbringen. Meister Sepp von Eppishusen aber hatte Laune genug, eine Schlittenparthie von seinem Schlosse (er wohnte damals in Eppishausen) über den See nach Immenstad zu machen. — Manche Wanderer, die sich zu weit in das neblige Schneegefilde wagten, irrten lange umher und durften froh seyn, mit heiler Haut das Land wieder zu erreichen. Doch sind keine eigentlichen Unglücksfälle bekannt geworden, mit Ausnahme eines badischen Soldaten von der Garnison zu Konstanz, welcher in eine Eisspalte fiel und nicht mehr zum Vorschein kam.

Ein ganz besonderer Brauch jedoch findet bei dem jedesmaligen Gefrieren des See's zwischen den Bewohnern von Hagnau und dem schweizerischen Orte Münsterlingen statt. In feierlicher Prozession wird nämlich ein Heiligenbild von einer Pfarrei in die andere gebracht, wo es so lange verbleibt, bis der See wiedrum Gelegenheit zu ähnlicher Transferierung darbietet. Dieses Bildniß befindet sich gegenwärtig in Hagnau, wohin es im Winter 1830 mit Kreuz und Fahnen in Begleitung der Schuljugend von Münsterlingen verbracht worden ist.

Mein kurzer Aufenthalt in Hagnau gab mir Gelegenheit, aus dem Munde eines alten Mannes noch von einem andern ehemaligen Brauche des Dorfes Kenntniß zu erhalten. Es bestand nämlich hier die Gesellschaft der „Kästräger" — eine Verbrüderung von vierundzwanzig ledigen Burschen, mit eigenen Sittengesetzen. Von Alters her war es üblich, daß diese Gesellschaft nach verflossenen sieben Jahren jedesmal am Neujahrtage ein besonderes Fest begieng. Mit Unter- und Obergewehr bewaffnet, unter der Führung eines Obern, den eine Hellebarde auszeichnete, rückte man früh Morgens vor den Pfarrhof und die Wohnungen des Amann und der Gemeinderäthe, um hier die übliche Gratulation abzustatten. Nach dem Gottesdienste begab sich die Mannschaft nochmals zum Herrn Pfarrer, um einen Käselaib dort in Empfang zu nehmen, welcher auf einer Stange, die oben ein rundes Brett hatte, im Dorfe herum vor jedes Haus getragen wurde, wo man, nach Glückwunsch und Gesang, um eine Gabe bat. Wurde die Spende gereicht, so drückte der Geber oder die Geberin die hiezu bestimmte Münze in einen Apfel, steckte diesen an eine Spindel und diese wiederum in den am Fenster empor gehaltenen Käslaib. — Später ließ man wohl auch noch Gaben an Fleisch, Mehl, Brod und Butter folgen, was alles zusammen bei einem großen Gastmahle, woran alle Ledigen des Ortes Theil nahmen, unter Gesang und Tanz verzehrt wurde. Die Beiträge fielen meist so reichlich aus, daß auch der Armen und sämmtlicher Schuljugend auf's Freigiebigste gedacht werden konnte. Drei bis vier Zentner Fleisch und ein Duzend saftige Schinken, war keine Seltenheit gespendet zu sehen. — Ein zweiter „Zechtag" mit Tanz und allerlei Spielen fand an Fastnacht, ein dritter am ersten Mai u. s. w. statt. Jedesmal durfte sämmtliche ledige Welt theilnehmen, mußte sich jedoch den bestehenden Gesetzen der Vierundzwanzig unterwerfen. Es war z. B. Sitte, daß beim Ende der Tanzbelustigung der Obere seine Sackuhr auf den Tisch legte und die Minute bestimmte, wo die Burschen, welche Tänzerinnen nach Hause zu begleiten hatten, wieder im Saale erscheinen mußten. Versäumte Einer die gegebene Zeit, so wurde er zur Buße von den nächsten Zechtagen ausgeschlossen. — Traf es sich, daß ein Genosse heirathete, so „stand die ganze Mannschaft in's Gewehr", um unter

Trommel- und Pfeifenschall dem Ausscheidenden gebührende Ehren zu erweisen. Wie das Brautpaar aus der Kirche kam, traten zwei Kameraden vor mit einem farbigen Bande, dessen Enden die Beiden, an ihre gezogenen Degen geknüpft, aus einander hielten, während der übliche Glückwunsch gesprochen, und von der Mannschaft eine feierliche Gewehrsalve gegeben wurde. — „Im Jahr 1798", schloß mein Berichterstatter, das letzte lebende Mitglied der ehemaligen Kästrägergesellschaft, „wurde das Neujahrsfest zum letzten Male von uns gehalten. — Es waren vergnügte Zeiten, lieber Herr; unter dem jetzigen Geschlecht ist nicht halb so viel Harmonie und Lustbarkeit."

So erzählte der Alte, und es wollte mir scheinen, als lige in seiner Schlußbemerkung etwas Wahres. — Lebt die jetzige Generation, fragte ich bei mir selbst, lebt sie mit all' ihren Raffinements und weltbeglückenden Ideen glücklicher als die Vorältern? — Wir sollen uns in einer Uebergangs- und Entwicklungsperiode befinden, hört man vielfach behaupten. — Ist aber nicht jede Zeit eine solche? — Gewiß. Keine bringt jedoch, halte ich dafür, so Wunders viel Neues, daß es sich der Mühe lohnte, entbehrend lange darauf zu warten. —

„Willst du immer weiter schweifen?
Sieh, das Gute ligt so nah.
Lerne nur das Glück ergreifen,
Denn das Glück ist immer da."

Allerdings ist viel Poesie, oder was dasselbe ist, Gemüth, aus dem Volksleben geschwunden, vorzugsweise seit der Zeit, wo in Alles cosmopolitische Zwecke, sociale Ideen und Zukunft gelegt werden wollte; worüber nothwendig die Freude am Herkömmlichen, das Behagen an der Gegenwart, verloren gehen mußte.

Mit solchen Raisonnements beschäftigt, wanderte ich Mersburg zu. — Das Gewitter war vorüber und die Luft herrlich erfrischt und klar. — In erneuter Pracht lag die noch eben von Regenschauer verhüllte Gegend vor mir, und die uralten Häupter der Alpen schauten in unwandelbarer Ruhe, verklärt durch Apollos scheidendes Flammengespann, in's glühende Abendroth.

In Mersburgs Hallen aber herrschte Freude. — Ein Theil der in Konstanz gastierenden Schauspielerbande war mit dem Dampfschiffe herüber gekommen, um auf dem Theater, welches noch aus Bischofszeiten im obern Saale des Rathhauses vorhanden ist, Vorstellungen zu geben. Auch ich ließ mich verlocken. Das Stück war ein wenig erbauliches modernes Lustspiel, dessen Name ich vergessen habe; doch ist mir noch so viel erinnerlich, daß es mich von Neuem in dem Verdachte bestärkte, als schwinde alle ächte Poesie aus dem Leben und der Kunst.

Salem und Ueberlingen.

Von Mersburg führt ein Uferweg nach dem Dorfe Unteruhldingen. Dieser Ort, ehemals fürstenbergisch, ligt unmittelbar am See, der Mainau gegenüber, und erinnert mit seinen flachen Ufern und verpfählten Landungsplätzen an Bilder der Niederländischen Schule. — Als wohlgelegene Marktstätte hatte Uhldingen ein großes Kornhaus, welches jetzt, da der Fruchtmarkt sehr nachgelassen, einer Gesellschaft von acht bevorrechteten Schiffern zum Magazine dient. Noch zeigt man an einer nahen waldbewachsenen Anhöhe die „Knabenlöcher", verlassene in den Fels getriebene Gänge, in welchen nach einer Sage einst Gold gegraben und auf dem Heiligenberg, in den „Goldhäuslein" bei der Heinrichsquelle, geschmolzen wurde.

Der Mittag war heiß, und ich suchte nächst einem Bauernhause Schatten, wo ein Alter auf grünem Wiesenplatze beschäftigt war, junge nachgesetzte Stämme von Raupennestern zu säubern. Der Mann hatte bereits nahe an die achtzig Frühlinge gesehen und trug, eine Seltenheit am See, noch die alte Tracht. — Er schaute den Fremden lächelnd an, als dieser unter Anderem nach den unterirdischen Gängen fragte, wo früher Gold gegraben worden. Es mochte ihm scheinen, als habe er einen Schatzgräber, oder einen goldhungernden modernen Abentheurer vor sich, der in Uhldingen ein zweites Californien suche. — Er wieß gleichgiltig mit der Hand nach der Berghöhe, und als ich der Sage weiter nachfragte, meinte er: „von gegrabenem Gold spüre man in der Gemeinde nimmer viel — werde auch wohl Alles nur Erdichtung und Fabelwerk seyn.“ Sein großes ehrliches Gesicht verrieth einen Anflug von Beleidigung, daß man ihn für so einfältig halte, an dergleichen zu glauben.

Ich gab ihm Recht, und er erzählte mir, daß vor einigen Jahren ein paar Hirtenbuben, die im Innern der Höhle aus Wunderwitz ein Feuer angezündet hätten, vom Qualm beinahe erstickt, hervor gezogen worden seien. Er berichtete mir mancherlei aus der Zeit, da Uhldingen noch zur Grafschaft Heiligenberg gehörte. Der Fruchtmarkt sei dazumal ein bedeutender gewesen, und von Sulgau, Altshausen und der Umgegend befahren worden. Alle Mittwoch seien bei 400 Malter Korn von hier über's Wasser nach Konstanz und in die Schweiz verführt worden. Der Verkehr habe seitdem aber durch die würtembergische Eisenbahn sehr gelitten.

Ihre Gemarkung von geringem Umfang sei erträglich, auch werde etwas Wein gebaut; die Gemeinde habe früher eigene Reben gehabt, und von einem Theil des Weins hätten die Burger mit ihren Weibern alle Jahr an Fastnacht einen fröhlichen Trunk auf der Gemeindsstube gehalten u. s. w. Die gemüthliche Berichterstattung wurde unterbrochen durch ein Kind, welches kam, den Großvater zum Mittagessen zu rufen.

Mein Weg aber gieng nach Salem, ein Ausflug landeinwärts von ein paar Stunden. Der Reisende, begünstigt von einer Reihe schöner Tage mit immer gleicher Aussicht auf die weite Wasserfläche und ihre fernen Grenzen, kann leicht von einem Gefühle, wo nicht des Ueberdrusses, doch gleichgültiger Gewöhnung beschlichen werden, wodurch eine landschaftliche Abwechslung zum Bedürfniß wird.

Die Straße von Unteruhldingen nach Salem führt über Oberuhldingen und Mühlfeld, beides Dörfer an dem Flüßchen Aach. Oberhalb von Oberuhldingen bei Gebhardsberg ligt auf dem weit sichtbaren „Schloßberg", ganz von dichtem Wald umwachsen, eine gebrochene Burg mit einem Walle. Vor vielen Jahrhunderten soll hier ein Ritter von Ober-Riedern gehaust haben, dessen Besitzungen später an Salem kamen. Unter den ältern Fischern und Schiffern herrscht noch jetzt der Glaube, dieser Ritter gehe um; und bei jeder Schiffmannsnoth auf stürmischem See wird der Geist um Hilfe gebeten, und, wie versichert wird, niemals umsonst.

Weiterhin nach dem Kloster begegnen wir dem eigenthümlich gelegenen Killiberg, einem ehemals salemischen Gute mit Jägerhaus und Kapelle, auf einem Bühel mitten in dem großen waldumgebenen Killi- oder Edelburger Weier. — Kurz vor meiner Ankunft ward die Leiche eines jungen lang vermißten Burschen in dem Wasser gefunden; bei welcher Gelegenheit mehrere ähnliche Fälle wiederum in Erinnerung gebracht wurden, mit der herrschenden Sage, daß dem tiefen Weier eine verderbliche, opferheischende Macht inne wohne. — So, hörte ich unter Anderem, geschah es einem geachteten Bürger und Metzger von Ueberlingen, der bei dunkler Nacht an dem Killiweier vorüber wollte, daß eine Gestalt ihn gegen das Gewässer stieß und zuletzt erfaßte, um ihn hinein zu schleudern. Als der Morgen graute, erwachte der Mann aus tiefer Betäubung am jenseitigen Rande des Weiers.

Zwischen Waldung und fruchtbarem Ackergeländ führt der Weg durch Mimmenhausen in den grünen Linzgau, wo in herrlicher wohlbebauter Ebene das ehemalige Reichsstift Salem ligt und von luftiger Höhe die weißen Giebel des fürstenbergischen Schlosses Heiligenberg zu Thal schauen. — Der Bodensee und die Alpen sind dem Blicke verschwunden und alle Umgebung deutet auf Verhältnisse wohl betriebener Landwirthschaft, die ihren gegenwärtigen Flor hauptsächlich dem Herrn Markgrafen Wilhelm Großherzoglicher Hoheit verdankt. Die Bewirthschaftung der markgräflichen Domaine wird nämlich höchst uneigennützig im Sinne einer Musterwirthschaft für die Umgebung behandelt; Reben-, Acker- und Wiesenbau des ganzen Gaues haben sich unter diesem Einfluß wesentlich gehoben, und die wohlthätigen Folgen werden bis in späteste Zeiten das schönste Denkmal so ächten hochherzigen Fürstensinnes bilden.

Zu den umfangreichen Gebäulichkeiten des ehemaligen Reichstiftes führen drei Thore. Der Baustyl des Ganzen ist der des siebzehnten Jahrhunderts, mit Ausnahme des Münsters und der Vorrathshäuser, welche ältern Ursprungs sind. Ein Theil der Räumlichkeiten dient zum Sitz des großherzoglichen Bezirksamtes, des markgräflichen Rentamtes und zur Elementarschule u. s. w. Der Klosterbau, unter Abt Stephan 1700 aufgeführt, nunmehr ein markgräflich badisches Schloß, ist zum Sommeraufenthalte JJ. HH. der Herren Markgrafen wohnlich und geschmackvoll eingerichtet. Den großen Kaisersaal in imposantem Roccocogeschmacke, zieren lebensgroße Statuen in Stuckarbeit von sämmtlichen deutschen Kaisern.

Die Klosterkirche (das Münster) stammt aus dem vierzehnten Jahrhundert und repräsentirt würdig den reinen gothischen Styl. Ihr Inneres wurde jedoch unter Abt Robert, zu Ende der vorigen siebenziger Jahre, durch Zuthaten (Altäre, Statuen, Reliefs &c.) im Sinne dieser geschmacksverirrten Zeit, dem ursprünglichen Charakter theilweise entfremdet. Wenn dieses dem Eindrucke, den der herrliche Tempel macht, natürlich nicht wenig Eintrag thut, so versöhnt einigermaßen die Solidität und Kostbarkeit des Materials der neueren Ausstattung. Der Hauptaltar, die zahlreichen Seitenaltäre, mit Reliefs, Statuen und Kandelabern, sind von weißem Alabaster, wie solcher an den abschüssigen Ufern der Wutach bei Aselfingen und Achdorf vorkömmt. Nachdem die salemischen Besitzungen an das Haus Baden gefallen, überließ Großherzog Ludwig den schönen Tempel der Gemeinde Salem unentgeldlich zur Pfarrkirche.

Es war gerade Morgengottesdienst, als ich die Kirche betrat; der ehrwürdige — sechsundachtzigjährige Pfarrer Honoratus Hapt, der letzte der ehemaligen salemischen Klostergeistlichen, las eine stille Messe; nur wenige Andächtige waren zugegen. — Der Priester schien ein abgeschiedener Geist aus früheren Tagen, von deren Pracht und Reichthum die hohen Säulen und Marmorbilder noch stumme Zeugenschaft gaben. — Als der Greis mit zitternder Hand die Gemeine gesegnet hatte und vom Altar zurückgetreten war, sah ich ihn nach einer Weile, umgeben von einer Gruppe Schulkinder, die ihn wie zum Schutze begleiteten, über den Platz seiner nahen Wohnung zuschreiten. Bei einem Besuche, den ich ihm machte, erzählte er viel von den Zeiten des Klosters; ich erfuhr, daß die alabasternen Altäre der Kirche in der Werkstätte der salemischen Laienbrüder verfertigt wurden. Bei Aufhebung des Stiftes habe die Zahl der Konventualen achtundsiebenzig betragen, eine verhältnißmäßig geringe Zahl, da wegen Kriegs- und andern Umständen längere Zeit keine Novitzen mehr aufgenommen werden konnten. — Unter Anderem zeigte mir der alte Herr auch ein kleines Bildlein, welches von einem Freund entworfen, ihn selbst darstellt, wie er betend und sich geißelnd in der Zelle kniet, eine dampfende Tabakspfeife im Mund. Er hatte sich, erläuterte er mit liebenswürdigem Humor, in frühester Morgenstunde einst verleiten lassen, ein Pfeifchen zum Fenster hinaus zu rauchen, als es an der Thüre klopfte und der Erschrockene rasch in die Kniee sank und sich wie im Gebet begriffen stellte. Die Schauöffnung an der Thüre hatte ihn aber verrathen und er mußte Buße thun.

Als ein natürliches Document der alten Zeit betrachtete ich die riesenhafte Linde in dem Klosterhofe. Es ist anzunehmen, daß der Baum irgend einem historischen Moment sein Daseyn verdankt. — Zur Zeit aber, wo das Stift noch eigene Gerichtsbarkeit hatte, gab es ein Sprüchwort unter dem Volke: „er ist auch schon unter der Linde gelegen" — was jedoch dem, auf welchen es angewendet wurde, nicht zu sonderlichem Ruhm gereiche. Denn unter dem kühlen Schatten der altehrwürdigen Linde wurden der Göttin Themis von Amtswegen jene Opfer gebracht, bei welchen der Stock eine Hauptrolle spielte. — Dem Baume hatte aber der Zufall oder das Geschick noch eine Bedeutung höheren

Sinnes zugedacht. — Als ich schon seit Wochen von meiner Bodenseereise wieder zurückgekehrt war, erhielt ich ein Schreiben von achtbarer Hand *) des Inhalts: „Die große Linde gehörte zu den allerältesten Bäumen in der Umgegend und erscheint in den frühesten gezeichneten Planen und Ansichten des Klosters Salem. Sie ist älter als das vorhandene Klostergebäu; eine sonderbare Fügung des Zufalls, oder wie man es nennen will, wollte, daß der Baum am 25. April d. J. plötzlich und unerwartet, ohne daß ein Sturm oder anderes äußeres Ereigniß beigetragen hätte, bei ruhiger Witterung in sich zusammenbrach. — Wenige Tage nachher, am 1. Mai starb altersschwach der sechsundachtzigjährige Pfarrer von Salem, Honoratus Hapt, der letzte Geistliche des ehemaligen Stiftes. — Als er auf seinem Lager, wo ihn eine Schwäche gefesselt hielt, von dem so unerwarteten Zusammenbrechen der Linde hörte, ergriff ihn ein wehmüthiges Gefühl, und er sprach gegen die Anwesenden seine Ahnung aus, daß er nun bald sterben und zusammensinken werde — wie die Linde.“

Das Kloster Salem oder Salmannsweiler wurde gestiftet im Jahre 1134. Es war früher ein Weiler, im Besitze eines Ritters Guntram v. Adelsreuthe, der ohne männliche Nachkommen war und das Gut mit verschiedenen anderen Besitzungen dem Zisterzienser-Orden vermachte.

*) Von A. Ellensohn, Gastwirth auf der Mainau.

Die Schenkung geschah mit Bewilligung des Königs Conrad, des Herzogs Friderich von Schwaben und des Markgrafen Hermann von Baden. Das Stift war ein reichsunmittelbares und genoß alle Vorrechte, die einem Reichsstande zukamen. In kirchlicher und staatlicher Beziehung war das Stift lange Zeit in Streitigkeiten verwickelt, eines Theils mit dem bischöflichen Ordinariat Konstanz, andererseits mit Fürstenberg wegen der Grafschaft Heiligenberg. So gieng z. B. die Grenzlinie der Jagdgerechtigkeit mitten durch die Münsterkirche zu Salem. Und es soll ein Graf von Heiligenberg, um sein Recht zu wahren, einst mit dem ganzen Jagdgefolge durch die Kirche gezogen seyn.

Vierzig Aebte bilden die Reihenfolge der Klostervorsteher, von dem ersten, Frowin, der ein Gefährte und Dollmetscher des hl. Bernhards war, als dieser Deutschland durchzog, bis zu Caspar Oechsle von Schönberg. Von diesem Letzten sagt Kolb viel Rühmliches. Gastfreundschaft, Liebe für Kunst und Wissenschaft, Eifer für Erziehung der Jugend u. s. w. haben unter seiner Regierung und Fürsorge einen hohen Grad erreicht.

Wenn der Pilgrim von Salem aus seine Fahrt weiter landeinwärts fortsetzt und dem kaum eine Stunde entfernten Heiligenberg einen Besuch machen will, so wird er den sichersten Führer durch die Hallen jenes prächtigen Fürstenschlosses finden in dem vor einiger Zeit erschienenen Schriftchen von dem vaterländischen Forscher und Geschichtschreiber J. B. A. Fickler: „Heiligenberg in Schwaben. Mit einer Geschichte seiner alten Grafen und des von ihnen beherrschten Linzgaues. Bei Macklot, 1853.“

Meine Zwecke führten mich wiederum dem Bodensee entgegen, auf dem Wege über Tüfingen nach Ueberlingen. — Zwischen Salem und Tüfingen, im Walde, durch den die Straße führt, hängt an einem Tannenstamme eine von Wind und Wetter gebleichte Malerei, mit einer Inschrift des Inhalts: Als zur Schwedenzeit (1643) der Feind die Kirche Altbirnau's ruinirt habe, sei das dortige Gnadenbild, eine Mutter Gottes, allein unversehrt geblieben; der Knecht eines benachbarten Hofes habe das Bild nach Salem flüchten wollen, sei aber unterwegs von französischen Soldaten der überlingischen Besatzung (unter Corval), welche mit Kornsäcken beladen von Heiligenberg hergekommen, angehalten und gezwungen worden, seinen Schatz abzulegen und mit einem Fruchtsack beladen nach Ueberlingen umzukehren. Als er später wieder an die Stelle kam, fand er das Bildniß unversehrt unter der Tanne, wo er es niedergelegt hatte, und brachte es nach Salem. Zum Gedächtniß ließ er eine Votivtafel an der Tanne befestigen, die im vorigen Jahrhundert restaurirt, und weil die Tanne altershalber umgefallen, in der Nähe, an einem jüngern Stamme angebracht wurde.

Ungefähr eine Viertelstunde von Ueberlingen ligt das Schlößlein Burgberg, von einem schilfigen Wassergraben

UEBERLINGEN

umgeben. Dieser ehemalige Adelssitz ist gegenwärtig ein Wirthshaus, zu dem an schönen Tagen die Herren und Damen aus der Amtsstadt wallfahrten. Ueber die Höhe wandernd, erblicken wir bald die Stadt und den See, der nach ihr den Namen trägt.

Ueberlingen selbst hat, zumal in seinen Thürmen, öffentlichen Gebäuden und stattlichen Patrizierhäusern noch viel mittelalterliches Gepräge; doch würde es, käme der Schwed' zum zweitenmal, dem Feinde nicht mehr die trotzige Stirne von ehemals zu bieten vermögen. — Die alten Stadtmauern und Wälle, da und dort durchbrochen und geebnet, erleiden mit jedem Jahrzehend neue Einbußen. Hoffentlich werden aber nicht alle Erinnerungen einer rühmlichen Vorzeit dem kahlmachenden Neugeiste zum Opfer fallen.

Vom Ursprung der Stadt berichtet uns die Ahnfrau der Geschichte, die Sage, nichts. In frühen Jahrhunderten sollen mehrere alemannische Herzoge in Iburinga ihren Sitz gehabt haben. Von des einen Tochter, Frideberge, wird erzählt, daß sie in übeln Gemüthszuständen von dem heiligen Gallus geheilt, ihrem bestimmten Bräutigam entsagend, sich der Kirche vermählt und auf dem Gallerberge ein Kloster gestiftet habe. Im Jahre 1241, nach Abgang der schwäbischen Herzoge, finden wir Ueberlingen als Glied des damaligen Städtebundes; unter Conradin wurde die Stadt reichsunmittelbar. Die Ortsgeschichte hat manche rühmliche Momente aufzuweisen und zeugt von kräftiger bürgerlicher Gesinnung. — Als die aufständischen Bauern weithin im Schwäbischen und am See mit Feuer und Schwert hausten, standen die Ueberlinger unter dem Patrizier Reichlin=Meldegg auf Seite der Bündischen, welche den übel berathenen Bauern bei Ravensburg einen tödtlichen Schlag beibrachten. Als der Aufruhr in der Seegegend von Neuem begann, rückten die Ueberlinger, geführt von ihrem Bürgermeister Keßering, abermals in's Feld, umringten die Rebellen und stellten ihre Anführer vor ein Kriegsgericht. Hundert und fünfzig der Unglücklichen wurden auf dem Gredplatze öffentlich enthauptet. Noch sieht man an der Thüre auf dem Vorplatze des städtischen Rathhauses ein Gemälde, welches diesen blutigen Akt zum Gegenstande hat. — Karl V stiftete der Entschiedenheit der Reichsstadt dadurch ein Andenken, daß er dem aufrecht stehenden Löwen, welcher die Helmzierde ihres Wappens bildet, ein bloßes Schwert zuerkannte.

Der dreißigjährige Krieg brachte Ueberlingen gleiche Bedrängniß wie den Nachbarstädten Konstanz, Radolfszell und Villingen. Die Bürgerschaft hatte das Glück, einen ausgezeichneten, ächt patriotischen Mann an ihrer Spitze zu haben, in der Person des Bürgermeisters Freiherrn Heinrich von Pflummern. — Zweimal wurde die Stadt angegriffen, doch jedesmal ohne Erfolg. Der letztere Angriff geschah unter Gustav Horn im Jahre 1634.

Vierundzwanzig Tage dauerte die Belagerung, aber die Bürger mit den ringsum aufgebotenen Bauern in der Stadt wehrten sich als Männer, die um ihr Theuerstes fechten. Der Feind mußte nach großen Verlusten unverrichteter Dinge abziehen. Die Stadt mochte für die damalige Zeit als sehr wohlbefestigt gelten. Ein tiefer in den Molaßfelsen gehauener Graben trennte sie völlig von dem übrigen Land, während die Mauern auf allen Punkten durch das Geschütz der Thürme bestrichen wurden.

Fast noch Schlimmeres, als die heißen Kampftage selbst, brachten die nachfolgenden Zeiten. Aber auch da war es der wackere Bürgermeister von Pflummern, der mit Bewußtseyn und Kraft das städtische Regiment zu führen wußte. Der lange Krieg hatte die Soldaten so sehr verwildert, daß zwischen Freund und Feind wenig Unterschied mehr war. Die Ueberlinger mußten den befreundeten, in der Stadt lagernden spanisch-österreichischen Kriegstruppen ungeheuere Summen bezahlen, während Widerhold von Hohentwiel aus die Umgegend verheerte und endlich (den 30. Juli 1643) die Stadt überfiel und besetzte. „Viele der Bürger verloren das Leben, der Feind raubte, plünderte was er fand. Viele Bürger verließen aus Elend die Stadt, alles, auch Hunde waren aufgezehrt." — Als nach Abzug des Feindes baierische Truppen hereinkamen, fanden die guten Ueberlinger, daß die Arznei bitterer sei, als die

Krankheit gewesen; denn der Freund hauste noch übler als es der Feind gethan. — Auch das siebenjährige Kriegswetter verhängte großes Ungemach über den Ort, so wie die nachfolgenden größern Stürme der französischen Invasion.

Im Aeußern der alten Stadt zeigt sich die Wohlhabenheit der mittelalterlichen, zugleich aber der Stillstand, wo nicht Zerfall der späteren Reichszeiten. Von ersteren zeugen viele stattlichen Baudenkmale, unter denen das bedeutendste die Münsterpfarrkirche ist. Sie wurde zu bauen angefangen im Jahre 1360, nach dem Plane des Eberhard Raben. Das Innere des Langhauses hat fünf hohe Gewölbe, getragen von achtundzwanzig Säulen und einundachtzig Pfeilern, zwischen denen zu beiden Seiten zwölf Kapellen angebracht sind. Die Altäre sind sämmtlich aus dem siebenzehnten und achtzehnten Jahrhundert, sie enthalten außer einem Gemälde in einer Kapelle der rechten Abseite, Frauen und Engel um den Leichnam Jesu beschäftigt, nichts Gutes. Der reich verzierte Hauptaltar ward aus Anlaß der Pest, im Jahre 1618, vom Magistrate errichtet. Ein Seitenaltar, der v. Schultheiß'sche, enthält Bildhauerarbeiten von Hans Morink, die mit Talent und großem Fleiße ausgeführt, aber, wie alle Arbeiten dieses Meisters, nicht mehr der guten Zeit angehören. Der riesige Geist Michel Angelo's, der kühn bis zu den äußersten Grenzen der Plastik vorschreiten durfte, übte bereits auf die Werke des nachahmenden Deutschen beirrenden Einfluß. — Von den beiden Thürmen ist nur der eine vollendet; er ist über 200 Schuh hoch und hat eine herrliche Aussicht. Im andern hängt die große, 177 Centner schwere Osannaglocke, gegossen im Jahr 1646. Vor der Kirche steht ein Oelberg, mit architektonischem Gehäuse. Dies Werk befand sich vor der Reformation im Münsterkreuzgange zu Konstanz.

Bemerkenswerth erscheinen die Reste von Freskobildern an den Außenwänden der Kirche, in den unter den Fenstern hinlaufenden Feldern. Sie sind biblischen Inhalts und scheinen aus den ersten Zeiten des Baues herzurühren. Die Umgebung der Kirche war früher ohne Zweifel Begräbnißort, und die Bilder mochten darauf Bezug haben. Jetzt gewährt der Platz mit seinem Lindengrün und der mittelalterlichen Façade des altstädtischen Kanzleigebäudes einen überaus malerischen Anblick. Auf dem Brunnen, welcher den Platz ziert, steht aus der Renaissancezeit die Statue eines Knaben mit einem Fisch und Fischergeräth; ob die anmuthige Figur auf irgend etwas Oertliches hinweist, konnte ich nicht erfahren.

Ein herrlich Denkmal mittelalterlicher Kunst bewahrt der „zierliche Rathhaussaal" in seiner holzgeschnitzten Dekoration. Die Decke ist flach gewölbt, von braunem Holz und reich verziert mit Vergoldung. Die Wandverkleidungen enthalten vierzig Felder, über welchen auf Consolen mit Wappen vortrefflich geschnitzte Costümfiguren zu sehen sind. Der dem Ganzen zu Grunde liegende Gedanke ist: die organische Gliederung der Reichsverfassung deutscher Nation bildlich zu versinnlichen. Ueber dem Eingange prangen das Wappen des Reichs und das der Stadt Ueberlingen; auf der einen Seite die Figur der Gerechtigkeit, auf der andern der heilige Nikolaus als Stadtpatron; dann folgen ringsumlaufend die verschiedenen Reichsstände in beiläufig 12 Zoll hohen Statuetten mit etwas kleinern Wappen.

Diese Gliederung, wie sie in alten Chroniken herkömmlich dargestellt ist, bildet eine Kette von 12 Standesgruppen, deren jegliche 4 Glieder zählt, nämlich: 1) der Kaiser (durch das Reichswappen dargestellt) und die drei geistlichen Kurfürsten des Reichs: von Mainz, Trier und Köln; 2) die vier weltlichen Kurfürsten: von der Pfalz, von Böhmen, Sachsen und Brandenburg; 3) die vier Herzoge des Reichs: von Braunschweig, Baiern, Lothringen und Schwaben; 4) die vier Markgrafen des Reichs: von Meisen, Brandenburg, Mähren und Baden; 5) die vier Landgrafen des Reichs: von Thüringen, Hessen, Elsaß und Leuchtenberg; 6) die vier Burggrafen des Reichs: von Nürnberg, Magdeburg, Rheineck und Stromberg; 7) die vier Grafen des Reichs: von Kleve, Schwarzburg, Zili und Savoyen; 8) die vier Freiherren des Reichs: von Limburg, Thusis, Westerburg und Altenwalden; 9) die vier Ritter des Reichs: von Andlau, von Strondeck, Meldingen und Frauenberg; 10) die vier Städte des Reichs: Augsburg, Achen, Metz und Lübeck; 11) die vier Dörfer des Reichs: Bamberg, Schlettstadt Ulm und Hagenau; endlich 12) die vier Bauern des Reichs: Köln, Regensburg, Konstanz und Salzburg.

An der einen Wand erscheint Christus, an der andern Maria und Johannes, letztere betend um Erleuchtung und Gedeihen des Reichstages. — Der Name des Meisters dieser schönen Arbeiten findet sich nirgends angegeben. Manche wollen in ihm den Ulmer Holzschnitzer Hans Syrlin sehen. — Als spätere Zugabe sehen wir in Feldern der rechten Seite eine Reihenfolge von gemalten Kaiserportraits, von Rudolph II bis zu Maria Theresia. Auffallend ist der Umstand, daß wie im Römer zu Frankfurt, noch drei leere Felder übrig sind für die nachfolgenden deutschen Kaiser. — Die plastischen Figuren, die Repräsentanten des Reichstages, sind mit altdeutscher Treue und Wahrheit gegeben — charakteristische Bilder ihrer Zeit bis in's Einzelne der Tracht. — Wenn es nicht so großen Schwierigkeiten unterläge, über Holz zu formen, so müßte man wünschen, einen Theil dieser Statuetten zu Nutz und Frommen der Kunst durch Abgüsse vervielfältigt zu sehen. Der architektonische Kunsttheil wird von jüngern Baukünstlern an Ort und Stelle häufig zu Studien benützt. So belehrend solche phantasie- und gedankenreiche Vorbilder auch seyn mögen, so werden nicht selten in größeren und kleineren Städten sehr kostspielige öffentliche Gebäude, Brunnen 2c. errichtet, ohne den mindesten Schmuck, ohne bildliche Beziehung und Bezeichnung, kahl und unerquicklich wie ein Haideland.

Was mich nicht weniger anzog, als die ebenbeschriebene Dekorirung, waren einige Möbel im Rathszimmer. Das eine ein Waschbecken, dessen hohes Gestell von dunkelm Holz, herrlich verziert ist mit Wappen und einer Arabeske, Simson mit dem Löwen. Das Andere ein ebenso schön verzierter Aktenkasten. Beides Arbeiten aus der Renaissance und darum in ihren freien Formen unserem Gefühle näher, als die in sich mehr abgeschlossene Gothik, die übrigens bei Möbeln, Gittern, Schmucksachen 2c. auch freierer Motive sich bediente und nie (wie im Neueren geschieht) den streng architektonischen monumentalen Charakter derartigen Gegenständen geben wollte.

Bei Betrachtung der Rathsstube zu Ueberlingen, können wir nicht umhin, einem Gemeinwesen, dem so Schönes und Würdiges entsproßte, unsere Bewunderung und Achtung zu zollen. Dieser löbliche Sinn, alles Oeffentliche, dem Gemeinwesen Dienende, durch künstlerischen Schmuck und Charakter auszuzeichnen, scheint hier einigermaßen bis auf spätere Zeit sich fortgeerbt zu haben; das zeigen wenigstens die Dekorationen der Thüren auf den Gängen und den Vorplätzen. Sie sind von einem Ueberlinger Maler, Christoph Lienhardt, im Jahr 1712 gefertigt und bestehen in grau gemalten allegorischen Figuren und Embleme, die auf das bürgerliche Regiment Bezug haben. Derselbe Meister verzierte auch die Gänge und Thüren des Klosters Salem.

Auf den Vorplätzen des Rathhauses finden sich noch einige naturhistorische Merkwürdigkeiten. Auf einer Tafel das gemalte Conterfey eines riesenhaften Seeräubers, der wohl über ein Jahrhundert hindurch die Gewässer des Bodensee's beunruhigt haben mag. Es ist ein Hecht, der laut beigegebenen Maaßes, nicht weniger als zwölf Fuß in der Länge gemessen und anno 1570, Donnerstag den 26. November von den Fischern und Bürgern Franz und Christen Ueberlin „in dem See, hinder der Stadt, bei der alten Badstuben an der Halde, gefangen wurde.“ — Das Andere ist ein Trappe, im Hornung des Jahrs 1730 von einem fünfzehnjährigen Knaben bei St. Leohardskapelle geschossen.

Interessante öffentliche Gebäude, außer den genannten, sind: der massiv erbaute Pfennigthurm neben dem Rathhaus, wo das städtische Archiv aufbewahrt wird. — Die alte Stadtkanzlei mit ihrer steinernen wappengeschmückten Façade. — Das Gredhaus (Kaufhaus) an der Schiffslande. — Das große Spital zum hl. Geist, mit einer gut erhaltenen hübschen gothischen Kapelle, die aber leider, weil das baufällige Haus niedergerissen werden soll, dem Abbruch geweiht ist. Sollte sie aber nicht geschont und erhalten werden können*). Das Spital ist sehr reich und seine Stiftungen gehen bis in früheste Jahrhunderte zurück; es besaß in der Umgegend Dörfer und Höfe im Werth von anderthalb Millionen. — Das s. g. Steinhaus mit einer Hauskapelle, früher die Herberge der hier durchreisenden Kaiser. Sigismund stieg daselbst ab auf seiner Reise zum Konstanzer Concil, und später im Jahr 1430; ebenso Ferdinand I Anno 1563 rc. Das Haus gehörte dem Kloster Salem und hieß deßhalb Salmansweilerhof, erbaut von Abt Konrad Schäfer 1530. Jetzt dient es Privatzwecken. — Das ehmalige Franziskanerkloster mit einer Schülerkirche und dem städtischen Theater. — Die Leopold- und Sophien-Bibliothek im alten Zeughaus; sie wurde gestiftet von Dekan und Stadtpfarrer Wocheler, der einer der letzten Benediktiner von Villingen, ein thätiger Freund der Wissenschaften und Wohlthäter der Armen war. — Das Reichlin-Meldegg'sche Haus, ein stattlicher Patrizierbau mit Zinnengiebeln und weiter Aussicht; er rührt aus dem Jahr 1462. — Die ehmalige Rittercommende St. Johann, auf einem hochgelegenen Punkte über der Stadt und ihrem tiefen Graben mit dem mächtigen Rondellthurm, jetzt Eigenthum des

*) Auch einem Theil der in den See gehenden Stadtmauer mit einem alten Thurme ist, wie ich hörte, gleiches Schicksal zugedacht. Warum?

Freiherrn von Ulm. — Der Gallerthurm, ein altehrwürdiger Veteran, dessen Namen an die früheste Ortsgeschichte erinnert; seine prächtige Aussicht belohnt reichlich die Mühe des Besteigens. — Das Pflummer'sche Haus, von stattlichem Aeußern mit dem Wappen der ursprünglichen Besitzer. Eingemauerte Kugeln an der Wand gegen die Heldgasse sind Denkzeichen der schwedischen Belagerung, deren Hauptsturm auf die Gasse gerichtet war. Der letzte Sprößling der um die Stadt hochverdienten Freiherren von Pflummern starb im Jahre 1829 zu Ueberlingen; eine Seitenlinie hat noch ihren Sitz in Ueberlingen. — Die ehmalige adelige Zunft, jetzt ein Wirthschaftslocal dem Freiherrn von Bodman gehörig. Die Gaststube wurde neuerlich im Sinne der früheren Zeit mit den Wappen der in Ueberlingen existirenden adeligen Geschlechter dekorirt.

Das Bad Ueberlingen ist seit Anfange des sechszehnten Jahrhunderts urkundlich bekannt. Es war städtisches Eigenthum bis zum Jahre 1802, wo es käuflich in den Besitz verschiedener Privaten kam, um neuerer Zeit wieder von der Stadt erworben zu werden. Gegenwärtig ist es in Pacht gegeben, und bildet die Anstalt eine Hauptzierde, nicht nur der Stadt, sondern des ganzen See's. Sie ligt in der Vorstadt zu den Fischerhäusern, mit einem großen Garten am Seegestade. Alles was Gesunden und Kranken zur Erholung und Erheiterung dienen kann, findet sich hier im wünschenswerthesten Maaße: solide Wirthschaftseinrichtung, gute Bedienung, geschlossene Seebäder, Gelegenheit zu Lustpartiehn zu Land und zu Wasser, Musik und Bälle; auch ist den Gästen die städtische Bibliothek zugänglich. Und da das Bad zugleich allgemeines Gasthaus und ein beliebter Ausflugsort der Nachbarschaft ist, so sehen wir an schönen Sonntagen seine Räume heiter belebt von Besuchen aus der Nähe und Ferne.

Die Mineralquelle befindet sich etwa 70 Schritte vom Badhaus nahe der Stadtmauer, in einem siebenzehn Fuß tiefen Sammler; sie enthält hauptsächlich Eisen, wovon die Oberfläche des Wassers und seine steinerne Fassung gelbröthlich gefärbt erscheint, außerdem Alkali, gebundene Schwefelsäure, Kalkerde und Schwefelsäure. Die Heilkräfte des Wassers sind erprobt bei allen Krankheiten, denen Schwäche, Stockungen in den feinern Geweben, Störungen normaler Funktionen rc. zu Grunde ligen. Es ist frisch von der Quelle getrunken etwas herben, aber nicht unangenehmen Geschmackes. Der Gast findet die ganze Saison über stets zahlreiche Gesellschaft; doch verdienten die Vorzüge des Orts einen viel stärkern Besuch, denn nicht leicht wird ein Aufenthalt geeigneter seyn, wohlthätig-beruhigend auf Körper nnd Gemüth zu wirken, als der hiesige, an der sommerlich gelegenen Bucht des schönen Ueberlingersee's, umkränzt von Gärten und Weinbergen — mit einem Klima, welches die Nachbarschaft Italiens ahnen läßt.

Unter den wenigen neugeschaffenen Bauwerken der

Stadt bemerken wir einen Brunnen in der Vorstadt; er ist von Architekt Schwab entworfen und hat als Säulenzierde einen auf das städtische Wappen bezüglichen Adler von Eisenguß aus der fürstenbergischen Gießerei Zizenhausen, nach einem Modelle von Xaver Reich*). — Ein alter Brunnen auf der Marktstätte wurde in einen modern-gothischen umgewandelt; ein zweiter, mit dem Bildnisse Karls V, vor dem Rathhause, leider ganz beseitigt, um einem neuen artesischen Quell Raum zu machen.

Wenn der Fremde nach Besichtigung aller dieser Merkwürdigkeiten noch Zeit genug übrig behält, eine Flasche feurigen Mersburger oder Hagnauer zu sich zu nehmen, so wird er gut thun, dieses löbliche Geschäft auf der Altane des Gasthauses zum Löwen vorzunehmen. — Es giebt wohl nichts angenehmeres, als hier unmittelbar über dem plätschernden Gewoge, von schmeichlerischen Lüften umwoben ein Sommerstündlein zuzubringen; sei es, daß wir gerade unter uns dem wohligen Spiele der Fischbrut zuschauen, die in dem durchsichtigen Kristallgrün zu Tausenden die alten Hafenpfähle umschwärmt; oder daß uns das Brausen des Dampfschiffs in die Ferne zieht, wenn es von dem fernblauen Eilande der Mainau her direkt auf uns zu-

---

*) Das ursprüngliche Modell diente zum Grabmale des i. J. 1849 zu Donaueschingen beerdigten, königl. preußischen Generals von Hannecken.

steuert, um in der Nähe, am Hafenplatze, das bunte Gewimmel der Passagiere an's Land zu setzen.

Der Hafen ist neuerer Zeit sehr belebt, namentlich durch den wöchentlichen Fruchtmarkt, dem jährlich im Durchschnitt gegen 70,000 badische Malter Getreide zugeführt werden, die meist über den See nach der Schweiz kommen; ebenso bedeutend ist der Handel mit Obst, welches meist aus den Orten Nußbach und Sipplingen kommt und von den Bauern vom Heuberg und aus dem Hohenzollernschen als Rückfracht mitgenommen wird.

Es war Abends, als ich einen Spaziergang um die Stadt machte. — Der Weg führte mich zufällig zum Gottesacker, in die Kapelle, wo noch einige Denkmale aus früherer Zeit vorhanden sind. Das eine berichtet von einer grausamen Pest in den Jahren 1610 und 1611, wo so Viele starben, daß man nicht genug begraben konnte. Anno 1612 aber seien dagegen zahlreiche Ehebündnisse gefeiert worden; unter Andern am 5. Februar sei es geschehen:

„Daß im Pfarrmünster von jung und alten Leuten
Gehalten wurden einundzwanzig Hochzeiten.
Das Jahr nachher wurden geboren so viel Kind,
War nichts dann lauf, tauf geschwind.“

Während ich einige andere Inschriften las, kam der Meßner herbei, ein alter Mann, den ich in dem abendlichen Halbdunkel jetzt erst bemerkte. Er sagte, er habe die Obliegenheit, für das ewige Licht in dem Kirchlein zu sorgen, und jeden Abend den Kirchhof zu schließen. Mit großem Eifer erläuterte er die Bedeutung der Gedenktafeln und kam dabei auf das Ehmals und seine eigene ferne Jugend zu sprechen. Am meisten interessirte mich sein Erzählen vom alten Maifest, wie es zu seiner Zeit noch in Ueberlingen, aber nur in der meist von Rebleuten bewohnten Vorstadt, die das „Dorf" heißt, gehalten wurde. Am Vorabend ward der Maien gehauen und gesteckt. In früher Morgenstunde versammelte sich dann die ledige Welt, Bursche und Mädchen, zum Tanze um den geschmückten Baum, wobei ein Lied gesungen wurde: Eia, Eia, voll der Freuden, wollt ich daß der Maien wär u. s. w. Gesang und Tanz wiederholten sich am Abend, und so gieng es fort, vierzehn Tage lang. — Der erste Mai war überhaupt beim Landvolk ehedem ein Festtag, an welchem Tanz und Spiele gehalten wurden. — Ein allgemeiner Brauch fand auch statt am ersten März, die s. g. Märzen- oder Fastnachtsfunken. An diesem Tage flackerten auf Berghöhn beim Beginn der Nacht große Feuer von Reißhaufen. Am See war diese Sitte allgemein. Im südöstlichen Schwarzwald, auf den Waldhöhen um Bonndorf und die Wutach, kann man in der ersten Märznacht noch jetzt weit hin die Feuer leuchten sehen. — Auch die Fastnacht wurde in Ueberlingen in ähnlicher Weise wie in Mersburg gefeiert. Die acht bestehenden Zünfte hatten jede ihr eigenes Gelaghaus mit Schenkrecht*), durch welche Abgrenzung in närrischen wie in ernsten Dingen ein löblicher Wetteifer entstand. — Zu den herkömmlichen Bräuchen um diese Zeit gehörte unter Andern auch, daß die Ueberlinger Rathsherrn im freundnachbarlichen Ritterhause zu Mainau persönlich das „Fastnachtküchlein" abholten, wozu begreiflicherweise der große Landkomturs-Keller sein Edelstes zu spenden pflegte.

Als einheimische Fastnachtsmaske findet sich der „Hänsele"; er ist eine Abart von seinem Namensbruder in der Baar, ein Stück mittelalterlichen Pickelhäring mit buntfarbigem „Hääß", einer Kapuze, die statt der Larve ausgeschnittene Augenlöcher, einen herabhängenden Rüssel und hinten einen Fuchsschwanz hat. — Wie sorgsam das Feld der edeln Narrheit bei unsern Altvordern gebaut worden, mag eine ehemals hier bestehende Stiftung darthun. Es war früher zu Fastnacht ein eulenspiegelartiger Brauch, der den „Narren" erlaubte, in Bäckers- und Metzgersläden, zuweilen auch in Privathäusern, Brod, Schinken, Würste 2c. listigerweise wegzukapern und ein Mahl daraus zu bereiten, zu dem auch der unfreiwillige Spender eingeladen wurde. Da nun der etwas plumpe Scherz, der oft in förmlichen Unfug ausartete, zu keiner Zeit ver-

*) Noch jetzt sagt der Ueberlinger statt „von Wirthshaus zu Wirthshaus", „von einer Zunft in die andere ziehen".

boten werden mochte, fand sich ein vermöglicher „Narr" bewogen, ein Gestift zu machen, aus dessen Zinsen den Geplünderten der Schaden jedesmal zu vergüten sei.

Die alte Reichsstadt ist überhaupt sehr wohl bedacht mit Stiftungen aller Art. Wohl nirgends sind z. B. die Armen reicher als hier; das Spital, welches, wie oben erwähnt, Millionär ist, besitzt sogar eigens gestiftete Reben, von deren Blute alltäglich das Krüglein des sorgenfreien Spitälers sich füllt. — Nebst dieser Anstalt besteht noch die s. g. Spendpflege, die reichliches, wöchentliches Almosen an Hausarme spendet. — Ebenso gut ist für arme Studierende gesorgt, denen zahlreiche Stipendien zur Unterstützung gedeihen.

Eine hübsche altväterische Einrichtung besteht noch heut zu Tag in den s. g. Nachbarschaften. Jede Gasse oder kleinere Stadtgegend bildet nämlich eine für sich bestehende Nachbarschaft, die ihr eigenes Gemeinvermögen besitzt, aus dessen Zinsen jährlich an Johanni in einem Wirths- oder Privathause innerhalb der eigenen Nachbarschaft ein Mahl bestritten wird, dem alle Zugehörigen anwohnen. Der Zweck dieser Stiftungen ist (ähnlich dem der Hundertundeinser-Gesellschaft zu Mersburg) Eintracht und gute Nachbarschaft zu hegen und zu pflegen, und entstandene Feindseligkeiten bei einem fröhlichen Becher Wein gütlich beizulegen. Neu hereinkommende Bürger, oder solche, die von einem Stadttheil in den andern ziehen, kaufen sich mit einer kleinen Summe in die neue Nachbarschaft ein.

An Wein fehlt es überhaupt dem Stadtbürger nicht. Seine Gemarkung hat vorzügliche Weinlagen, die jedoch durchschnittlich mehr der Quantität als der Qualität nach ausgebeutet werden. Auch wird sehr viel Most erzeugt; die Obstbaumzucht dient beinahe ausschließlich diesem Zwecke. Bei dem Ueberflusse, den eine gütige Natur hier spendet, ist es ein patriarchalischer Brauch, daß zur Zeit des Herbstens der ärmere Besitzlose in jedem Torkel sich ein Müsterlein holt. Gleiches thun zu Neujahr die Thurm- und Nachtwächter, Stadtdiener und dergleichen; mit einer Bütte auf dem Rücken statten sie ihren Mitbürgern die Neujahrsgratulation ab, wofür ihnen ein Krüglein oder zwei in das mitgebrachte Gefäß fließen.

Zum Schlusse sei noch eines alten Brauchs erwähnt, der geübt wird, so oft der durchlauchtigste Fürst von Fürstenberg auf Besuch nach Ueberlingen kömmt. Als Willkomm wird dem hohen Gaste von den Gemeindevorstehern feierlich ein Becher mit Wein kredenzt. Der Ursprung dieser Sitte ist folgender. — Im Jahre 1657 kam die Herrschaft Waldsberg durch Kauf an die Grafen Franz Christoph und Froben Maria von Fürstenberg-Meßkirch. In dieser Herrschaft hat die hiesige Spendpflege den zweiten Theil des Groß- und Kleinzehnten zu Salabach (im Amte Pfullendorf) zu Lehen. Es ließen sich die neuen Lehensherrn, wie ihre Vorgänger in frühester Zeit, von dem Lehenträger den herkömmlichen Revers ausstellen: „daß zue dem allem, so Sye oder Ihre nachkhommen in die Stadt zue Ueberlingen kommen, als dann gedachte Burgermeister und Rath daselbst als Obherrn und Pfleger gemelts Almosens (Spendpflege) Ihnen Jedesmahls, so oft das geschieht, einen Kopff (Gefäß) mit Wein, wie von Altershero, verehren sollen.“

Am 27. Juli 1853 beehrte der nunmehr in Gott ruhende durchlauchtigste Fürst Carl Egon von Fürstenberg, in Begleitung Ihrer Großherzoglichen Hoheit der Fürstin Amalie und Höchstdero hoher Familie, von der Sommerresidenz Heiligenberg kommend, das hiesige Bad mit einem Besuche. Von Seite der Stadt wurde diese Gelegenheit benützt, die alt hergekommene Sitte auszuüben. Es wurde dem durchlauchtigsten Herrn ein Becher Wein aus hiesiger Spitalkellerei auf geziemende Weise kredenzt, welcher huldreichst angenommen und auf das Wohl der Stadt Ueberlingen geleert wurde.

Gegenwärtig beläuft sich die Einwohnerzahl auf 3400, meistentheils Katholiken. Die Stadt ist der Sitz eines großherzoglichen Bezirksamtes, einer Obereinnehmerei, Postverwaltung und eines Oberzollamts.

Ehe wir weiter pilgern ist zu bemerken, daß durch den Ausflug nach Salem die Uferorte Seefelden, Maurach und Nußdorf umgangen worden sind. Ersteres, eine Ansiedelung von wenigen Häusern, gehört in's Amt Salem. Maurach, unmittelbar am Seeufer, ist ein markgräflich badisches Schloß mit einem Meierhof und war früher ein Nonnenkloster. Das wohlhabende, auf fruchtreicher Gemarkung gelegene Dörflein Nußdorf mit seiner alten Pfarrkirche gehört zur Gemeinde Unteruhldingen.

Von interessanten Punkten der Umgebung Ueberlingens führen wir noch an: Altbirnau, die ehemalige sehr alte Wallfahrt, zu Salem gehörig; sie ligt seit langer Zeit in Trümmern; St. Leonhard, eine halbe Stunde von Ueberlingen, eine mittelalterliche Kapelle mit einer daneben stehenden gut eingerichteten Wirthschaft und herrlicher Aussicht; sodann Spechtshard mit einer großartigen Fernsicht; Luegen und Aufkirch.

Dieser letztere Ort ligt eine Viertelstunde nordwestlich von Ueberlingen. Bis zum Jahre 1357 war die Stadt hierher eingepfarrt; jetzt bildet Aufkirch ein Filial von ihr. Das Dörflein ist klein und seine Bürger gehören zur Stadtgemeinde. Die Kirche hat sehr alte Ueberreste. Einige Gemälde auf Goldgrund und ein Seitenaltar stammen jedenfalls noch aus den Zeiten, da die Ueberlinger hierher pfarrhörig waren. Sehr schön ist der vergoldete Tabernakel auf dem Hauptaltar; es ist eine zierliche Arbeit aus der Renaissance. Aber alles Vorhandene mit der Kirche ist in äußerster Verwahrlosung; die Fenster sind zerbrochen und die Decke verfault und am Einstürzen. — Es scheint, als wäre seit mehreren Menschenaltern nicht ein Heller von der Gemeinde, oder wem sonst die Baupflicht obligt, zur Erhaltung des Kirchleins und seiner Einrichtung verwendet worden.

Beim Anblicke solcher Halbruinen drängt sich unwillkürlich das Gefühl auf, wie nothwendig die Wiedererweckung und Befestigung conservativen Sinnes im Volksleben sei, wozu die Erhaltung und Restauration unserer Alterthümer nicht wenig beitragen dürfte. — Freilich sollte Letztere, nämlich die Restauration, stets auch in conservativem Sinne, d. h. mit möglichster Pietät gegen das Alte, Vorhandene geschehen, und mit Hinweglassung moderner Schminke und Schönheitspflästerchen.

Goldbach, Sipplingen und Ludwigshafen.

Von Aufkirch schlug ich den Fußweg nach Goldbach ein. Dieses Dörflein ligt am Ausflusse des Baches gleichen Namens in einer malerischen Schlucht. Die Einwohner sind der Gemeinde Ueberlingen zugetheilt. Das Kirchlein soll eines der ältesten der Gegend seyn; es hat den Papst Silvester zum Heiligen. Die Straße hieher und weiter ist in Felsen gehauen, die überall schroff empor steigen und an ihren Absätzen kaum der genügsamen Föhre einiges Wachsthum gönnen.

Das längs den hohen Felswänden tiefligende Terrain eignet sich vorzüglich zum Weinbau; die Hitze erreicht hier im Sommer und Herbst einen außergewöhnlichen Grad, während die stets aus dem Gestein sickernde Feuchtigkeit eine allzugroße Trockenheit des Bodens verhindert. — Die Vegetation um Goldbach ist die früheste am ganzen See. Einige tausend Schritte vom Dorfe tritt der Fels hart an das Seegestade heran. Aus der Felsmasse blicken wunderliche Fensteröffnungen und Eingänge; es sind die räthselhaften Heidenlöcher. Nur wenige Reste sind noch davon zu sehen, weil der neuen Straße nothwendig ein Theil des Felsvorsprungs weichen mußte. Doch ist genug übrig geblieben, um den Charakter des Ganzen darin zu erkennen. Eine Stiege, in den weichen Molaß gehauen, führt zu den verlassenen Gemachen, deren es ursprünglich viele waren — Stuben, Kammern, Küche und Keller, alles in Felsen gehauen. Die Sage eignet den Bau den Heiden, auch verfolgten Christen zu, während Neuere römische Arbeit daran erkennen wollen. Bis jedoch die Gelehrten einig sind, mag es jedem Einzelnen anheim gestellt bleiben, das einsame Felsennest auf die eine oder andere Weise entstehen zu lassen. Seine unzugängliche Lage scheint jedenfalls für einen Zufluchtsort zu sprechen; die Weichheit des Gesteins mochte zunächst auf einen solchen Gedanken geleitet haben, wie denn in der Nachbarschaft noch häufig ähnlich beschaffene Keller, Feldhütten u. s. w. anzutreffen sind.

In späterer Zeit dienten die Kammern allerlei Gesindel und Landfahrern zum Aufenthalt. — Die letzte historisch erwiesene Person, die darin hauste, ist ein — Spitzbube, vulgo „der kleine Fidele".

Dieser Mensch war in den vorigen achtziger Jahren durch seine Einbrüche und frechen Diebstähle lange Zeit der Schrecken der Umgegend, ohne daß man seiner habhaft werden oder seinen Aufenthalt ausfindig machen konnte. Da sahen eines Morgens Fischer, welche den wellen=

bespülten Felsvorsprung umruderten, Rauch aus einem der Löcher dringen und zugleich den Kopf eines Menschen eilig sich zurückziehen. — Es war der kleine Fidele, welcher in der Morgendämmerung, während sein Frühstück am Feuer schmorte, zur Felsburg herauslugte über das Bereich der Gewässer und Dörfer, die ihm tributpflichtig waren. — Es wurde Lärm gemacht und Mannschaft herbeigeholt, die, an Stricken von oben herabgelassen, in die Höhlen eindrang und den Burgherrn nach verzweifelter Gegenwehr gefangen nahm. An welchem luftigen Rabenstein er sein thatenreiches Leben beschloß, meldet die Geschichte nicht.

Der Abend war bereits herangekommen, als ich diese Gegend durchzog. Geisterhaft, finster schauten die halbzerfallenen Taglöcher aus der gelblichgrünen Masse, und bildete dieser Vorgrund einen auffallenden Contrast zu dem glühenden Abendhimmel, in welchem wie auf Goldgrund das alte Bodmerschloß ragte und die Kirchthurmspitze von Sipplingen.

Weiterhin gegen Brünnensbach war ehedem eine Einsiedelei mit Küche und Schlafstelle, ebenfalls ein Felsenwerk. — Die Phantasie mag sich's poetisch ausmalen, hoch über dem Wellengebrause, unangefochten vom Weltlärm, im einsamen Felskämmerlein der Beschaulichkeit zu leben. Aber ein gewisser Heroismus oder, wenn man will, ein wunderlicher Heiliger gehört jedenfalls dazu. — Man denke sich wochenlange, tödtlich einförmige Regentage, die

Schauer der Nacht, wenn kalte Winterstürme dem verschwundenen Frühling und Sommer das Requiem singen, wenn der Schlaf das Lager flieht, in Stunden, wo die trübsinnige Seele nach menschlicher Theilnahme sich sehnt. Ein solches Einsiedelgemüth — gleicht es nicht der Pholade, die in Felsen eingebohrt, mitten im Gebrause des Weltmeers, einsam, sich selbst leuchtend, ein wunderliches Stillleben führt?

In der Nähe dieser Felsklause stand die uralte St. Katharinakapelle, die ebenfalls dem Straßenbau geopfert werden mußte. Sie enthielt unter Anderem eine Votivtafel, die folgendem Vorfalle ihr Daseyn verdankte. Ein Bauer pflügte mit einem Ochsengespann auf den Feldern unmittelbar über der Kapelle. Sein fünfzehnjähriges Töchterlein leitete das Zugvieh. Durch einen Zufall werden die Thiere scheu, das Kind wird in die Stränge verwickelt und mitgerissen über die Felswand hinunter in den See. Erstarrt und händeringend steht der Vater — aber siehe, welch ein Wunder! — Unversehrt schwimmen die beiden kräftigen Thiere dem jenseitigen Ufer zu, und die Jungfrau hält sich krampfhaft fest am Riemenzeug — und so theilt der wunderbare Zug, beschützt von himmlischen Mächten, die Wogen und landet glücklich am jenseitigen Ufer des tiefen, wohl eine halbe Stunde breiten See's. — Aus Dankbarkeit gegen die heilige Katharina, deren Schutz der bedrängte Vater in dem qualvollen Momente angerufen, ließ dieser nachher das Gemälde verfertigen und in der Kapelle aufhängen. Als diese vor einigen Jahren weggeräumt wurde, nahm der Pächter vom gegenüber ligenden Kargeckerhof die Tafel zu sich, wo sie bis auf den heutigen Tag noch zu sehen ist. — Wem aber dieses Ereigniß in Bezug auf die Ausdauer der Thiere unglaublich scheinen möchte, der kann sich hin und wieder am See Aehnliches aus neuerer Zeit berichten lassen. So z. B. verwilderte vor einigen Jahren dem Pächter auf der Mainau ein Stier, der sich in den See warf und an das jenseitige, wohl drei Viertelstunden entfernte Ufer schwamm, wo er noch einige Zeit verwüstend in den Feldern hauste. Ebenso erzählte ein Metzger, der zufällig mit mir von Allensbach nach der Reichenau überfuhr, wie er kürzlich auf der Insel eine Kalbin gekauft und zu Schiff nach Allensbach habe verbringen wollen. Scheu geworden durch die Ruderschläge, sprang das Thier zum großen Schrecken des Eigenthümers in's Wasser, schwamm aber, gezähmt durch das ungewohnte Element, folgsam, dicht neben dem Kahne bis zum gegenüber ligenden Landungsplatze.

Jenseits der Heidenlöcher, gegen Sipplingen zu, heißt das Gelände an den Felsengründen der Rosenberg und ist eine der vorzüglichsten Weinlagen am ganzen Seeufer. — In Sipplingen nahm ich mein Nachtquartier. Das Wirthshaus zum Adler, in dem ich logirte, war ehemals ein Nonnenkloster. Die Schwestern hatten vor Zeiten ihren

Sitz oberhalb des Pfarrdorfes auf der s. g. Nonnenebene; als die Gebäulichkeiten zu Ende des siebenzehnten Jahrhunderts durch Brand zerstört wurden, siedelten sich die Nonnen im Dorfe an. — Nach der Tradition wurde Sipplingen durch die Schweden abgebrannt; nur ein einziges Haus blieb verschont und zwar durch folgenden freundlichen Zwischenfall.

Als die Schweden und ihre Verbündeten das Dorf in Flammen aufgehen ließen und an diesem Häuslein auch die Brandfackel anlegen wollten, sprang ein Soldat hervor, und bat um Schonung; vor mehreren Jahren, sagte er seinen Kameraden, sei er als armer wandernder Handwerksbursche, den man nirgends beherbergen wollen, hier in diesem Hause gastlich aufgenommen und unentgeldlich mit einem Trunke Rothwein bewirthet worden. — Die wilden Kriegsknechte fanden die Einsprache beachtenswerth und die Hütte blieb stehen. Noch heute sieht man an seiner Außenwand eine Weinkanne und einen Becher angemalt. Das Hausthürgestell trägt die Jahreszahl 1599.

Die Einwohner Sipplingen's gehören zu den thätigsten am See, weßhalb sie von ihren Nachbarn vorzugsweise zu Arbeitern begehrt werden. Ihr Feldumtrieb ist ein eigenthümlicher; noch vor wenigen Jahren gieng hier kein Pflug, kein Pferd- oder Ochsengespann in's Feld, Alles wurde und wird größten Theils noch durch Menschenhand verrichtet. — Es hat etwas Schönes, die Leute mit ihren silberglänzenden Spaten in's Feld gehen zu sehen. Diesen, allerdings mühevollen Feldbauverhältnissen ist es zuzuschreiben, daß kein Auswärtiger sich so leicht nach Sipplingen verheirathet oder einkauft, weßhalb der Ortsstamm noch ein ganz unvermischter und eigenthümlicher ist.

Der Weinbau hat sich in neuerer Zeit sehr gehoben und das Sprichwort vom sauren Sipplinger durchaus zur Unwahrheit gemacht. Der üble Ruf, in dem dieser Wein früher stand, hatte sein Entstehen vorhandenen Grundverhältnissen zu verdanken. Das meiste Geländ war fremdes Eigenthum, und wurde gegen die Ertragshälfte gebaut; die Bauern aber behielten die bessere zurück und gaben das Schlechtere, thaten auch überhaupt wenig zur Veredlung der Sorten. Wenn nun der Zinswein in den fremden Kellern zum Verkauf kam, verzog es den Kauflustigen schon unwillkürlich den Mund beim bloßen Ausrufen des Namens „Sipplinger", der höchstens als Trunk für die Dienstboten gekauft werden mochte. In neuerer Zeit ist aber wie gesagt der Sipplinger bedeutend besser als sein Ruf, ja er ist den besten Weinen der ganzen Seegegend beizuzählen. Ein Grund der Verbesserung ist die Ablösung der Grundzinse und das Eigenmachen der Grundstücke. Zu dem kam noch ein anderer wohlthätiger Einfluß: „Der Herr Markgraf Wilhelm", sagen die Bauern, „hat uns die ersten Setzlinge edlerer Rebsorten geschickt, Ihm verdanken wir sehr viel". —

Nicht wenig zur Hebung der Culturverhältnisse hat auch die neue Straße von Ueberlingen über hier nach Ludwigshafen beigetragen. Bevor sie gebaut war, lag Sipplingen, zu Lande wenigstens, abgeschlossen in seiner berg- und felsumgebenen Kluft. Die Einwohner sehen deßhalb den Straßenbau mit Recht als eine große Wohlthat an, und vielfach hörte ich die Aeußerung: der Weg sollte zu dankbarster Erinnerung an ihren durchlauchtigsten Begründer die Leopoldsstraße heißen.

Nahe beim Dorfe ligt am Absatz der mächtigen Felswand die Ruine Hohenfels, ein kolossaler zerrissener Burgthurm, umgeben von zertrümmerten Wohngebäuden und einer Ringmauer. Es ist die Heimath Burgharts von Hohenfels, des lieberfüllten Sängers und kühnen Waidmanns, dem zu Muthe ist „wie dem wilden Fisch im Bären (Behren, Garn); dessen Freiheit sich neigt der viel Lieben zu; — die so gewaltig sitzet auf seines Herzens Thurm, der veste ist von allen Siten." — Noch hat sich im Volke das Andenken einer „guten Frau Hildegard vom alten Schloß" erhalten, welche, die letzte ihres Stammes, bedeutende Vergabungen an die Kirchen der Umgegend und an das Spital zu Ueberlingen gemacht haben soll. Ein Platz bei Hohenfels heißt noch heute das Hildegardens-Gärtle. Die Sage dichtet der Guten einen Schweinskopf an und läßt sie ihre Nahrung aus einer silbernen Schüssel zu sich nehmen.

Unterhalb der Burg steht der Hohenfelserhof, und in der Nachbarschaft finden sich die Trümmer der Bergschlösser Clausberg und Heldenburg, die mit mehreren Dörfern im Ueberlinger Amte die Herrschaft Althohenfels ausmachten, im Gegensatze zu Neuhohenfels, das von dem deutschen Orden an die Fürsten von Zollern kam.

Eine der herrlichsten Aussichten am ganzen See gewährt ein aus dem Walde vortretender Felszacken beim Haldenhof, oberhalb der Burg Althohenfels. — In glänzender Pracht entsteigen die herrlichen Alpen und die Hegauer Berge majestätisch dem Gesichtskreis, während die dunkeln Forste des Rück, der Untersee mit Reichenau, der Ober- und Bodmersee von Ludwigshafen bis Bregenz, ausgebreitet zu unsern Füßen ligen.

Nach etwa einstündiger Pilgerfahrt kommen wir nach dem alten Sernatingen, welches seit seiner Erhebung zum Hafenplatze den Namen Ludwigshafen führt.

Sernatingen gehörte früher mit Sipplingen zur Grafschaft Nellenburg, deren Hauptort Stockach war. Beide Orte verbindet eine alte Straße. — Der verewigte Großherzog Ludewig faßte den Plan, dem trefflich gelegenen Verkehrsplatze einen Hafen zu geben. Die neue Schöpfung erhielt rasch große Handelsbedeutung, verlor aber durch die würtembergische Eisenbahn und ihre Endstation Friderichs-

LUDWIGSHAFEN

hafen einen großen Theil ihrer Frequenz; doch ist der Transsithandel mit Salz, Holz u. s. w. noch immer sehr lebhaft. Nach dem Volksglauben wäre Sernatingen eine der ersten Stätten des Christenthums und die Kirche auf den Grundmauern eines Heidentempels errichtet. Der vorhandene Bau ist jedoch einfach mittelalterlich. An einer Außenwand sind noch Ueberbleibsel eines Freskobildes sichtbar, ein heiliger Christoph und zwei Wappenschilde, deren Embleme nicht mehr zu erkennen sind. Vielleicht beziehen sie sich auf das ehemals hier ansäßige Adelsgeschlecht.

Einige hundert Schritte vom Dorfe steht eine Gottesackerkapelle, die aus Dank für das Verschwinden einer großen Viehseuche im siebenzehnten Jahrhundert errichtet wurde. Es kam bei diesem Bau die besondere Bestimmung vor, daß eine Kuh von der Gemeindsheerde geopfert, d. h. der Erlös von ihr zur Ausschmückung der Kapelle verwendet werden sollte. Der Zufall mußte entscheiden, von welchem Eigenthümer der Beitrag erhoben werden durfte. Man legte nächst dem Neubau eine Stange quer über den Weg, und bestimmte, daß die Kuh, welche beim Heimgang der Heerde das Ziel zuerst überschreiten werde, das verlangte Opfer seyn solle. Und siehe, das schönste Stück der ganzen Heerde schritt zuerst über die Stange.

Wie im Nachbarorte Sipplingen wird auch hier die gute Hildegard als Wohlthäterin verehrt. Nach der Tradition wäre sie die Besitzerin eines noch vorhandenen

Schlößleins gewesen, welches jetzt Privateigenthum, früher mit Mauern und Graben umgeben, eine Freistatt für verfolgte Verbrecher war.

Im Wirthshaus zum Adler nahe dem Hafen nahm ich Quartier. Nach einer Weile trat ein alter wandernder Musikant herein und bestellte für sich und sein Töchterlein einen Teller voll Suppe. Er erzählte den Anwesenden, daß er in einem nahen würtembergischen Grenzorte zu Hause sei und vom Stockacher Jahrmarkt komme, wo er und sein Kind musiziert hätten; das Ergebniß sei aber ein schlechtes gewesen und habe nur wenig über die Erlaubnißtaxe betragen. Während dem Reden hatte er sein Instrument hervorgezogen und gab, begleitet von der Tochter, ein Stück seiner Kunst zum Besten. Er spielte die (altgriechische) Doppel- oder, wie er sie nannte, Douçeflöte; sein Töchterlein, ein ärmlich aber rein gekleidetes Mädchen von dreizehn Jahren, blies das Waldhorn dazu. — Die Musik bei offenen Fenstern mochte weit in den stillen blauen Frühlingstag hinaustönen, denn alsbald erschien der Ortspolizeidiener, um mit gestrenger Miene zu fragen, ob das Paar Erlaubniß habe öffentlich zu spielen. — Der Alte nahm seine beiden Pfeifen vom Munde und sagte, mit ironischem Humor auf das Süpplein deutend, das unterdessen aufgetragen worden: „Ich mache für mich — Tafelmusik“. — Der Dienstmann stand verblüfft, und entfernte sich ohne weitere Einsprache. Die Zuhörer aber freuten sich des guten Einfalls und ließen für den launigen Alten und seine Mignon den Teller herumgehen.

Der jetzt erloschene Namen Sernatingen spielt übrigens in der Geschichte des bodenseeischen Bauernkriegs eine kleine Rolle. Es lagen in dem Dorfe einmal die Mannschaften des schwäbischen Bundes und der Städte, während des kritischen Momentes einer Unterhandlung mit dem s. g. Seehaufen. Da ergaben sich 600 Bauern, welche Sernatingen hatten erobern sollen, an die Bündischen und dieses entschied den Vortheil der letztern. — Noch findet sich ein Schreiben vor, worin für einen gefangenen Sernatinger, welcher sich „im verschinen Paurenkrieg unabgefallen und erlich bey der Oberkeit gehalten", Fürsprache eingelegt wird.

Bodman und Lüzelstetten.

Das Wetter war kalt, unfreundlich geworden; ein Gewitter, das im Lauf des gestrigen Nachmittags aufgezogen, hatte die Atmosphäre gekühlt und verdüstert. Ein rauher Ost haderte so gewaltig mit den Wellen, daß ich zwei Ruderer brauchte, um nach Bodman überzusetzen.

Zwischen diesem Dorfe und Ludwigshafen, wo der See gegen das Thal von Espasingen an flachen Ufern endet, mündet die Stockach. — Bodman selbst ligt malerisch am Fuße waldiger Berge, die so hoch im Süden ansteigen, daß den Einwohnern Winters um zwei Uhr schon die Sonne entschwindet. Trotzdem ist die Vegetation hier früher, als in der südlichen Bucht von Ludwigshafen; ohne Zweifel deßhalb, weil Bodman den Vortheil der Morgensonne hat. Das wenige Land um das Dorf ist außerordentlich fruchtbar, die Häuser stehen in einem förmlichen Wald von Obstbäumen. — Das Schloß des Freiherrn von Bodman umgeben zierliche Gärten und Anlagen; es ist von mäßigem Umfang und scheint der Bauart nach dem vorigen Jahrhundert anzugehören. — Das Geschlecht

FRAUENBERG

dieses Hauses, ein ehmaliger reichenauischer Dienstadel, gehört zu den ältesten am See. An ihr Wappen mit den drei Lindenblättern hat Dr. Bader in seinem neuesten Werk „Fahrten und Wanderungen im Heimathlande" interessante Aufschlüsse geknüpft.

Auf einem der drei „Randen", die sich hinter dem Dorfe erheben, ligt in Ruinen Altbodman, der frühere Sitz des Geschlechtes — und gegenüber der Frauenberg, welcher allgemein für den Ort gilt, wo die alte fränkische Königspfalz Bodama gestanden, auf der Kaiser Karl im Jahr 881 Urkunden ausfertigte, wie vorher Ludewig der Fromme den 18. April 839. In folgenden Jahrhunderten saßen hier die mit dem Bischofe Salomo streitenden Kammerboten Erchanger und Berthold, welche über dem Kampfe um Wiederherstellung des altalemannischen Herzogthums das Leben verloren. Auch wurde auf dem Frauenberg der hl. Othmar gefangen gehalten, der von einigen umwohnenden Gaugrafen gehaßt und verfolgt, auf der Insel Stein (759) sein vielgeprüftes Daseyn beschloß.

Gegenwärtig steht ein Schlößlein aus mittleren Zeiten an der Stelle. Ein Gang zu seinem hohen Waldgipfel über dem See, versetzt uns in das stille Reich einsamsten Naturlebens. Ein bodman'scher Dienstmann, der hier wohnt, öffnet uns die Hausräume und die Kapelle, in der ehmals ein salemischer Priester den Wallfahrtsdienst besorgte. An der Rückwand hängt ein großes Oelgemälde mit Costümfiguren; es bezieht sich auf die wunderbare Errettung des einzigen Sprößlings bodman'schen Stammes. Als im Jahr 1307, während eines Familienfestes, „das Bodmerschloß durch Gottes Gewalt und Donnerstrahl" entzündet ward, und alle Sippen des Geschlechts von Bodman in den Flammen ihren Tod fanden, rettete Adelhaid, des jüngsten Kindes Säugamme, ihrem Schutzbefohlenen dadurch das Leben, daß sie den Knaben in einen kupfernen Kessel setzte und selbigen im Namen der hl. Dreifaltigkeit den Abhang hinunter rollen ließ. In Mitte des Berges, an der Stelle, wo jetzt ein Bildstöcklein steht, blieb der Kessel mit der theuren Last im Gestrüppe hängen. Der Kleine wurde von Dorfbewohnern gefunden und zu Verwandten auf die Burg Kargeck gebracht, wo er eine sorgfältige Erziehung erhielt.

Eine im Munde des Volkes lebende Sage bringt dieses Ereigniß mit einer ältern wunderlichen Mähre in Verbindung. — Ein Ritter von Bodman, heißt es, wollte die Welt ausreiten. Er nahm von seiner Gemahlin Abschied mit dem Bedeuten, daß wenn er binnen sieben Jahren nicht zurückkehren werde, sie ihn für todt halten und, wenn es ihr beliebe, sich wiederum verheirathen dürfe. Von ein Paar Knappen begleitet, machte sich der Ritter auf den Weg; er zog über's Meer in unbekannte ferne Länder.

Nachdem er schon viele Jahre gereist war, kam er in eine wilde Einöde, wo er Abends auf einem hohen Berge ein Licht schimmern sah. Er schickte einen Knappen hinauf, um zu erfahren, ob Menschen da wohnten, bei denen man eine Herberge finden könnte. Der Diener gieng, kam aber nicht wieder; ebenso der Zweite und der Dritte. Endlich nach langem Harren machte sich der Herr selbst auf den Weg. Oben angekommen, findet er in einem kleinen Haus ein Weiblein, das ihn mit bedächtiger Miene begrüßt und ihm sagt, ihr Mann sei das Nebelmännlein und ein grausamer Feind der Menschenkinder; wolle er das Schicksal seiner Diener nicht theilen, so müsse er sich schleunig von hinnen machen. — Während sie aber noch sprach, hörte man Jemand kommen, und das Weib sagte, ich will Euch verbergen, schlupft da hinunter in den Keller. — Der Ritter folgte dem Wink. Das Nebelmännlein aber ließ sich nicht täuschen. Ich wittre einen Menschen! schnaubte es sogleich beim Eintritt — ein Mensch muß da verborgen seyn! und näherte sich dem Kellerloch. Der Ritter, der sich entdeckt sah, trat heraus. Aber wie erstaunte er, als ihn der Alte nicht unfreundlich mit Namen begrüßte. — Woher wißt Ihr, wie ich heiße? fragte verwundert der Ritter. — Ich weiß noch mehr, sagte der Nebelmann, morgen früh wird Eure Gemahlin getraut in der Schloßkapelle zu Bodman; die sieben Jahr, die Ihr bedungen habt, sind längst verflossen. — Den Ritter traf dieß Wort wie ein Wetterstrahl;

das Nebelmännlein aber fuhr fort: Ich will einen Vertrag mit Euch abschließen — wißt, ich bin der Nebelmann vom Bodensee, und die Nebelglocke, die jeden Abend in Bodman geläutet wird, schägt mich jedesmal bummelnd um den Kopf — wenn Ihr mir versprecht, das leidige Ding für ewige Zeiten in den Bodensee zu versenken, so will ich Euch noch vor Tagesanbruch in die Heimath schaffen. — Der Ritter willigte ein, worauf das Nebelmännlein einen seiner dienstbaren Geister berief und ihn fragte: wie schnell bist du? — Wie der Pfeil vom Bogen! lautete die Antwort. — Du bist zu langsam, versetzte der Nebelmann und citirte einen zweiten: wie schnell bist du? — So schnell wie der Wind — erhielt er zur Antwort: zu langsam — hieß es und ein dritter wurde gerufen, der auf die Frage, wie schnell er sei, zur Antwort gab: So schnell wie des Menschen Gedanken! — Gut, versetzte das Nebelmännlein, Du bist der Rechte — auf mit ihm und davon. —

Der Ritter wußte nicht, wie ihm geschah. — Als er erwachte, lag er auf dem „Gänsriedersteg" bei Bodman. Lieblich von der Morgensonne beschienen, glänzte der See und die hohe, heimathliche Burg; — die Glocken riefen zur Kirche. Bei dem Festmahle, das der Trauung folgte, wird dem fremden im Schloßhof stehenden Pilgrim hereingerufen und ihm ein Ehrenplatz angewiesen; die Braut selbst kredenzt ihm den üblichen Trunk. Der Ritter läßt seinen Ehring in den Wein fallen, und die gute Frau, als sie Bescheid thun will, sieht das Zeichen auf des Bechers Grunde ligen — sie wird aufmerksam — und erkennt in dem Gaste den todt geglaubten Gemahl — und Alles endet in Freude, der Ritter aber löst getreulich sein Versprechen wegen des Nebelglöckleins. — Gewöhnlich wird der Geschichte im Volksmunde durch Verknüpfung der spätern Sage ein tragisches Ende gegeben. — Die Frau will den, durch lange Jahre und Mühseligkeiten gealterten Gemahl nimmer erkennen, worauf dieser des Himmels Strafe und Verderben über die Ungetreue und ihr ganzes Haus herabbeschwört. Sogleich erfüllt sich die Verwünschung. Ein Wetter zieht am Himmel auf, und der Strahl entzündet die Burg, in welcher Alle in den Flammen den Tod finden, mit Ausnahme des jüngsten Sprößlings eines anwesenden Ritters v. Bodman, der durch die Geistesgegenwart der Amme gerettet wird. — Bis auf den heutigen Tag wird im freiherrlichen Schlosse der Kessel, in dem das Kind gelegen, als Familienreliquie aufbewahrt. Und jeder Fremde, der das gastliche Haus besucht, übt gerne den alten Brauch, stehend auf dem Grunde des ehernen Gefäßes einen Becher Weins auf das Wohl des Geschlechtes von Bodman zu leeren.

Noch soll zuweilen bei niederem Wasserstand die versenkte Nebelglocke gesehen werden. Das Nebelmännlein aber hat seinen Sitz im „Löchle“, einer angeblich unergründlichen Tiefe des See's bei Bodman, welcher Fleck bei größter Kälte niemals zugefriert. In stillen Nächten steigt der silberbärtige Alte auf, beirrend die Schiffleute und beschädigend mit kaltem Reife die Reben.

Die Keller unter dem Schlößlein Frauenberg sollen den hl. Othmar beherbergt haben. Ein Platz am See heißt noch heute das Othmarsenstücklein; von hier soll der fromme Mönch, aus seinem Kerker entlassen, trockenen Fußes über den See, an das jenseitige Ufer gewandelt seyn. — Auch von der ehmaligen Stadt Bodungo lebt noch eine Tradition im Volk. Ein großes Stück Feld westlich vom Dorf „auf Mauern" geheißen, soll ihre alten Fundamente bergen.

Unter den hiesigen alten Volkssitten findet sich auch der anderwärts herrschende, jetzt aber abgekommene Brauch, Gegenstände der Landwirthschaft, die von saumseligen Bauern über Winter draußen im Felde gelassen worden, vogelfrei zu erklären und zur Fastnachtszeit lustig zu verschmausen. — Noch in den dreißiger Jahren holten in Bodman junge Bursche einen Sägklotz vom Felde und schickten sich an, die gute Prise im Wirthshaus zur „Linde" zu vertrinken — — aber man erklärte ihnen, die alten Privilegien hätten aufgehört und das Fastnachtsrecht sei außer Kraft *).

*) In einer handschriftlichen Chronik fand ich einen ähnlichen Zug aus Hintschingen in der Baar. Bauern-

Von Bodman bis Wallhausen, die ganze Uferstrecke entlang, führt kein eigentlicher Weg. Ein schmaler Raum zwischen Wald und See dient bei niederm Wasserstande dem Fußgänger zum nothdürftigen Pfad. — Von Bodman hatte ich einen Führer und Packträger mitgenommen. Die Luft war immer noch stürmisch, aber wolkenlos und klar — ein Sonntagnachmittag, ganz geeignet, einen so wildeinsamen Landstrich zu durchwandern. Das brausende, tief erregte Gewelle in seinem dunkeln Blau bildete einen wundersamen Gegensatz zum jenseitigen grauen Felsgestade und seinen sonnenhellen Höhen im zartgrünen Frühlingsgewande. Glänzend stand die verlassene Kirche Neubirnau's als erhabener Mittelpunkt in der schönen Landschaft.

Während wir längs des Kranzes von verwelkten Blättern, den im vorigen Herbst der Wald dem wellenreichen Bodan um die Stirne gelegt, dahin wandelten, erzählte mein Begleiter mancherlei auf die Gegend bezügliches. — Entlang dem düstern Bodenwalde, der sich weithin über den Rück ausbreitet, gelangt der Wanderer zu einer Schlucht, über welcher in kolossalen Trümmern auf Felsen die Burg Kargeck, vergessen von der Welt, seit Jahrhunderten die Einsamkeit hütet. Sie ist Eigen=

---

weiber, darunter die Frau Vögtin selbst, holten am Aschermittwoch einen im Felde stehen gebliebenen Pflug und hielten auf Kosten des Eigenthümers einen Schmaus im Wirthshaus.

thum der Herren von Bodman und soll im Bauernkrieg gebrochen worden seyn. — Das Gemäuer überblickt weithin den See, und die Besitzer konnten denen von Hohenfels am jenseitigen Ufer in die Fenster schauen. — Nach einer Volkssage lebte in dem alten Schlosse eine schöne Fräulein, Fortunata, die von einem Ritter von Hohenfels geliebt wurde. Aber nur in dunkeln sternlosen Nächten durfte der Erwählte es wagen, sein, von einem tyrannischen Vater bewachtes, Mädchen zu besuchen. Ein zweiter Leander, schwamm er über den breiten See nach dem Schlosse, wo auf hohem Söller ein Licht brannte — das Zeichen der Sicherheit und zugleich dem nächtlichen Schwimmer ein Leitstern. Während er einst dies Wagniß unternahm, erhob sich ein Unwetter, der rasende Sturm verlöschte das Licht — und der weitverschlagene Ritter fand in den Wogen seinen Tod. — Die Liebende aber nahm ihre Treue mit in's Grab — sie soll die Letzte ihres Stammes gewesen seyn. Die Sage läßt wunderseltene Schätze in der Burg verschüttet seyn, unter Andern ein Kegelspiel von purem Golde. — Mehr waldeinwärts ligt der bodman'sche Pachthof Kargeck. Der See soll in dieser Gegend von außerordentlicher Tiefe seyn.

Weiterhin, hart am Ufer, kommen wir zum s. g. Halbmond, einer alten fichtenbeschatteten schroff ansteigenden Felswand mit einer, wie von Menschenhand gebildeten, Bogenstellung. — Ein harmloses Schneiderlein aus einem benachbarten Dorfe suchte einst im Wald nach Hasselnüssen. An der dichtbewachsenen Felswand macht er einen Fehltritt und stürzt hernieder. Aus der Betäubung unverletzt erwachend, gelobt er eine Wallfahrt nach Maria Einsiedeln, mit dem Versprechen, dem dortigen Gnadenbilde so viele Pfund Wachs zu opfern, als sein eigenes körperliches Gewicht betrage. Am fernen Gnadenorte angekommen, läßt er sich wägen — und siehe — sein Gewicht beträgt kaum zehn Pfund. Mißtrauisch besteigt er die Waagschale zum zweitenmale — da zieht er blos noch fünf Pfund. Jetzt ahnt er übernatürlichen Einfluß und wie gut es seine Fürbitterin die Mutter Gottes mit ihm meine, opfert gläubig nach Maßgabe des reduzierten Gewichtes und scheidet neugestärkt im Glauben von hinnen.

Ferner zeigte mir mein Cicerone die Stelle (vis-a-vis von Ueberlingen), wo unterm Wasserspiegel verborgen der s. g. Teufelstisch ligt — ein isolirter Felsblock von etwa 40 Fuß im Durchschnitte, der nur in ganz trockenen Jahrgängen bei außerordentlich niederm Wasserstand zum Vorschein kommt. Wie der gefrorne See, so wird auch dieses Vorkommniß mit einiger Umständlichkeit gefeiert.

Im Jahr 1829, wo der Block zum Vorschein kam, hielt eine joviale Gesellschaft von Ueberlingen ein Gastmahl und Tanz auf dem alten Felszahn, dem sie ihre Namen und die Jahreszahl einmeißeln ließen. Auch im vorigen Jahre (1854) kam der Tisch über den Wasserspiegel. Einen außergewöhnlich niederen Wasserstand beobachtete man auch im Jahr 1672 im März. Damals kam bei Konstanz oberhalb der Rheinmühle nächst der Dominikanerinsel ein großes „Horn" zum Vorschein, auf welchem ein Freischießen abgehalten, unter Zelten gewirthschaftet und von der Kieferzunft ein Faß gefertigt wurde.

Den höchsten Stand des See's brachten die Monate Juni und Juli im Jahr 1817. Dazumal machten manche seiner kaltblütigen Bewohner Excursionen in ganz fremde, vorher nie von Fischaugen erschaute Gegenden. In den Straßen und Häusern von Konstanz z. B. wurden häufig Fische gefangen; in Unteruhldingen fand ein Bäcker, der nach seinem unter Wasser gesetzten Backofen sah, eine mächtige Forelle in demselben, und der Kiefermeister zu Mainau hatte sogar das Glück, in der Schublade des schweren eichenen Tisches der „Bindhausstube" (am Hafen), allerlei Fische zu fangen.

Unter solchen Discursen gelangten wir, ermüdet von dem Gang auf Sand und Kies, nach Wallhausen. Wir haben bereits vernommen, daß hier seit 1488 die Commende Mainau den Kelnhof besaß, zugleich mit der Gerichtsbarkeit über das Dorf. Der Ort ligt malerisch hübsch mit den zierlichsten landschaftlichen Einzelnheiten am Tobelbache, der silberhell durch üppige Wiesen, eingefaßt von Obstbäumen, dem See zueilt. — Westlich, in kaum viertelstündiger Entfernung steht einsam, hoch über dem See, das Schlößlein Burg, jetzt ein herrschaftlich badischer Pachthof. Es ist in der Geschichte von Mainau gesagt worden, wie die „alte Burg" zu Dettingen 1405 vom Konstanzer Patriziergeschlechte Blarer mit reichenauischer Bewilligung an den Deutschorden gekommen. Hier ist ohne Zweifel die Heimath des Minnesängers Heinrich von Dettingen zu suchen. — Wenig ist vom Sange dieses Meisters der Nachwelt geblieben; aber das Wenige ist Zeugniß eines tiefen, liebereichen Gemüthes. Er singt:

„Lieb, liebes Lieb, liebe Fraue!
Lieb, Trost des Herzens und der Sinne!
Lieb, liebes Lieb, liebe Schaue!
Lieb, daß mich raubet deine Minne!
Hei, lieber Leib,
Selig Weib!
Lieb, liebes Lieb, sehnendes Leid mir vertreib!"

Von der alten Burg stehen nur wenige Mauertrümmer; aber nebenan erhebt sich wohlerhalten, mit Zinnen und Giebeln, das spätere Herrenhaus von einem Graben umgeben. Das ganze Anwesen macht den Eindruck einladender Heimeligkeit, weitentlegen von prosaischem Weltkram. — Von der einen Seite drängt sich ein finstrer Tannenforst dicht heran, während gegen den See hin urwüchsiges Gehölz von Buchen und Fichten den steilen Abhang beschattet. — Im obern Stockwerk des Pächterhauses finden wir einen kleinen Saal, der mit Ziegelsteinen ge=

pflastert ist und einen Hausaltar hat und einen Erker, dessen Fenster die anmuthigsten Fernsichten geben — von der jenseitigen Sängerburg Hohenfels und den schwarzwaldigen Höhen hinter Aufkirch bis zum weitsichtbaren Heiligenberg und dem fernen Mersburg, wo die Tyroleralpen noch hervortreten — und tief unter uns ligt der See und der abschüssige, wildverschlungene Wald, deren gemeinsames Brausen feierlich im Winde verhallt.

In der Nähe auf einsamer Wiesenau ruht das Dörflein Dettingen, wohin die Höfe Burg, Rohnhausen und das Dorf Wallhausen pfarrhörig sind. — Von hier kehren wir zurück nach Wallhausen, um von da nach Dingelsdorf zu wandern. — Dieses ehmals mainauische Pfarrdorf hat eine eben so malerische Lage wie Wallhausen. Noch tragen viele Häuser die Farben und das heraldische Kreuz des Ordens. Einige vorhandene Wohngebäude in Renaissance rühren von einem komtur'schen Amann des siebenzehnten Jahrhunderts her; sie wären werth, von einem Architekten gezeichnet zu werden, ehe die Zeit ihr eigenthümliches Gepräge vollends verwischt. — Von Konstanz, über Lüzelstetten bis hieher und zur nahen Schiffslände St. Nikolaus (Ueberlingen gegenüber) führt eine ehmals stark begangene Straße, die jetzt durch die Dampfschifffahrt etwas verödet ist.

Ueber Lüzelstetten, berichtet Freund Bader, besitzt man noch eine wohlerhaltene Urkunde von 1285, worin ein Ulrich von Alga „vom heiligen Geiste geleitet" dem Stifte Reichenau, zu seinem und seiner Vorältern ewigem Seelenheil, all' seine eigenthümlichen Güter „in Liuzelenstetten" unter der Bedingniß vermacht, daß ihm dieselben wieder zu einem „rechten Lehen" verliehen werden. Diese Güter gelangten später an das Ritterhaus zu Mainau und waren vielleicht der Anfang von dessen Besitzungen zu Lüzelstetten. Aber auch das Domstift von Konstanz hatte Güter daselbst, deren Lehenbesitzer öfters genöthigt waren, gegen die strenge ritterliche Oberherrschaft, welche in dem tonsierten Lehenherrn nur einen „Sackaufheber" sah, Klage zu erheben. Komtur und Bischof stunden wohl nicht immer auf dem brüderlichsten Fuße mit einander.

Indem wir Lüzelstetten noch besuchen, nähern wir uns wieder unserm Ausgangspunkte, der Insel Mainau. — Dem holden Eilande mit seinem See letzte Grüße zusendend, schlagen wir den Waldweg ein, nach dem einsamen Klosterbau St. Katharina, und weiter zum Dorfe Wollmatingen, an die Ufer des jenseitigen Untersee's.

Wollmatingen und Reichenau.

Der badische Bodensee hat den unbestrittenen Vorzug großer landschaftlicher Abwechslung. Wenn der breite Obersee mit seiner Alpenkrone von verschiedenen Standorten aus gesehen, stets das gleiche Bild gewährt, so wechseln an den schmälern Buchten des Ueberlinger- und Untersee's die Details auf das Mannigfaltigste.

Wie auf den Ueberlingersee die Burgen Bodman, Hohenfels und Heiligenberg herniederschauen, so bilden die abenteuerlichen Hegauer Berge für den stilleren Untersee einen erhabenen Hintergrund; dort die ritterliche Mainau als Herrscherin über den Wellen — hier Reichenau, die Trägerin uralter Cultur und Gesittung.

Der erste Ort, von Konstanz abwärts, Wollmatingen, hat eine äußerst anmuthige Lage, zwischen Weinbergen, Obstgärten und Getreidefeldern. Ein weites torfhaltiges Ried liefert den Einwohnern, sowie auch den Nachbarn wohlfeilen Brennstoff. Das Gemeinvermögen ist eines der bedeutendsten am See. — Von hier führt ein fester Weg in die Reichenau. Ehe dieser hergestellt war, mußte der

REICHENAU

Uebergang mittelst einer Fähre bewerkstelligt werden. — So sehr mich die grüne Au im silbernen Gewässer auch verlocken mochte, so ließ ich sie doch noch bei Seite ligen, um vorher Hegne und Allensbach zu besuchen.

Schloß Hegne, mit einem ummauerten Garten, an der Landstraße, hat wie die meisten geistlichen Sitze, eine außerordentlich behagliche Lage; es war früher die Sommerwohnung der Fürstbischöfe von Konstanz, und gehörte ehedem der Familie Reichlin von Meldegg. Jetzt ist es Eigenthum eines Privaten. Die Schloßkapelle enthält zwei Hochreliefs von Hans Moring. — Das umligende Dörflein, von Bauern und Schiffern bewohnt, zählt beiläufig 160 Seelen, die nach Wollmatingen eingepfarrt sind. — Aus der Zeit des dreißigjährigen Krieges und der Pest erzählt man, sei in Hegne eine Person mehr verstorben, als der Ort überhaupt Einwohner gehabt habe. Ein Handwerksbursche kam Abends in den gänzlich verödeten Ort und setzte sich ermüdet auf die Steinbank vor dem Schloß, über Nacht beschlich ihn der „schwarze Tod".

Das große Pfarrdorf (Marktflecken) Allensbach, eine halbe Stunde von Hegne, soll vor Zeiten eine Stadt gewesen seyn. Doch wird dieser Behauptung nur in so ferne Glauben geschenkt werden dürfen, als der wohlgelegene, dem Kloster Reichenau gehörige Ort am See, von jenem möglichst begünstigt und mit Vorrechten begabt worden ist. Allerdings mochten die Gräben und Thore, die Allensbach früher hatte, dem Ganzen den Charakter einer Stadt gegeben haben. — Im Schwedenkrieg wurde hier übel gehaust; der Feind brannte einen Theil des Fleckens nieder, und wer konnte, flüchtete sich. Zudem kam später noch die Pest, die den Ort schrecklich entvölkerte. Bei gänzlichem Mangel an Weltpriestern kamen die Kapuziner von Konstanz und reichten den Sterbenden die heiligen Sterbsakramente zu den offenen Fenstern hinein. — Als ein geflüchteter Bürger endlich wieder in seinen Vaterort zurückkehrte, fand er Alles verödet; im Felde standen die überreifen Trauben an den Stöcken, Niemand kam, sie einzuheimsen. — Der Mann gieng in die Pfarrkirche und zog die Glocke, um zu sehen, ob sich noch etwas Lebendiges im Flecken rege — da kamen drei Personen, die allein noch Uebriggebliebenen. — Nur langsam erholte sich der Gemeindehaushalt. Die großen hiesigen Fruchtmärkte waren während der Verödung nach Radolfszell verlegt worden und blieben für immer daselbst. Ja noch bis in neuere Zeiten will man die Folgen jener Unheilsjahre verspürt haben. Als vor etwa sechszig Jahren ein bewaffnetes Bürgercorps (s. g. Herrgotts-Corporäle) zur Begehung der Frohnleichnamsprozession errichtet werden sollte, fanden sich nicht achtzehn taugliche junge Leute und man mußte zu fremden, hier dienenden Knechten seine Zuflucht nehmen.

Als hübsches Beispiel brüderlich werkthätiger Gesinnung, wie sie vielfach in den Einrichtungen des Mittelalters sich offenbart, kann das hiesige kleine Bürgerspital gelten, wo ehedem eine Stube war, in welcher durchreisende Handwerksgesellen unentgeldlich Herberge und im Winter einen warmen Ofen fanden.

Früher soll auch ein Schloß hier gestanden haben, noch wird der Platz gezeigt. — Ein schwarzer Pudel hütet dort vergrabene Schätze. — Zu Großvaterszeiten lebte im Dorfe ein außergewöhnlich zänkisches Weib; als sie einst in später Nacht mit ihrem Eheliebsten Streit bekommen, verließ sie unter Verwünschungen das Haus. Es war Mitternacht, als sie am „Schloßbuck" vorbeikam — da vertrat ihr der Borstige mit glühenden Augen den Weg. In stillem Schrecken kehrt sie um — ihrer Wohnung zu; der Hund aber gibt ihr das Geleite. Sie klopft an der Hausthüre, der Mann öffnet, und als er die Escorte sieht, sagt er lakonisch: „Du hast e'n Saubern bei dir!" — Die Xantippe aber soll von der Zeit an nie mehr vom Hauswesen fortgelaufen seyn.

Das Dorf hatte eine umfangreiche Gemarkung; früher wurde fast durchgehends Wein gebaut, bloß zwei Bauern „schnitten Brod". — Jetzt wird mehr auf Getreide gehalten, während nur in den tauglichsten Geländen Wein gepflanzt wird. Das Allensbacher Gewächs ist übrigens ein sehr preiswürdiges, wovon ich selbst durch die altdeutsche Gastfreundschaft des Herrn Bürgermeisters mich genüglich überzeugt habe.

Die Ufer beim Dorfe sind außerordentlich quellig. Hart am See befindet sich ein Sprudel, der durch Deichel so hoch steigt, daß sämmtliche Brunnen des Orts von ihm ihr Wasser erhalten. Nahe dabei ist die „Fahr", wo ein Schiffsmann immer bereit ist, Passagiere nach der Insel Reichenau und zurück zu befördern. — Wenn am Frohnleichnamstag Kirchen und Brunnen mit grünen Bäumen geschmückt werden, so steckt nach altem Brauch auch der Fährmann seinen geweihten Maien — das „Haldenständle", in den See, an die Halde.

Die Entfernung von hier nach Reichenau beträgt beiläufig eine halbe Stunde. Während meiner Ueberfahrt, Abends vor einem hohen Kirchenfeste, verkündeten die Glocken rings umher die kommende Feier. Es war, als summe und erklinge der See in seiner Tiefe. — Ueber dem alten St. Markusmünster lagen bereits die Schatten der Dämmerung und in verdüstertem Blau schauten die Hegauer Berge über die farblose Wasserfläche. Es wehte kühl und der Pilgrim, nachdem er in Mittelzell gelandet, war froh, im Wirthshaus zur „Krone" eine behaglich warme Stube zu finden. — Dieses Gebäude gehörte früher zum Kloster und diente zur Bibliothek. Der hübsche Hausgarten mit seiner grünen Laube gewährt einen bequemen Standort, den tiefer ligenden Klosterbau des einst so berühmten Ortes zu betrachten.

Die Bauart des breiten massiven Thurmes mit seinen dreifachen Rundbogenbaien sagt uns deutlich, wie manches Jahrhundert über die mönchische Ansiedlung möge dahin gegangen seyn. — Und in der That müssen wir bis in's achte Jahrhundert zurück gehen, um das Datum ihrer Begründung zu finden. — Die Insel war zu jener Zeit im Besitz eines austrasischen Landvogts, Namens Sintlas, der auf der benachbarten Burg Sandeck wohnte; von ihm trug das Eiland den Namen Sintlas-Au; es war aber öde und unbewohnt, ein Aufenthalt giftigen Gewürms und schädlichen Ungeziefers. — Erst durch das Christenthum kam Kultur dahin. Der Landvogt Sintlas gestattete nämlich dem frommen Bischof Pirmin und seinen Genossen auf der Insel sich niederzulassen. Sie reuteten die Wildniß aus, bepflanzten das Land und bauten sich ein kleines Kloster, dessen Stiftungsbrief von König Carl Martell ausgestellt, die Jahreszahl 724 trägt. — Die junge Pflanzung blühte freudig auf; Könige und Fürsten wendeten ihr besondere Gunst zu und vermehrten den Besitzstand durch fromme Schenkungen. Carl der Große gab ihr zehn Ortschaften, darunter die Dörfer Ulm und Radolfszell. Gerold, Herzog in Schwaben, die Orte Tuttlingen, Wangen, Stetten am kalten Markt und 24 Dörfer; Karlmann 4 kleine Städte am Comersee; Herzog

Berthold aus Schwaben 35 Dörfer, worunter Geisingen und Schafhausen; Carl III den Ort Zurzach, Ludwig der Fromme 7 Ortschaften, — Herzog Berthold in Schwaben 30 Dörfer, und Konrad, Herzog von Zäringen Oeningen im Breisgau. Dazu kamen noch eine Menge geringerer Stiftungen.

Achtzig Jahre nach dem ersten Klosterbau ließ Abt Hatto I die jetzt noch (der Hauptsache nach) stehende Münsterkirche aufführen. — Das Kloster erwuchs bald zum reichsten in ganz Alemannien. Der Hof des gefürsteten Abtes wurde von Kaisern und Päpsten besucht, während zahlreiche und mächtige Vasallen als Lehenträger dem Stifte dienstbar waren. — Aber nicht nur in materieller Beziehung errang sich das Gotteshaus auf der reichen Au große Bedeutung; auch in geistiger Hinsicht war es ein Mittelpunkt, von dem bis weithin wohlthätiges Licht und Wärme ausstrahlte. Nicht in stillem Zurückziehen von der Welt suchten die Mönche ihren Beruf; ihre Anstalt war die Pflanzschule des Christenthums, das Gehege alles Schönen und Guten, der Künste und Wissenschaften, der deutschen Sprache und Sitte, eine Erziehungsstätte des alemannischen Adels. — Aber wie eben Verwelken und Hinfälligkeit der Heimathschein alles Irdischen ist, so erhielt sich auch diese Einrichtung nicht lange auf ihrem Höhenpunkt. Schon vor den Hohenstaufen gieng es abwärts; und in Mitte des vierzehnten Jahrhunderts sehen wir das Stift geistig und materiell völlig verarmt und bedeutungslos. Schlechte Verwaltung der Güter, mehr noch Schwelgerei und Ausgelassenheit der Mönche waren Schuld am Ruin. Das Kloster, von dem die Sage geht, daß sein Abt, wenn er nach Rom reiste, jede Nacht auf eigenem Grund und Boden habe übernachten können; oder wenn die Zehntfuhren an einander gereiht, die erste Fuhre auf der Insel angekommen, die letzte in Ulm das Thor passiert habe; dieses Kloster hatte im Jahr 1385 nicht mehr so viel, seinen Vorsteher, den Abt Werner von Rosen-eck, mit dem nöthigsten Lebensbedarf versorgen zu können. Der gute Mann mußte bei dem Pfarrer zu Niederzell alltäglich Imbiß und Nachtmahl suchen. Drei Mark Silber waren allein die Gesammteinkünfte des Stiftes. Um dieses erklärlich zu finden, mag ein einziger Zug von Verweichlichung der Klosterangehörigen hier stehen. Ein Lehensbauer hatte mit seinen Leuten die Verpflichtung, zur Nachtzeit die im nahen Weier quackenden Frösche, welche die frommen Mönche und ihre vornehmen Gäste im Schlummer stören konnten, mit Stangen zur Ruhe zu verweisen.

Kümmerlich schleppte das einst so berühmte, hochverdiente Kloster seine Existenz bis zum Jahre 1538. Längst schon hatten die mächtigen Bischöfe von Konstanz ein begehrliches Augenmerk auf dasselbe gerichtet; aber erst Bischof Johannes von Weza, von Kaiser Carl V begünstigt und im Einverständnisse mit Abt Marx von

Knörringen, brachte 1538 die Einverleibung des Stiftes in's Bisthum Konstanz zu Wege. Vergeblich war die spätere Protestation eines Mönches; die Bischöfe waren und blieben Herren der Reichenau. Sie ließen als Aebte des Stifts durch zwölf Mönche den Gottesdienst besorgen, während ein bischöflicher Obervogt die Klostergüter und Einkünfte verwaltete.

Im Jahre 1757 wollten die beibehaltenen Mönche, unter ihrem Prior Meichelbeck, von neuem die Selbstständigkeit des Stiftes erringen. Auswärtige Klöster und die Höfe von Frankreich und Preußen unterstützten sie, doch ohne Erfolg. — Kardinal Roth schickte eine Commission unter dem Schutze bischöflicher Soldaten nach der Reichenau, welche die guten Väter, als sie eben an der Tafel saßen, aufhob und in verschiedene Abteien Schwabens versetzte. Von da an besorgten zwölf Missionäre aus verschiedenen benachbarten Klöstern den Kirchendienst, bis in dem Kriegsjahre 1799 auch diese abgedankt und das Münster als Pfarrkirche der Gemeinde Mittelzell mit drei Weltpriestern besetzt wurde. Fünfundfünfzig Aebte vom Jahr 727 bis 1538, bilden die Reihe seiner Aebte.

Nach dieser kurzen geschichtlichen Betrachtung steigen wir hinunter in den alten Bau, um zu sehen, was nach so vielen Jahrhunderten an Pracht und Reichthum noch übrig geblieben. — In der That verhältnißmäßig wenig. Es gieng eben auch hier wie anderwärts; während die

Gelehrten über den Ort und seine Geschichte weitschweifige Abhandlungen schrieben, verwahrlosten und zerfielen die Denkmale, die ehrwürdigen Zeugen des Bestandenen, und manch' Anderes wurde verschleppt und verloren. So finden wir denn heute in dem Münster nur Weniges, was den bedeutenden historischen Erinnerungen einigermaßen entsprechend wäre. — Die alte Grabstätte des unglücklichen Kaisers Carl des Dicken ist nicht mehr zu finden. Ein werthloses Gemälde aus der Zopfzeit, den Kaiser darstellend, hängt über der Sakristeithüre und soll bedeuten, daß an dieser Stelle die Gebeine Carl's ruhen, welche im Jahr 1728 aus ihrem ursprünglichen Grabe genommen und hierher gebracht wurden. — Von dem Ruheort des Herzogs Gerold von Bussen, der ein Schwager Carl's des Großen, 798 in der Hunnenschlacht fiel, suchen wir vergeblich eine Spur; so wie von dem Grabe des Grafen Mangold von Veringen, der im Kampf gegen Herzog Ernst von Schwaben den Tod gefunden. Das Gleiche gilt von den Gräbern der Herzoge Burkard, Berthold und Hermann von Schwaben, welche in der Evanuskapelle bestattet sind. Alte, meist schlecht erhaltene Grabsteine finden sich von mehreren Aebten des vierzehnten, fünfzehnten und folgenden Jahrhunderts.

Der Hauptaltar enthält die namhafteste Reliquie der Kirche, das heilige Blut, verschlossen in einem goldenen Kreuze. — Ein Gemälde, links im Chor, stellt eine Jubiläumsfeier desselben vor, aus dem Jahr 1738 am 26. Mai. Das Bild vergegenwärtigt in seinen Einzelnheiten recht gut die Pracht des damaligen fürstbischöflichen Hofes; denn der Bischof, als Landesherr und Abt von Reichenau, wohnte der Feier persönlich bei. In der Mitte des Gemäldes schreitet der geistliche Fürst, Bischof Johann Schenck von Staufenberg*), gefolgt von sämmtlichen Lehensrittern, Vasallen und den Domherren von Konstanz, nebst einer Menge verschiedener Ordensgeistlichen. Zur Seite paradiert das weiß uniformirte bischöfliche Militär mit den von Mersburg hergebrachten Kanonen. — Ein anderes, halb vermodertes Oelbild im Seitenchor bezieht sich auf die Besitznahme durch den heiligen Pirmin. Der fromme Mann landet auf der einen Seite, während auf der andern Schlangen, Kröten und Eidechsen das Eiland verlassen. Das Gemälde aus dem vorigen Jahrhundert ist ohne Kunstwerth; verdiente aber sorgfältigere Bewahrung, weil es die ganze Localität des Klosters mit der, in neuerer Zeit leider abgerissenen alten Pfalz und der nicht mehr vorhandenen Johanniskirche getreulich darstellt. — Ein älteres Heiligenbild auf

*) Kam zur bischöflichen Würde 1704 und starb 1740 am Schlagfluß im Schlosse zu Meßkirch, wo er die Ehe des Fürsten Froben von Fürstenberg mit der Gräfin Theresia von Sulz eingesegnet hatte.

Holz und Goldgrund hängt hinter dem Hauptaltar. Es diente früher als Altargemälde und soll nach der Tradition aus der Schweiz stammen, wo es bei der Reformation in's Wasser geworfen und landend an der Insel aufgefischt und in's Münster gebracht wurde.

Die Sakristei besitzt noch mancherlei Reste früheren Reichthums. — Sechs bis sieben Reliquiensärge von schöner Arbeit; von diesen enthält der eine die Gebeine des heiligen Markus, des Patrons der Kirche; Bischof Egino brachte sie (830) aus Italien hierher. — Eine Urne von weißem Marmor, ohne sonderliches Kunstgepräge, wird als ein Krug von der Hochzeit zu Kana vorgewiesen. Ein zierlicher Reif von Silber, mittelalterliche Arbeit, hält das schadhafte Gefäß in der Mitte zusammen. Der griechische Fürst Simon Bardo soll es um's Jahr 910 nach Reichenau gestiftet haben. — Ein in Silber gefaßter Zahn Carl's des Dicken; ein s. g. Smaragd von 28 Pfund, der aber ein bloßer Glasfluß ist. Carl der Dicke vergabte ihn hierher. — Ein uraltes Evangelienbuch mit zierlichem Einband und figurenreichem Beschläg. (Ein Abtsstab aus dem vierzehnten Jahrhundert ist neuerer Zeit abhanden gekommen.) — Ein Ciborium von Elfenbein mit geschnitzten Figuren. — Eine Monstranz aus dem siebenzehnten Jahrhundert. — Ein Zahn des heiligen Markus u. s. w. — Unter den Meßgewändern findet sich ein sehr altes, mit einer Stickerei, den gekreuzigten Heiland darstellend; ein anderes soll die Kaiserin Maria Theresia selbst gestickt und anher verehrt haben.

Die Kirche an sich, obwohl zweimal durch Brand beschädigt, trägt noch ganz den einfachen ernsten Charakter der Karolingischen Zeit. Als ursprünglich dürfen der Thurm und das Mittelschiff mit seinen massiven Pfeilern angesehen werden. Die Umfassungsmauern und der Chor gehören einem späteren Jahrhundert an. — Das Kloster, ein armer Ueberrest des früheren, ist gering an Ausdehnung und enthält nichts Bemerkenswerthes. — Die Bibliothek war außerordentlich reichhaltig an seltenen Handschriften. Mit dem Verfalle des Klosters geriethen diese Schätze in Vergessenheit, bis im vorigen Jahrhundert der gründlichste Forscher seiner Zeit, der sanktblasische Abt Martin Gerbert*), sie wieder hervorzog und theilweis

*) Dieser feingebildete Prälat stammt aus dem alten Geschlechte der Gerbert zu Hornau von Horb. Er wurde im Jahr 1764 Abt von St. Blasien und starb 1793. Unter seinem Regiment war das schwarzwäldische Kloster der Hort der Künste und Wissenschaften; und der Ruhm, den sich sein Vorsteher selbst durch Werke geschichtlichen und theologischen Inhalts erwarb, reichte weit über die engen Marken seines Landes. Er durchreiste, mit Alterthumsforschungen beschäftigt, Deutschland, Italien und Frankreich, und entdeckte eine Menge bisher unbeachtet gebliebener Kunstschätze. Nicht minder ruhmwürdig war sein stilleres, einheimisches Wirken als Vorstand

an's Licht stellte. Die meisten der werthvollen Werke bewahren die Bibliotheken zu Karlsruhe und Heidelberg.

Doch verlassen wir die feuchten düstern Räume und ihre Vergangenheit, und begeben uns hinaus in die lebendige Gegenwart. — Wir schweifen über die Höhen des gesegneten Eilandes — welch' liebliche Bilder zeigen uns seine drei Pfarrdörflein zwischen Weingärten, Wiesen und Fruchtfeldern umhergestreut! Hier das eben verlassene Mittelzell und sein Kloster, den See und die Waldhöhen bei Allensbach im Rücken. — Gegen Morgen, zwischen Baumgrün, Oberzell auf lichtschimmerndem Grunde des See's, aus dem in zarten Silhuetten der Dom von Konstanz und die Hochberge Tyrols emporsteigen. — Dort — die schlanken Thürme von Niederzell und weiterhin, über der wasserblauen Fläche, Radolfszell und die ritterlichen Vorposten des Schwarzwaldes, der gewaltige Hohentwiel und seine hochgeborenen Nachbarn. — Wenn

---

seines Klosters und Sprengels. Die hinterlassenen Stiftungen sind zu wahrhaften Wohlthaten der betreffenden Gemeinden geworden. Erst der neuesten Zeit war es vorbehalten, diesen verdienstvollen Mann durch ein öffentliches Monument gebührend zu ehren. Durch geistliche und weltliche Vorstände der Amtsstadt Bondorf angeregt, wird die Portraitstatue des Abtes von Bildhauer Xaver Reich in Sandstein ausgeführt und im Lauf des nächsten Jahres in genannter Stadt aufgestellt werden.

uns dieser Blick mit Sehnsucht in die Ferne zieht, so erregt dagegen die Aussicht südwärts auf die Städtlein und Edelsitze des nahen Thurgau's behagliche Gefühle der Wohnlichkeit. Auf der Rheinseite der schweizerische Kreisort Ermatingen; über demselben die Schlösser Hard und Wolfsberg. Unserem Standort gegenüber, auf einer vorspringenden, malerisch bewachsenen Terrasse, die napoleonische Villa Arenaberg; die Burg Salenstein und das Dorf Mannenbach mit seinem Schlosse Eugensberg. — Im Ganzen anzuschauen wie ein grüner Gürtel mit kostbarem Gesteine besetzt.

Zur Insel gewendet, betrachten wir zuerst die alte St. Georgenkirche in Oberzell. Abt Hatto III gründete sie im Jahr 888. Sie enthält als Reliquie das Haupt des heiligen Georg und ist vollständig erhalten, eines der merkwürdigsten Bauwerke der Gegend. Unter dem Chor befindet sich eine Crypta.

Unweit Oberzell sehen wir unförmliche Reste der Burg Schopfeln, die wie ein urweltlicher Zahn im äußersten östlichen Theil der Insel steckt. Ihren Erbauer kennt man nicht; in frühesten Zeiten sollen daselbst Ritter gehaust haben, die in St. Görgen (Oberzell) zur Kirche giengen. Später diente die Veste den reichenauischen Aebten zum gelegentlichen Aufenthalte. In einer Fehde der Konstanzer mit dem Abte Mangold von Brandis (dem spätern

Bischof von Konstanz) und seinen Brüdern und Vettern auf der Reichenau, wurde sie (1382) zerstört. Die Streitigkeiten hatten schon unter Bischof Heinrich von Brandis, ihrem Oheim, viele Jahre vorher angefangen. Als im Jahre 1366 zwischen Weihnachten und Fastnacht sechszehn Konstanzer Patrizier und Bürger mit zehen Gesellen (Adeligen) vom Lande auf ein Stechen nach Zürich reiten wollten, begegneten ihnen bei Bassersdorf, zwischen Winterthur und Zürich, sechsundzwanzig Wäppner, deren von Brandis aus der Reichenau, welche auch zum Turniere zogen. Sobald die Reichenauer die verhaßten Städter erblickten, sprengten sie auf sie ein und stachen ihrer fünfe von den Rossen. Ihrerseits aber bekam Junker Wölfle von Brandis (ein Bruder Mangold's) einen Stich in's Gesicht, daß er todt auf dem Acker ligen blieb. Die Konstanzer behaupteten das Feld und machten vier Gefangene. Die Gegner, unter Ritter Türing v. Brandis, ergriffen die Flucht, einen Konstanzer als Gefangenen mit sich schleppend. Nach längerem Verhandeln mußten später die Konstanzer eine Straffumme von 2000 Gulden geben; jedoch machte der Rath dabei die Bedingung, daß weder die Bürger, welche bei dem Strauße zugegen waren, noch ihre Nachkommen sollten gehalten seyn, etwas an der Summe zu erlegen. — Als in der Folge Abt Mangold und seine Vettern einige Fischer von Konstanz, welche auf ihrem Gebiete fischten, auf das Grausamste mißhandelten, zogen die empörten Städter in die Reichenau und zerstörten die Veste Schopfeln und mehrere Mönchshöfe daselbst.

Die Kirche zu Niederzell verdankte ihr Daseyn dem Bischof Egino von Verona, einem edeln Alemannen aus dem Geschlechte der Zäringer, die in der Bertholdsbaar ihren urspünglichen Sitz hatten. Eine Messingplatte mit Inschrift in Mitte des Chors deckt seine Ruhestätte; sein Tod fällt in's Jahr 802. — Der Bau hat zwei hübsche Thürme, die aber durch einen neuen, kreideweißen Verputz und Anstrich um ihr altehrwürdiges Ansehen gekommen sind. — Einige hundert Schritte von da ligt am See das Schlößlein Bürglin, ein ehmaliges Tusculanum der reichenauischen Mönche. — Zu bequemer Ueberschau der Seelandschaft hat ein Bewohner der Insel, H. Hofrath Seyfried, auf dem höchsten Punkte, der s. g. Hochwart (1469 Fuß über der Meeresfläche) ein Belvedere errichtet, wo sich ein Frauenhofer'scher Tubus befindet.

Die Insel an sich mißt fünf Viertelstunden in die Länge und eine halbe Stunde in die Breite; sie hat ungefähr 1400 Einwohner. — Das Leben des Inselvölkleins hat viel Eigenthümliches. Ein Theil ihrer Felder ligt außerhalb des Eilandes, in den Gemarkungen Allensbach, Hegne, Radolfszell und Markelfingen, und ihre Produkte müssen auf Schiffen eingebracht werden. Nicht leicht wird ein Fremder auf der Insel ansäßig. Seit Menschengedenken, versicherte man, sei der Kronenwirth in der Mittelpfarrei der einzige, der sich von auswärts hieher verheirathet habe. Der Wohlstand der Bevölkerung hat seit Ablösung der Grundlasten außerordentlich zugenommen. Eine genügsame Lebensweise, der seltene Verkehr mit den Nachbarorten, so wie ein löblich conservativer Sinn im Familien- und Gemeindewesen haben diesen Aufschwung mit befördern helfen. — „Der Auer", sagte mir der greise Hirschenwirth in Mittelzell, „ist bereits (etwas) gelinder als alle seine Nachbarn; er muß dienstfertig gegen diese seyn, weil er ihre Hilfe, bei Vorfällen auf dem See, namentlich beim gefährlichen Westerwind, oft in Anspruch nehmen muß. Händelsüchtiges Wesen ist ihm fremd, auch hat er blutwenig bei Amt zu schaffen, weßhalb der selige Geheimerath Ittner in Konstanz zu sagen pflegte: Die Auer seien ihm die Liebsten, sie hätten am wenigsten mit ihm zu thun." — Dann erzählte der Mann mit großer Naivität, wie es zu seiner Zeit noch viele Gespenster gegeben, die oft bis in die Au herübergekommen, seit dem Jubiläum des Papsts Pius VI aber gänzlich verschwunden seien. — Auf dem „Ergat" (wo eine uralte Linde im Umfange von 36 Fuß steht) habe dazumal eine Hexe gewohnt, die Betrunkene u. s. w. verhext habe; und wenn der Höri-Geist am jenseitigen Gestade über dem Wasser erschienen sei, habe es jedesmal Unwetter gegeben. Seine Großältern hätten oft erzählt, wie das Kloster in arge Verderbniß gekommen, und ein Mönch einmal Nachts in Niederzell ein Mädchen besucht habe, von den jungen Burschen erschlagen und der Leichnam vor die Klosterpforte gelegt worden sei.

Nach der Sage ist die ganze Bevölkerung zu Zeiten der Pest ausgestorben; nur drei Männer sind am Leben geblieben; sie retteten sich dadurch, daß sie in einem Fasse sich aufhielten, wo vorher neuer Wein gewesen.

Das Inselland war in den ersten Zeiten als ein geheiligtes angesehen; weßhalb der fromme Wahn, solche Kinder, welche vor der Taufe gestorben, oder todt geboren waren, außerhalb beim s. g. Kindlebild am Wege nach Konstanz bestatten ließ. Auch durften auf der Insel keine Waffen getragen, und Todesstrafen mußten auswärts vollzogen werden.

In der Reichenau war von jeher der Sitz des Oberfischermeisters über den Untersee. Zwei und zwanzig Ortschaften, acht schweizerische und vierzehn badische, haben gemeinschaftliches Fischerrecht. Die immer noch giltigen Satzungen dieser Zunft sind uralt und stammen von den Bischöfen von Konstanz. Alljährlich versammeln sich die Glieder auf der Reichenau, um unter dem Vorsitze des Oberfischermeisters die Bestimmungen für das laufende Jahr festzusetzen.

Unter den herkömmlichen Festen ist das Pirminsfest eines der sinnigsten.

Am Tage des Heiligen, zur Herbstzeit, opfert nämlich

jeder Einwohner etwas von den Erzeugnissen der Inselfelder auf dem Pirminsaltar im Münster: Trauben, Getreide, Obst und Gartengewächse aller Art, in dankbarem Andenken der Verdienste des Heiligen um die erste Cultur der Insel. Die dargebrachten Früchte bilden zugleich eine Competenz des Meßners.

In sehr feierlicher Weise wird auch das Fest des hl. Bluts, im Monat Mai, begangen. Früher kamen an diesem Tage von allen umligenden Orten die Pfarrgemeinden in Prozessionen nach der Insel. Seitdem jedoch eine Prozession, von Neubirnau kommend, auf der Fahrt über den See, vom Sturme überfallen, in Todesgefahr gekommen, finden die Zuzüge nicht mehr in dieser Weise statt.

Eben so große Festlichkeiten bringt das Markusfest, an welchem Tage der silberne Sarg mit den Gebeinen des Heiligen in feierlichem Umgange verehrend zur Schau getragen wird.

In sehr poetischer Weise, und bezeichnend für die Reichenau, wird am Pfingstdienstag die Inselfahrt abgehalten. An diesem Kirchenfeste macht die ganze Bevölkerung auf etwa fünfzehn Schiffen eine Fahrt um die Au. — Voran die Geistlichkeit mit dem Allerheiligsten und Kreuz und Fahne. An vier verschiedenen Plätzen, Mittelzell, Nieder- und Oberzell und auf der Rheinseite an der „Städe" werden die Evangelien gelesen. — Man denke sich einen sonnigen Frühlingstag; über Land und See der Blüthenhauch linder Maienlüfte — Sonntagsruhe rings umher — nur Glockenklang und Chorgesang der Jungfrauen auf einer eigenen Jacht begleiteten im Weiterziehen den Rudertakt der Bootsleute.

„Horch! wie über's Wasser hallend,
Klar die Vesperhymne klingt!
Näher jetzt und näher schallend,
Jubilate, Amen!
Ferner jetzt und ferner hallend,
Bis sie sanft dem Ohr verklingt,
Jubilate, Amen.

Jetzt, wie Mondscheinwellen rollend
An das Ufer stirbt sie hin;
Jetzt, wie zorn'ge Brandung, grollend
Wächst die Fluth des Liedes kühn,
Jubilate, Amen!
Wieder horch! wie Wellen rollend
An das Ufer stirbt sie hin;
Jubilate, Amen.“

Radolfszell, die Höre, Stein.

Während das Gefrieren des Ober- und Ueberlinger-see's zu den größten Seltenheiten gehört, legt der Winter beinahe jedes Jahr seine Eisdecke über den minder tiefen Untersee. Auf der Reichenau herrscht ein Sprichwort:

Wenn der Rhein treit,
Kost' es Reben und Leut.

Der See gegen die Schweiz hin, heißt nämlich im Volksmunde Rhein, und es soll, wenn er gefroren ist, immer am kältesten auf der Insel seyn. — Nach der Tradition führte früher ein fester Weg von Reichenau nach der Mettnau bei Radolfszell.

An der langen Uferstrecke zwischen Allensbach und Zell ligt Markelfingen, durchströmt von einem Wässerlein, welches aus dem oberhalb ligenden Mindelsee rinnt. Das Dorf ist eine der ältesten Ansiedlungen der Umgegend. Im Schwedenkrieg mußten die Einwohner manche Unbill erdulden. Noch zeigt man auf dem Kirchthurm in der schweren eichenen Thür, die den obern Boden abschließt, eine Oeffnung. — Als die Schwedischverbündeten den Ort überfielen, flüchtete der Pfarrer auf den Thurm und verriegelte die Thür; der Feind verfolgte ihn, und hieb, als er die Thür verschlossen fand, ein Loch in dieselbe, öffnete und reichte dem armen Manne den „Schwedentrunk" (Mistjauche) bis er unter ihren Händen starb.

Das Städtlein Radolfszell, am Schlusse des Untersee's, hat mit Thoren und Mauern noch ganz die mittelalterliche Tracht. Was jedoch Vielen interessanter vorkommen mag, als dieses, ist sein großer Verkehr vom Hegau her, die Frucht= und Viehmärkte und die soliden Gemeindeverhältnisse, welche zu den besten des Seekreises gehören. Der Fruchtmarkt hat seit Einführung des schweizerischen Zolls und des neuen Schweizergeldes sehr gewonnen. Früher führte der Hegauer Bauer sein Getreide nach Stein; jetzt bringt er es in die Amtsstadt Radolfszell und überläßt es, wie billig, dem Schweizer Nachbar, seinen Bedarf da abzuholen.

Die Ortsgeschichte hebt vom hl. Ratoldus (Radolf) an. Dieser vornehme Alemanne war der Nachfolger Bischofs Egino von Verona, und kehrte gleich diesem, von Sehnsucht getrieben, in's Vaterland zurück. Mit Bewilligung des Abts Hatto in der Reichenau baute er am Untersee eine klösterliche Zelle; als Reliquie brachte er die Gebeine der Heiligen, Synesius und Theopontus, wozu noch das Haupt des hl. Zeno kam, dahin. Sein Ableben fällt in's Jahr 874; die von ihm gegründete Pfarrkirche in Radolfszell bewahrt sein Grab.

RADOLPHSZELL

Aus der Ratoldusszelle erwuchs später ein Chorherrenstift, dem der Reichenauer Abt Albrecht von Ramstein im Jahr 1290 Regeln gab. Zugleich hatte sich der Ort zur ummauerten Veste als Schutz für die ansäßigen Gotteshausleute herangebildet. Schon zu Zeiten Rudolf's von Habsburg scheint Zell eine Stadt gewesen zu seyn, welche dieser Kaiser sammt der Reichsvogtei an sich brachte. — Das Vorspiel des 30jährigen Krieges, der Bauernkrieg, brachte ihr große Bedrängniß. Im Frühling des Jahres 1525 durchzogen zwei starke bewaffnete Haufen das Hegau. Die feige hegauische Ritterschaft hatte sich geflüchtet, und es blieb den Städtern allein überlassen, mit den Aufrührern sich abzufinden. Nachdem diese Engen und Ach durch Ueberrumpelung genommen, belagerten sie Radolfszell zehn Wochen lang. Die Stadt hielt sich, bis die krieggeübten Feldobristen, der Truchseß von Waldburg und Graf Wilhelm von Fürstenberg mit den Bündischen herbeikamen und den Bauern in verschiedenen Treffen totale Niederlagen beibrachten.

Im dreißigjährigen Krieg kam die Stadt ohne Kampf in die Hände der Würtemberger; ein Anschlag, den Platz den Kaiserlichen wieder zu gewinnen, schlug fehl (s. S. 35). — Ein zweiter, offener Versuch mißglückte ebenfalls; bis nach der Nördlinger Schlacht die Schweden das Schwäbische räumten und Zell wiederum österreichische Besatzung bekam. Die spätere Zeit brachte wenig hervorragende Ereignisse.

Im bayerischen Erbfolgekriege litt die Stadt viel durch eine französische Besatzung von 7000 Mann. Nicht minder fühlte sie auch die langen Weltwirren des französischen Revolutionskrieges.

Ein schönes Baudenkmal ist die gothische Pfarrkirche mit einer unterirdischen Kapelle. — Eine Inschrift außerhalb am Chor sagt, daß der „hochwirdig her Fridrich von Wartenberg, abt der richen owe 1436" den ersten Stein zu dem Gotteshaus gelegt habe. Rechts im Langhaus findet sich das steinerne Grabmal des hl. Ratold. Bei einer Ausbesserung im Jahr 1538 wurde der Deckel abgehoben und zwei Leichname in einem Sarge von Eichenholz gefunden, wovon der eine, laut beigegebener in Wachs aufbewahrter Urkunde, als der des hl. Ratold erkannt ward. Der zweite Todte unbekannter Abkunft, hatte keinen Ausweis bei sich. — Einige altdeutsche Gemälde und die Grabmäler des Ritters Wolf von Homburg und des Abts von Stein, Davids von Winkelheim, sind beachtenswerth.

Auf dem Brunnen, der mit seinem frisch quellenden Strahl eine wesentliche Zierde des Marktplatzes ausmacht, steht die Figur des Kirchengründers; einige ritterschaftliche und Amts-Gebäude in der Nähe geben einen vortheilhaften Begriff vom städtischen Wesen der mittelalterlichen Zeit. — Zugleich aber bilden sie einen auffallenden Gegensatz zu dem neuen Kauf- und Rathhause, das in seinem steifen, schmucklosen Aeußern zu den unerbaulichsten Betrachtungen Veranlassung gibt. — Das Stadtarchiv soll, wie man mich versicherte, wenig Geschichtliches enthalten; die auf die Stadt bezüglichen Urkunden befänden sich in schweizerischen Archiven und aus späterer Zeit sei wenig mehr vorhanden*).

Wäre es aber nicht sehr wünschenswerth, in jedem Städtlein oder größern Dorfe historische Aufzeichnungen, eine Chronik, zu führen? Die Mühe, auf jedem Rathhause ein derartiges Buch zu unterhalten, wäre in der That gering. Der Chronist, etwa ein Schulmann von altem Schrot und Korn, ein patriotischer Rathschreiber oder Gemeinderath, würde sich wohl überall finden, der mit uneigennützigem conservativem Sinne und historischer Treue, fern von persönlicher Eitelkeit, das Geschäft besorgte. — Solche Arbeiten gäben den Nachkommen manch' willkommenen Aufschluß im Gemeindehaushalt, und Belehrung in vorkommenden ähnlichen Fällen; zugleich würde das Andenken des Guten und Würdigen der Vorzeit erhalten, und Anhänglichkeit an den eigenen Grund und Boden, mit der Liebe zum Vaterlande geweckt werden.

Von der Umgebung Zell's kann mit Recht gesagt

*) Eine Geschichte von Radolfszell verfaßte der verstorbene Amtmann Walchner.

werden, daß sie einem fruchtreichen Garten gleiche. Wer einen Mittwochsmarkt in der Stadt besucht, wird alle Erzeugnisse einer bis zur Ueberfülle begünstigten Gegend beisammen finden. Um so mehr mag es auffallen, diese Bucht des See's weniger als die übrigen Gewässer befahren und von keinem Dampfschiffe besucht zu sehen. Die kürzere direkte Landverbindung mit der Schweiz, welcher Zell und sein Amtsbezirk commerziel verbunden sind, scheint den Verkehr zu Wasser einigermaßen entbehrlich zu machen.

In östlicher Richtung von der Stadt erstreckt sich schwertförmig eine Landzunge in den See. Sie heißt die Mettnau (Augiae Meta); in ihrem Anfange trägt sie Wein, und endet in ein niedriges, oft überschwemmtes Ried, wo eine städtische Meierei steht. — Ich machte einen Spaziergang durch ihre höher gelegenen Weinberge, wo man eine freie Rundschau genießt. — Ueber dem dunkelblauen Abendsee funkelte bereits der freundliche Hesperus. Die Gegend rings umher war in Schweigen gesunken; nur eine Lerche, der lieblichen Mettnau entstiegen, schmetterte noch die letzten Strophen ihrer Jubelhymne. — Rückwärts streifte der Blick in's grüne Hegau, wo in zarten Silhuetten die Schloßberge Hohentwiel, Krähen und Stoffeln standen. — Rechts der mächtige Schienerberg und die blinkenden Villen Thurgau's — links an der niedern waldbedeckten Hügelkette Markelfingen und Allensbach; und vor mir in blauer Fluth — die Reichenau, und über dem dunkeln violetten Wasserstreifen — Konstanz, wie dicht am Fuße der Alpen.

Das breite Vorland, überragt von dem Schienerberg, zwischen dem Zellersee und dem Rhein, heißt die Höre (Bischofshöre). Der Name soll „dem Bischof gehörig" bedeuten, weil der Landtheil seit uralten Zeiten den Bischöfen von Konstanz zinsbar und eigen war. Die Höre ist außerordentlich fruchtbar — „wenn der Buur e Körnle us em Sack verliert, so wachst es". Sie gewährt dem Wanderer die angenehmsten Touren, obwohl sie wenig besucht wird von jenen Söhnen Albions, die mit ihrem Wegweiser in der Hand fragen: was muß man hier sehen? — oder von unsern modernen Germanen, denen allein nur Gambrinus den höchsten Genuß verschaffen kann. Desto besser aber wird es einem Solchen gefallen, der überall am rechten Platze ist, wo eine schöne Natur und ein unverdorbener, kräftiger Menschenschlag sich findet.

Von Zell führt der Weg um die flache Seebucht nach dem Dorfe Moos. Ein weites schilfiges Ried oder Moor, umschwärmt von zahllosen Möven und andern Wasservögeln, bildet ein der Fischerei vorzüglich günstiges Revier. Zudem mündet hier die Ach, welchem Flusse mit lebendigem, und im Frühlinge, wenn kaltes Alpenschneewasser den See füllt, wärmerem Wasser gerne die laichenden Fische zuziehen. Beinahe alle im Bodensee vorkommenden

Fische werden hier gefangen: der Aal, die Treische, der Barsch, die Lachsforelle, der Aesch, die Muräne, der Fölchen, die Barbe, der Karpfen, der Hecht, der Brachsmen u. s. w.

Der Untersee ist überhaupt fischreicher als der Obersee. — Ein alter Fischer, der am Ufer beschäftigt war, Garne zum Trocknen aufzuhängen, erzählte mir mancherlei von seinem Handwerk. Die Laichzeit des Brachsmen daure in der Regel nicht länger als zwei Tage, und sonderbarer Weise falle sie fast immer auf einen Feiertag oder Sonntag. Um diese Zeit werde dann der Fisch zu tausenden gefangen. Zu Bischofszeiten habe sich einmal die Landgeistlichkeit wegen Entheiligung des Sabbaths durch die Fischer beschwerend an den bischöflichen Obervogt v. Hundtbiß auf der Reichenau gewendet. Der alte Herr habe den Spruch gethan: weil die Fische bei ihrem Laichen keinen Feiertag beobachteten, so könne man den armen Fischern, welche sie fangen sollten, ebenfalls nichts gegen ihr Sonntagsgeschäft haben. Es gebe aber, sagte mir der Mann, von Alters her absolute Seefeiertage, wie z. B. die doppelten Aposteltage. — Ueber die Schweizer Fischer beklagte er sich; sie machten, behauptete er, auf sehr zudringliche Weise von ihrem diesseitigen Fischrechte Gebrauch und schonten dabei die Setzgarne ihrer Genossen nur wenig, während der Badenser Grund genug habe, auf der Schweizerseite sein Recht nicht geltend zu machen.

Bekanntlich treibt im Hegau der Poppele von Hohenkrähen noch immer seinen neckischen Spuck. Auch der Fischer von Moos weißt von ihm zu erzählen. In dunkeln Nächten hört er oft rufen: „Hol, hol!“ und eilt an die Fahr, im Wahne, es wolle Jemand vom jenseitigen Ufer übersetzen, siehe da — das Schifflein ist los und die Ruder sind in's Wasser geworfen. — Wenn der Fischer bei Nachtzeit „setzt“, so patscht und badet es, als wären sie hundertweis im Garn; wenn er zur Stelle eilt — findet er die Garne zerrissen — und im Nachtwind verhallt ein schelmisches Gelächter. — Gleiches passiert den Jägern, die „beim Hellmond, wenn's zunachtet“ in den Fallschirmen der Wasserjagd pflegen. — Jedesmal aber kommt auf solche Spuckerei ein Unwetter.

Von diesem wunderlichen Burggeist hörte ich überhaupt Allerlei erzählen. Der Wirth von Gayenhofen ritt früher einmal mit einem Kameraden nach Engen auf den Bohnenmarkt. Sie machten schlechte Geschäfte und suchten ihren Verdruß in einigen Botellen Neuen zu ertränken. Als sie im Heimritt am „Krayen“ vorbei kommen, ruft der Eine spottweise hinauf: „Poppele komm, komm!“ und gibt seiner Mähre lachend die Sporen; — aber siehe — es dauert nicht lang, so ligt er da im Graben — und der Kamerad, der absteigt, ihm aufzuhelfen, verliert ebenfalls das Gleichgewicht und stolpert über ihn hin. Um ihre Ohren schallt es wie Gelächter, und wenn die Gäule nicht so vernünftig gewesen und stehen geblieben wären, hätten sie den Weg bis heim zu Fuß machen müssen. — Aehnliches soll sich noch oft in dieser Gegend zutragen — „absonderlich in guten Weinjahren", würde der alte Custode im Konstanzer Conciliumssaale sagen.

Das Geröhricht um Moos ist, wie bereits erwähnt, auch für die Wasserjagd sehr günstig. Es kommen alle Gattungen Wildenten, Strandläufer, auch Wasserhühner vor und zuweilen verirrt sich ein Fischadler oder ein wilder Schwan hierher. Der beständigste Gast jedoch ist die aschgraue Möve, die mit ihrem heißeren Geschrei die Altwasser und Moore so gierig und dreist umschwärmt, als wollte sie den Fischern alle Augenblicke ihren Fang streitig machen. — Das hier wachsende Ried- oder Schilfgras wird zu ökonomischen Zwecken benützt; der halbe Morgen einer solchen „Streuwiese" kostet nicht selten 300 fl. Ankauf.

Die Gegend von Moos, Weiler und Iznang heißt die Zwiebelhöre, weil in den Gemarkungen dieser Dörfer vorzugsweise Zwiebeln gepflanzt werden. In dem lockern, sorgfältig erhöhten Boden, sieht man dies Gewächs zelgenweise gebaut; es wird nach Schafhausen verführt, wo alljährlich ein besonderer Zwiebelmarkt an St. Bartholomä abgehalten wird.

Nahe bei Weiler lag früher ein Edelsitz der Herren von Grüneberg, aus dem später ein armes Nonnenklösterlein erwuchs, von welchem aber keine Spur mehr sichtbar ist.

Der Abwechslung wegen zog ich, mit Umgehung der Uferdörflein Iznang und Gundolzen, von Moos über Weiler gen Gayenhofen. Der Weg führt durch ein wohlangebautes Thal und zuletzt über einen waldigen Gebirgskamm. Einem Blicke rückwärts zeigen sich in malerischer Verschiebung zum letztenmal die Berge des Hegau's. Die weite Wasserfläche verschwindet, statt ihrem brausenden Gewelle trifft Tannenrauschen unser Ohr, der Schlag der Finken und tief im grünen Forst das Geruuke der wilden Taube. — Doch, die wohlthuende Abwechslung dauert nicht lange, bald endet der Wald, die Höhe ist erstiegen und die Straße führt sachte abwärts. — Die Reichenau taucht wieder aus den Wellen empor und vor uns, zwischen paradiesischen Ufern, zieht der mächtige Vater Rhein.

Ueber dem Thurgau standen dunstige Wolken und Wetter, und tief im Horizont murmelte der Donner. — In Gayenhofen, wo ich einkehrte, sagte man mir, daß Hagelwetter in dieser Gemarkung keine Seltenheit seien; aber jedesmal bleibe Iznang verschont. Der Wirth erzählte von einem furchtbaren Schloßenwetter, wobei die Rehe gestreckten Laufes aus den obern Wäldern dem See zugeeilt seien, um sich in dem Wasser zu bergen.

Gayenhofen hat ein altes noch bewohntes Schloß; dieses gehörte seit dem zwölften Jahrhundert zu dem Hochstift Konstanz, von dem es die Herren von Klingenberg, von Reischach, von Heudorf und andere zu Lehen trugen. In spätern Zeiten besaß es der Bischof unmittelbar. Alle Monate wurde hier von dem bischöflichen Amtmann von Bohlingen ein Amtstag gehalten, und weil die Keller voll des besten Weines lagen, so soll der fleißige Mann jedesmal illuminiert von dannen gezogen seyn. Auch mein launiger alter Wirth wußte von den Kellern zu erzählen. Wenn der bischöfliche Kellermeister in Geschäften dahin kam, so ward Jedem, der bei ihm einsprach, ein gemessener Trunk verabreicht. War aber der Kieferknecht allein in den Gewölben, so gieng es mit einem Trunk selten ab. Der Wirth wurde als Bub auch einmal von dem gastfreundlichen Knecht traktiert. — Bei seiner Heimkunft warf es ihn den langen Weg zu Boden und die schwere Zunge lallte unverständliche Worte. Die Mutter, zum Tod erschrocken, rief dem Vater; dieser aber, der sogleich merkte, wo der Haas im Pfeffer lige, fragte: „Bist im Schloß gsi'? — Jo — Ist de' Kieferknecht d'obe? — He jo" — „Führ' ihn uffi und leg' ihn in's Bett", habe der Vater die jammernde Mutter lächelnd getröstet, „si Kranket ist nit so gföhrli!"

Aufwärts am See, bei Hornstad, steht halb zerfallen ein kleineres Schloß. In seinen verwahrlosten holzgetäfelten Stuben wohnt ein armer Bauer. Die Besitzung gehörte früher den Herren von Kopenhagen, die durch üble

Wirthschaft so herunter kamen, daß sie in der theuren Zeit der vorigen siebenziger Jahre, einen Vierling des besten Feldes um einen Laib Brod hergaben.

Horn, eine kleine Viertelstunde von da, bietet eine der freudigsten Aussichten am ganzen See. Die hochgelegene Kirche überschaut ein weites herrliches Panorama. Wie ein schwimmender Garten ligt die Reichenau vor uns; über der Landzunge schimmert der Ueberlinger See und seine Felsenufer, herwärts die grauen Mauern von Zell, östlich die Kathedrale von Konstanz und der blaue Gürtel der Alpen, das grüne Schweizerland und seine im See sich spiegelnden Städtlein und Dörfer, Ermatingen, Berlingen und Steckborn. — Es ist Sonntag früh, die Glocken erklingen ringsum aus den fliehenden Morgennebeln und stimmen Deine Seele zum Gebet und zum Entzücken.

Obwohl abwärts Gayenhofen die Ufer sich verengen und das Wasser bereits merklich rinnt, so ist der Name See bis an die Brücke zu Stein noch immer der bezeichnende. — Oberhalb bei Ermatingen wird bedeutende Wasserjagd und Fischerei getrieben; unter Andern kommt dort der den Biertrinkern bekannte Gangfisch vor, der zur Laichzeit in ungeheuerer Anzahl gefangen wird.

Abwärts Gayenhofen ligt zuerst Hemmenhofen; es gehörte früher dem jenseitigen schweizerischen Kloster Feldbach und mit diesem zur Grafschaft Nellenburg. — Eine heiße Mittagssonne begleitete mich auf diesem Wege. Um so lieber folgte ich der Einladung des Müllers von Hemmenhofen, welcher vor seinem Hause stehend, dem Fremden, der ihn um den Weg fragte, zuredete, einzutreten in sein Haus und eine kurze Mittagsruhe darin zu halten. Dem Zuspruch folgend, saß ich denn längere Zeit gar behaglich in dem altväterischen Stüblein, neben dem klappernden Mühlwerk, und ließ mir den säuerlichen Seewein und das kräftige Hausbrod, mit welchem mich der Hausherr regalierte, vortrefflich schmecken. — Eine solche alttestamentarische Gastfreundschaft findet sich eben nur noch auf dem Lande.

Eine kleine Strecke vom Dorfe erschauen wir das Schloß Marbach. Es gehörte seit Jahrhunderten den Herren von Ulm, von welchen es käuflich an einen französischen Maltheser-Ritter v. Grimaldi kam. — Frei auf einem felsigen Hügel an der Straße hatte es vor Kurzem noch Mauern und Umwallung; der neuere Besitzer ließ Alles abtragen, ebnen und dem alten Ritterhause einen nagelneuen weißen Anstrich geben. Dieser vor Kurzem verstorbene Mann hatte überhaupt große Baulust, aber zwecklos wie ein Kind, das heute einreißt, was es gestern aufgebaut. „Es ist gut genug auf ein Jahr" lautete der Wahlspruch des reichen Herrn, dessen Liebhabereien übrigens den umwohnenden Handwerksleuten und Taglöhnern trefflich zu Statten kamen.

In der Pfarrkirche des hübschen, von alten Obstbäumen beschatteten Dorfes Wangen hatten die Herren von Ulm in einer eigenen Kapelle ihr Begräbniß. In der Kirche, mit der Jahreszahl 1411, sieht man ein Grabmal aus Sandstein gehauen: eine lebensgroße ligende Figur in voller Rüstung, den Kopf auf die Hand gestützt und den Rosenkranz in der Hand. Es gilt dem „edeln und gestrengen Hans Caspar von Ulm zu Marbach und Wangen, der in Gott alt, katholisch gelebt und aus diesem Jammerthal abgeschieden im Jahr 1610“.

Als ich am schwülen Nachmittag von Wangen weiter pilgerte, kam mir ein mühselig daher schreitender Alter entgegen, mit dem ich ein flüchtiges Gespräch anknüpfte. Er sei früher einer der wohlhabendsten Bauern der Gegend gewesen, erzählte er, habe aber den Unschick gemacht, Alles seinen Kindern zu geben, denen er jetzt (ein Akt aus König Lear) unwerth und überlästig sei; hoffentlich werde es aber mit ihm bald „Feuerthalen“ (dem Fegfeuer) zugehen. Der Tod könne ihn heut oder morgen dahin mähen. — Es waren in Eurer Jugend wohl schönere Tage als jetzt? — warf ich hin. — Das will ich meinen, erwiderte er, das war ein anderes Leben — ein viel freieres. Jetzt darf, hol mich Gott — ja Keiner dem Andern mehr eine — Ohrfeige geben, ohne daß es vor Amt kommt. Zu meiner Zeit hat kein Hahn darnach gekräht — und Tanz und Musik haben wir alle Sonn- und Feiertag gehabt! sagte er ganz ernsthaft und humpelte kopfschüttelnd weiter, dem Dorfe zu.

Bevor ich sofort mein Tagesziel, Oeningen, erreichte, hatte ich Gelegenheit, noch einen romantischen Rest alter Zeiten zu betrachten. — Die alte abenteuerliche Burg Kattenhorn, die, wie ein verrosteter Harnisch aus der Rüstkammer des Mittelalters, wenig beachtet am flachen Ufer des See's ligt. In ihren dunkeln, holzgetäfelten Gemachen wohnt ein fürstenbergischer Dienstmann, der das schöne fürstliche Rebgut zu bauen und zu beaufsichtigen hat. Das Schloß (mit einigen Häusern) wird schon im Jahr 1155 urkundlich genannt. Die Herren von Landenberg waren seine früheren Besitzer. Eine kleine nebenanstehende Kapelle hat die Jahreszahl 1583. — Oberhalb am Berg erhebt sich ein kleines neueres Schlößlein, welches ein Herr Schultheiß baute, kurze Zeit bevor es an Fürstenberg kam.

Ein mehr in die Augen fallendes alterthümliches Bauwerk finden wir hart am See, zwischen Kattenhorn und Oeningen — das Schloß Oberstad. Der wohl erhaltene Thurm mit zackigen Zinnen und gothischen Fenstern schaut wie ein Gewappneter über den See, den er als Wächter einst beherrschte. Wie Vadian erzählt, wurde von hier aus den Schiffern manche Gewaltthat zugefügt, weßhalb die Schweizer im Jahr 1499 ihren Groll durch Zerstörung des

Schlosses ausließen. Vordem besaßen es die Herren von Klingenberg, von welchen es in schnellem Wechsel von einer Hand in die andere kam. An den Mauern dieses Baues haftet die Erinnerung eines schnöden Mordes. Der vorletzte Besitzer war ein allgemein geachteter Herr v. Lenz. Früher Hauptmann in fürstenbergischen Diensten, verwaltete er von dem Schloß aus das benachbarte fürstliche Rebgut in Kattenhorn. — Er hatte eine einzige Tochter, Waldburga, die ihrer Güte und Leutseligkeit wegen in der Umgegend allgemein beliebt war. — Im Hause bestand die alte Sitte, bei Tagesanbruch mit dem Thurmglöcklein die Hora oder „Betzeit" zu läuten. Als eine Magd, der dies Geschäft oblag, einst um Mitternacht, beirrt durch die Helle des Vollmonds, das Glöcklein zog, eilten die benachbarten Oeninger herbei, in der Meinung, es sei dem Hause etwas Uebles zugestoßen und das Geläute ein Nothruf. Das Fräulein äußerte hiebei, wenn je ein solcher Fall eintreten sollte, so werde sie nicht säumen, den bereitwilligen Nachbarn ein Zeichen mit dem Glöcklein zu geben. — Das arme Kind wußte nicht, wie nahe ihr ein solcher Fall bevorstand. — Es war an einem Sonntag, den 16. December des Jahres 1829. Der Vater hatte sich in den Spätgottesdienst nach Oeningen begeben, die Tochter war allein in dem ringsum abgeschlossenen Hause zurückgeblieben. — Zwei Tiger in Menschengestalt mußten aber vorher sich in dem Bau eingeschlichen haben, die jetzt hervorbrachen und das Fräulein, ehe sie noch den Thurm und den Glockenstrang erreichen konnte, überfielen. Es scheint, daß die Mörder sie nöthigen wollten, ihnen Geld und Kostbarkeiten zu entdecken, und als sie nicht zu ihrem Zwecke gelangten, das Fräulein von ihnen tödtlich verletzt zu Boden geschlagen wurde. — Nach einer Weile aus tiefer Ohnmacht erwachend, schleppt sie sich taumelnd in die Wohnstube, wo die Banditen eben im Begriff sind, eine Kommode zu leeren und nun ihr Opfer vollends mit schweren Hammerschlägen tödten. — Indem schellt es am verschlossenen Hofthor — sie eilen hinab und treffen einen Handwerksmann, der in Geschäften zu dem Schloßherrn will. Es entspinnt sich ein verzweiflungsvoller Kampf, in welchem der Einzelne unterligt. — Von der Schweizerseite, von Mammern aus, sah man zwei Männer querfeldein der waldigen Anhöhe zurennen. — Dem Vater aber ward, als er aus der Kirche zurückkam, der schreckliche Anblick des erbrochenen Hauses und zweier Leichen. — Niemals wurden die Thäter entdeckt. Zwei übel berüchtigte Menschen, auf welchen der Hauptverdacht lastete, endeten, des langen Verhörs entlassen, später unter auffallenden Umständen. Der tiefgebeugte Vater aber wollte das Haus nicht mehr bewohnen, weßhalb er die ganze Besitzung verkaufte. Jetzt ist sie Eigenthum eines schweizerischen Fabrikherrn.

Doch wenden wir den Blick ab von einem unerfreulichen Gegenstande, der uns die Menschennatur auf dem schwärzesten Grunde zeigt. — Die Landschaft umher ruht so mildverklärt im goldenen Abendlichte, als wohnte keine Leidenschaft, nichts als Eintracht und Friede in ihr. Der Klosterbau erhebt sich imponierend über den Dächern des großen Dorfes, und Du glaubst eher eine Stadt als ein Dorf vor Dir zu haben.

Von dem alten Augustinerstift Oeningen berichtet uns die Geschichte, daß es ein gleiches Schicksal hatte wie das Kloster Reichenau; im Jahr 1534 wurde die Probstei zu den Tafelgeldern des Bischofs von Konstanz gezogen, der sich von da an „Statthalter von Oeningen" nannte, und das Stift durch Priore, und später durch Dekane verwalten ließ, während die Mönche vom Hochstifte ihren Unterhalt bezogen. — Die Klostergründung fällt in's Jahr 965. Cuno, ein Sprößling der Grafen von Oeningen, die hier in dem Hauptorte der uralten Grafschaft gleichen Namens gewohnt haben, vergabte seine Güter und sein Schloß der Kirche, zur Errichtung einer Augustiner-Probstei. Noch jetzt heißt ein mittelalterlicher Theil des Klosters das „Stammhaus". Die nebenstehende Todtenkapelle mit der Mönchsgruft soll die erste Kirche gewesen seyn; eine Brüderschaft, „die Todtenbrüder", hält noch alljährlich darin ihren Gottesdienst. — Die Grafen von Oeningen waren den berühmten Geschlechtern Habsburg und Zäringen nahe verwandt. — Das Dorf wird bereits in der zweiten Hälfte des achten Jahrhunderts als reichbegüterter Meierhof genannt. Nahe dabei ist der berühmte Oeninger Steinbruch (Stinkkalk), in welchem zahlreiche Versteinerungen urweltlichen Gethiers zu finden sind.

In dem nahen Stiegen, dem letzten badischen Orte, hatte ich übernachtet und machte des andern Tages eine Tour nach Schienen. — In Oeningen, durch welches der Weg führt, prangten die Brunnen im Schmucke grüner bebänderter Tännlein — ein Werk der Schönen des Dorfes, die hiermit dem ersten Maitag ihre Huldigung dargebracht. — Schienen ligt im Schooße des Berges gleichen Namens, 2006 badische Fuß über dem Meere. Die Abgeschiedenheit des Ortes paßt trefflich zu der Sage, welche Schienen, in den ersten christlichen Jahrhunderten, zu einer Zufluchtsstätte für verfolgte Christen macht. Das uralte Michelskirchlein (in neuester Zeit eine Privatwohnung), soll aus jenen Zeiten herrühren; es war vor Altem von einem großen „Todtengarten" umgeben.

Die Pfarr- und Wallfahrtskirche zu unsrer lieben Frauen soll, zugleich mit einem Kloster, unter Carl dem Großen von Atto, einem Grafen im Hegau und der Bertholdsbaar, gebaut und gestiftet worden seyn. Das Stift, ein Benediktinerkloster, kam in der Folge so herab, daß es in ein Chorherrnstift verwandelt und endlich im Jahr 1452 der Abtei Reichenau, und mit dieser dem Bisthum Konstanz zufiel. — Der Pfarrhof ist die ehemalige Chorherrnwohnung. Die Pfarrkirche trägt am Portal die

Jahreszahl 1559. In ihren Grundverhältnissen hat sie noch etwas von der Karolingerzeit, obwohl der Bau theilweise neuer ist, als selbst die ebengenannte Jahreszahl.

Ein Gemälde mit einer Inschrift erzählt eine Sage von ihrer Erbauung: Als die Kirch, heißt es, öd und alt zu Boden fallen wollt, und man eine neue baute, ließ sich eine weiße Frau, liebreich mit Worten, sehen und ermunterte die Arbeiter zum Fleiße; es war Maria, wird geglaubt. — Von dem Wallfahrtsbild unsrer lieben Frauen wird gesagt: Weil die Kirche öd, wildverwüstet und verderbt, ward das Bildniß (Marien's) von dannen auf St. Michelsberg getragen, und von keiner Menschenhand, wie die Alten sagen, angerührt, wieder allhie gefunden.

Links am Chor bewahrt ein Grabstein mit einem unbehülflich gemeiselten Bildniß das Andenken des ehrbaren Hölzlin von Wartendorf († 1598), „der 17 Jahr bei Hans Christoph von Schienen ehrlich gedient und demselben 3 Töchter aus der Taufe gehoben".

Nördlich von Schienen, auf einem Vorsprung des Berges, ligt die Schrotzburg, mit einem fürstenbergischen Kameralhof. Die Sage schreibt die Erbauung der Veste einem alemannischen Adelichen zu, während die antiken Fundstücke*) auf ein Römerkastell deuten. Ihre Zerstörung

*) Bestehend in mehreren römischen Silbermünzen, die in der fürstlich fürstenbergischen Alterthumssammlung im Schlosse zu Hüfingen aufbewahrt sind.

fällt in's Jahr 1441, in die Zeit, wo die aufblühenden Städte in steter Fehde lagen mit der Ritterschaft, von welcher bereits mancher Sprosse die Tugend der Väter verloren hatte. Auf Schrotzburg saßen die Ritter von Schienen. Einer aus diesem Geschlechte, Werner mit Namen, der in Mitte des fünfzehnten Jahrhunderts die luftige Veste bewohnte, trieb in der Gegend um den See unedle Wegelagerei. Einmal fieng er auf dem Staderberge bei Konstanz einen Krämer von München, den herbeikommende Konstanzer mit Mühe aus seinen Händen befreiten. Allein der Streifritter hatte ihn bereits geplündert und seine Baarschaft in fürsorglichen Besitz genommen; die Münchner, denen man deßhalb schrieb, antworteten, daß weder ihre Herrschaft noch sie mit dem gedachten von Schienen jemals Ungunst gehabt hätten.

Gleichzeitig lagen sich die verbündeten schwäbischen Städte und ein Theil des Adels im Hegau und am Rhein in den Haaren; und es gieng bei diesen Feindseligkeiten wie heut zu Tage zwischen den Russen und Westmächten, man nahm und verdarb sich gegenseitig zugehöriges Gut, wobei dann mancher Unschuldige in Schaden kam. So machte unter andern der Adel bei Stiegen einen Fang an Genfergut, welches zu Schiff von Konstanz nach Stein verbracht werden sollte. — Es waren dabei Heinrich von Lupfen, Hans von Rechberg und zwei von Landenberg; diese ließen die Beute, 20,000 fl. an Werth, auf Wägen nach der Burg

Höwen führen. Ein größerer Theil, auf 10,000 fl. geschätzt, blieb aber in Stein, unter Obhut des Ritters von Klingenberg, der einen „michel Theil“ davon den Konstanzern, die nicht in das Städtebündniß gehörten und ihr Eigenthum zurückforderten, auslieferte. Ebenso wandte sich der Rath von Konstanz auch nach Höwen, und ließ den Rittern sagen, daß unter dem genommenen Gut Vieles von Konstanzer Bürgern sich befinde. Die Adeligen antworteten, was die von Konstanz bei ihrem Eide als eigen ansprechen könnten, solle ohne Schaden gütlich ausgeliefert werden. — Die verbündeten Städte aber wollten einen Zug vor die Burg Höwen thun, kamen aber zu keinem Entschlusse. — Unterdessen betrieb der von Schienen sein Wegelagerergeschäft so schwunghaft, daß Niemand getrost und fröhlich von Konstanz nach Stein und Schafhausen reisen konnte, weil der Ritter und seine Gesellen zu Wasser und zu Land viel Ungemach verübten und alle vorbeifahrenden Schiffe anriefen und zu Landen nöthigten. Eines Tages ritt Werner mit acht Pferden von seiner Schrotzburg aus über den Rhein in den Vonderbach unter Freudenfels. Ueber den Trupp kamen etliche Gesellen von Konstanz und nahmen ihnen 3 Pferde und einen armen Knecht gefangen. — Als aber die verbündeten Städte Ulm, Biberach, Memmingen, Kempten, Ravensburg, Buchhorn, Lindau, Ueberlingen, Rothweil 2c. endlich Ernst machten, sich rüsteten und von Konstanz verlangten, daß die Stadt dem Bündnisse beitreten solle, lehnte der Rath das Ansinnen ab, unter dem Vorwande, daß es eine Schmach wäre, wenn Konstanzer Bürger unter dem Hauptmann der Ueberlinger in's Feld ziehen würden; auch hätten die Städte Alles verabredet und festgesetzt, ohne Vorwissen und Beiziehung der Konstanzer, sie könnten deßhalb ehrenhalber nicht mitziehen; was man den Nachbarn aber sonst zu lieb thun könne, wolle man thun.

Am Allerheiligenabend zogen die Städtischen von Ueberlingen aus nach dem Hegau. Bald darauf schwuren auch die von Radolfszell zu ihnen, die es früher mit der Ritterschaft gehalten hatten. Man zog vor ein Haus, die Wasserburg geheißen, und gewann auch denen von Rechberg eines ab. Hernach ging's vor die Schrotzburg, die Wohnung der Herren von Schienen. Die Burg war fest und wohl versehen mit Wein, Fleisch u. a. Die Belagerer fiengen an, das Holz um den Berg zu fällen, um damit alle Ausgänge ringsherum zu verlegen, daß Keiner entrinne. Als die Belagerten dieses merkten, steckten sie die Burg in Brand und flüchteten. Die Feinde aber löschten das Feuer und machten große Beute. — Nachher brannten sie die Burg nieder und zerstörten sie von Grund aus. Ueberdieß verbrannten sie das Dorf Schienen, einen Torkel und ein dem von Schienen gehöriges Haus, verdarben die Reben und nahmen alles weg, was sie erwischen konnten. Nach diesem verbrannten sie Horn und was denen von Rechberg gehörte, zogen gen Hilzingen, wovon auch ein Theil diesem Ritter gehörte und zerbrachen daselbst den Thurm. Dann wandten sie sich gegen das Städtlein Stein, wo sie an den Hans von Klingenberg wollten; die Steiner widersetzten sich aber, und der Junker Albrecht von Klingenberg ritt zu den Städtern und sagte, Stein wäre sein und die Sache der Adelichen gienge ihn nichts an. Auf dieses ließ man ab und zog in's Hegau, verbrannte den Antheil des Hans von Rechberg an der Burg Stauffen und gewann die Wasserburg, die dem Vitus von Ast gehörte. Vor Engen wurde nichts unternommen, weil Graf Sigismund den Sturm zu beschwichtigen wußte, dafür wurde aber das Eigenthum des Grafen von Lupfen verwüstet. — Da es schon zu kalt war, um Höwen zu belagern, wandte sich der Siegeszug (am 16. November) wiederum heimwärts. — Nachdem die Feindseligkeiten noch längere Zeit fortgedauert und manches arme Dörflein im Hegau mit Feuer und Schwert heimgesucht worden, kam endlich, auf Befehl des Kaisers Friderich, ein Friede zu Stande, der im Jahr 1445 zu Konstanz besiegelt wurde. Jeder Theil mußte den ihm zugegangenen Schaden erleiden, ohne Ersatzansprüche. Dergleichen Putsche waren im Mittelalter an der Tagesordnung.

Von der Schrotzburg ist nur weniges Mauerwerk, umfangen vom Graben, übrig. Die Aussicht, die man hier hat, ist groß und herrlich; wie von einer Königsloge aus betrachten wir ein weites Amphitheater — links das ganze Hegau, rechts den Untersee, Reichenau und Konstanz, den glänzenden Obersee und in blaulicher Ferne das Vorarlberg. — Wie zum Finale drängt sich die weite, von uns durchwanderte Landschaft noch einmal auf die Bühne — ruhendes Gewässer, freundliche Städtlein, Dörfer halbversteckt im Grünen, auf den Zacken alter Felsen gebrochenes Gemäuer, aus grünem Wiesenplan der Blitz der Bäche, weitgedehnte Wälder, wogende Saatfelder und Gebirge, ruhend in Duft und Wolken.

Die Sonne war bereits hinunter, als ich über die Landesgrenze dem Städtlein Stein zuwanderte. Noch einmal öffnete sich auf luftiger Höhe die Aussicht; — über Land und See lagen schon die Schatten der Nacht, aber die ewigen Alpen, schweigend und groß, standen noch glühend wie Abendroth am fernen Horizont.

In dem alterthümlichen Schweizerstädtlein Stein machte ich Rasttag. Es war mir vorzüglich darum zu thun, den schönen Amtssaal im ehemaligen Kloster zu sehen. Da aber der Stadtschreiber zufällig abwesend war, so wollte Niemand über die Schlüssel gebieten, und ich mußte auf den Genuß verzichten. Nach dem Urtheile Verständiger sind die Wandgemälde des Klostersaales dem Besten mittelalterlicher Kunst beizuzählen. Sie entstanden unter Abt David von Winkelheim, der während der Reformation nach Radolfszell flüchtete, und wie bereits erwähnt, in der dortigen Pfarrkirche begraben ligt. — Als Ersatz für den vorenthaltenen Kunstgenuß betrachtete ich das hübsche Städtlein, seine wohlerhaltenen mittelalterlichen Häuser, ihre Wandgemälde und zierlichen Erker, und hoch über Allem — die ritterliche Burg Hohenklingen.

Ich hatte einen Platz auf dem Eilwagen genommen und war über die Rheinbrücke gegangen, an der Straße nach Schafhausen den Wagen zu erwarten. — Eine Zigeunerfamilie lagerte nicht weit von meinem Wachposten im Grünen. Einige ihrer braunen Weiber kamen zu dem Reisenden herüber, ein müßiges Gespräch anzuknüpfen. — Sie fragten nach Heimath und Vaterland — ich hatte keinen Grund, die Frage ausweichend zu beantworten. Sie spendeten dem Lande große Lobsprüche und rühmten seine Gastfreundschaft gegenüber der Schweiz. — Ich fragte, wohin ihre Reise gehe? — Wir wissen es selbst nicht! lautete die Antwort, wir sind überall am rechten Ort, wo sich gute hilfreiche Menschen finden.

Indem rollte der Wagen heran und hielt, der Passagier stieg ein, und fort gieng's in rascher Fahrt den Ufern des grünen Rheins entlang nach Schafhausen und weiter.

Ortsregister.

Nachwort

Von Helmut Bender

„In Hüfingen war es die Familie Reich, die fast in allen Gliedern künstlerische Begabung zeigte. Ihr bekanntester Sohn ist Lucian Reich ..., dessen Schriften und Zeichnungen aus dem Volksleben heute noch eine Fundgrube für den Volkstumforscher sind ...“ heißt es in Hermann Eris Busses Aufsatz „Die Baar – Landschaft und Volkstum“. Die Doppelbegabung dieses Lucian Reich wurde bis heute zwar in zahlreichen heimatgeschichtlichen Publikationen gewürdigt, doch scheint es an der Zeit zu sein, ihn und sein Schaffen mit einem seiner gelungensten Werke wieder einem breiteren Publikum zugänglich zu machen.

Reich wurde am 26. Februar 1817 in Hüfingen unweit von Donaueschingen als Sohn des dortigen Oberlehrers Lucian Reich des Älteren geboren. Die Mutter Maria Josepha entstammte der musikalisch besonders begabten Familie Schelble, der auch der nachmalige Musikdirektor J. N. Schelble, Begründer des Frankfurter Cäcilienvereins und ein aktiver Förderer der Wiederaufführung älterer klassischer Musik, angehörte.

Lucian der Ältere hatte eine erste Anleitung und Ausbildung zum Zeichnen bei dem späteren Darmstädter Maler Lorenz Sandhaas erhalten, notgedrungen wandte er sich dann dem Lehrerberuf zu, und schon nach wenigen Amtsjahren wurde er zum Schulleiter in das fürstenbergische Amtsstädtchen Hüfingen berufen.

Unermüdlich war er hier neben dem Schuldienst vor allem auf kunstgewerblichem Gebiet tätig, er schuf u. a. Grabmonumente aus Holz und Stein, schnitzte und drechselte allerlei Hausgeräte und schmückte Schränke und Truhen in den Bauernhöfen der Umgegend mit farbigen Verzierungen, wie das später ähnlich etwa der junge Hans Thoma getan hat. „Auch als Kunstmaler machte er sich bald einen Namen. So zeigen zwei Ölgemälde in den Städtischen Sammlungen zu Villingen, die seine Eltern in der ... Baaremer Tracht darstellen, ein beachtenswertes technisches Können“ (Stocker).

Der Sohn, Lucian Reich der Jüngere, hatte zwei Geschwister: den um zwei Jahre ältere Franz Xaver, der ein in Baden vielbeschäftigter Bildhauer wurde (u. a. allegorische Darstellung der Quellflüsse der Donau in Donaueschingen, Denkmal des Großherzogs Leopold in Baden-Baden, Standbilder der Bischöfe Gebhard und Konrad auf der Konstanzer Rheinbrücke), sowie die jüngere Schwester Lisette, später mit dem ge-

meinsamen Jugendfreund, dem Lithographen J. N. Heinemann aus Hüfingen (1817–1902), dem Steinzeichner auch der Illustrationen des hier nachgedruckten Buches, verheiratet.
Lucian der Jüngere wollte Maler werden. Nach einer ersten Lehrzeit beim Vater wurde er 1833–1836 am Städelschen Institut in Frankfurt am Main unter Joseph Binder, Philipp Veit und dem Bildhauer Johann Nepomuk Zwerger ausgebildet. Durch Vermittlung des Karlsruher Galeriedirektors Carl Ludwig Frommel erhielt er dann 1837 ein Stipendium für einen Studienaufenthalt an der Münchner Akademie.
„Die erste Gelegenheit zu einer größeren künstlerischen Betätigung fand er durch Moriz von Schwind bei der Ausschmückung der Kunsthalle in Karlsruhe mit allegorischen Fresken. Dadurch wurde sein Name zum erstenmal in der Öffentlichkeit bekannt“ (Stocker).
Das war 1842; im Anschluß daran versuchte Reich als Zeichner und Maler eine selbständige Stellung zu erlangen. In diesen Jahren schuf er eine Reihe vorwiegend religiöser Bilder (etwa für die Pfarrkirche in Iffezheim und die Bernharduskirche in Rastatt, auch finden sich an den Seitenaltären der Pfarrkirche seiner Heimatstadt Gemälde von ihm).
Angeregt durch seinen Umgang mit Karlsruher Künstlern, versuchte er sich bald auch in literarischen Arbeiten, vorwiegend in geschichtlichen und kulturgeschichtlichen Essays und in Gelegenheitsgedichten. Seine dramatischen Ambitionen blieben Vereinsbühnen vorbehalten. Reichs Grundhaltung war episch-lyrisch.
1853 gab er, gemeinsam mit seinem Schwager Heinemann, das kulturgeschichtlich bedeutsame Werk „Hieronymus, Lebensbilder aus der Baar und aus dem Schwarzwald“ heraus. Sowohl vom Inhalt als vom reichen Bildschmuck her hat dieser Band – im Kommissionsverlag erschienen, da sich kein Verleger fand – einen beachtlichen Stellenwert.
Es ist dies eine Lebensgeschichte mit volkskundlichem Hintergrund und idyllisch-anschaulichen Darstellungen von Land und Leuten. Das romantische Element ist bescheiden genug, das Reale nicht zu verdrängen. „Wir lernen die ländliche und kleinstädtische Bevölkerung seiner Heimat in ihren schmucken Trachten kennen, erhalten aus ihrem Tun und Treiben einen Einblick in die dort üblichen Lebensformen der alten Zeit. Auch einige charakteristische Vertreter einzelner Berufe begegnen uns, die heute zum Teil verschwunden sind . . .“ (Stocker). Bis zu einem gewissen Grad ein autobiographisches Werk: Ein junger Schwarzwälder wird Maler, der Leser nimmt an seiner persönlichen und künstlerischen Entwicklung regen Anteil.
Zahlreiche Genrebilder im Stil Ludwig Richters sind der Anteil des Ma-

lers Reich an dem Buch. Sie tragen zur Veranschaulichung des in einzelnen Kapiteln episch-aufbauend Erzählten bei.
Wider Erwarten hatte das Buch Erfolg, es erschien eine Zweitauflage, an einer erweiterten 3. Auflage schuf der alternde Künstler in seinen letzten Lebensjahren, doch sie kam nicht mehr zustande.
1855 nahm Reich, nachdem er eine Familie gegründet hatte, aus finanziellen Erwägungen eine Zeichenlehrerstelle am Gymnasium in Rastatt an. Er hatte dabei zwar wenig Verpflichtungen, aber auch entsprechend wenig Verdienst. Hier wirkte er mit einem Hilfslehrergehalt von 116 Mark monatlich ohne jeden Anspruch auf Witwen- und Waisenversorgung, bis er im Jahre 1889 in den Ruhestand versetzt wurde und in seinem Heimatort Hüfingen übersiedelte.
Allerdings fand er neben seinen Amtsverpflichtungen noch genügend Zeit zu privaten künstlerischen Arbeiten. Im Jahr seiner Rastatter Anstellung erschienen die „Wanderblüthen aus dem Gedenkbuch eines Malers" (wieder mit Lithographien von Heinemann ausgeführt). „Diese enthalten eine bunte Zusammenstellung von Aufzeichnungen aus Sage und Geschichte, von Selbstgeschautem und Selbsterlebtem, auf Pilgerfahrten durch den Breisgau und den Schwarzwald und zu dem Hauensteinischen Waldvolk der Hotzen.
Drei Jahre vor seinem Tode stellte er noch eine Nachlese an aus früher entworfenen Erzählungen und ließ sie . . . in Karlsruhe als ‚Novellen und Skizzen' erscheinen" (Stocker). In seiner „Geschichte der Literatur in Baden" schreibt Wilhelm Engelbert Oeftering darüber: „Der Inhalt, wie ihn Leben und alte Chroniken geliefert haben, ist wiederum für die Volks- und Heimatkunde überaus wertvoll, enthält er doch u. a. die Geschichte der Künstlerfamilie Kirner auf dem Schwarzwald."
Ebenfalls während der letzten Hüfinger Jahre, 1895, war eine Jugendschrift „Bruder Martin" erschienen. Es ist die Geschichte eines Einsiedlers, „die Geschehnisse sind ins 16. Jahrhundert verlegt und mit anmutigen Bildbeigaben geschmückt" (Oeftering).

Im Unterschied zu den genannten Maler-Büchern war der Mainau- und Bodenseeband von 1856 eine Auftragsarbeit für den damaligen Prinzregenten Friedrich von Baden (1852–56, Großherzog 1856–1907), für die er von seinem Gönner mit der Medaille für Kunst und Wissenschaft ausgezeichnet wurde. Das Buch hat damals keine Neuauflage erfahren. Heute ist es zu einem Rarissimus geworden, und wenn einmal ein Exemplar im Antiquariatshandel auftaucht, wird es denn auch vierstellig bewertet.

In erster Linie verdankt das Buch diese Einschätzung freilich den beigegebenen künstlerisch hochwertigen Farblithographien, doch dürfte auch der Text von solcher Qualität sein, daß er nicht nur dokumentarischen Wert besitzt. Helmut Maurer bemerkt dazu, wie dieses zu wenig beachtete Werk geeignet ist, neben dem „zeichnenden, malenden und schreibenden" auch den „geschichtsforschenden Lucian Reich" ins rechte Licht zu rücken.

Kurz nach Erscheinen der „Insel Mainau" richtete Lucian Reich an den Konstanzer Arzt Johann Nikolaus Marmor einen Brief, der Einblick gibt in die wirtschaftliche Situation des Autors und zugleich seine Arbeitsweise und Absichten kennzeichnet. So heißt es darin:

„Den Hieronymus und die Wanderblüthen ließ ich auf eigene Kosten drucken und verdiente dabei etwa soviel als ein gewöhnlicher Abschreiber in der gleichen Zeit verdient hätte, die Zeichnungen und vorgängigen Studien nicht gerechnet. Von Leipzig erhielt ich voriges Jahr den Antrag, für die Zeitschrift Gartenlaube etwas zu schreiben. Für den Druckbogen (Quart, enger Satz) wurden 35 fl [= Gulden] angeboten. Für den Kalender erhielt ich 25 fl pro Bogen in Quart . . . Mein Mainauwerklein halte ich insofern für mein gelungenstes Werk, als ich in Bezug auf irdischen Sol[illegible] .m besten dabei gefahren bin. 35 fl pro Druckbogen und die Bilder, je eines zu 10 fl, und alles bar bezahlt . . ."

Des weiteren dann: „Ich hielt mich an das Vorhandene, da es mir, selbst wenn ich ein Mann vom Fache wäre, unmöglich gewesen wäre, auf der flüchtigen Durchreise an den staubigen, lückenhaften Archiven der Städtlein nach verborgenen Schätzen zu graben . . . ich tat bei der bestellten Arbeit das Menschenmögliche und suchte nach mündlichen Überlieferungen Sagen, Sitten und Bräuche zu geben . . ."

Schließlich findet sich in diesem Brief auch Reichs Äußerung über die „lithographischen Beigaben": „Die betreffenden Blätter geben durch die wahrhaft künstlerische Behandlung . . . ganz den Charakter der Handzeichnungen und das eigentümlich Elegante, Glänzende einer Seelenlandschaft. Darin liegt ein bleibendes Verdienst des Lithographen . . ."

Oeftering hat dem Mainau-Bodensee-Band eingeräumt, daß auch dieser „manches Persönliche" enthalte, wenngleich er „mehr geographisch und historisch gestimmt" sei. Was Reich beabsichtigte, ergibt sich eindeutig aus dem Vorwort. Daß er die Insel Mainau in den Vordergrund des Titels rückte, ergab sich aus dem Umstand, daß sein Gönner, der spätere Großherzog Friedrich I., 1853 diesen Besitz vom Grafen Karl Douglas und seiner Gemahlin Luise erworben hatte.

Die Neugestaltung des heute so bewunderten Schloßparkes geht auf diesen bedeutenden, Bismarck als liberaler Gegenspieler jederzeit verdächtigen Fürsten zurück. Der in Baden überaus populäre Großherzog verstarb am 28. September 1907 im Schloß auf der Insel. Erst mit dem Aussterben der großherzoglichen Linie des badischen Hauses im Mannesstamm (1928) kam die Mainau an des verstorbenen ehemaligen Großherzogs Friedrichs II. Schwester, an die schwedische Königin Viktoria. 1932 wurde Graf Lennart Bernadotte, ein Sohn des Prinzen Wilhelm von Schweden, Herr auf Mainau. Er hat die Pflege dieser paradiesisch anmutenden Insel in jeder Weise würdig fortgesetzt und darüber hinaus eine international bedeutende Kultur- und Begegnungsstätte, besonders für die Jugend, geschaffen.

Um die Mitte des vergangenen Jahrhunderts hatte die Reiseliteratur einen beachtlichen Aufschwung erfahren. Wir erinnern hier nur an die schon klassisch gewordenen Werke über die Rheinlande, sodann in unserem Zusammenhang besonders an süddeutsche Schriftsteller wie Josef Bader, Eugen Huhn, Karl Geib, Gustav Schwab und viele andere. Die Engländer waren freilich Vorbild gewesen, besonders mit ihren Handbüchern zur modischen Rheinreise (William Tomblesons „Views of the Rhine“ und „Upper Rhine“ in den 30er Jahren des 19. Jahrhunderts), doch die Deutschen folgten ihnen im Abstand eines knappen Jahrzehnts, nachdem Karl Baedeker, nicht zuletzt von John Murrays „Handbooks for Travellers“ angeregt, bereits 1828 seine „Rheinreise von Mainz bis Cöln, Handbuch für Schnellreisende“ herausgebracht hatte (vgl. den als Bd. 29 der vorliegenden Reihe erschienenen Nachdruck der sechsten Auflage von 1849). Vor allem müssen hier die besonders von Johann Gabriel Friedrich Poppel und dem in England in der neuen Reproduktionstechnik ausgebildeten Carl Ludwig Frommel mit vorzüglichen Stahlstichen illustrierten Bände erwähnt werden, die großteils bei Lange in Darmstadt erschienen. Der Stahlstich wurde ja in diesen Jahren auch in Deutschland beherrschend für Ansichten- und Reisewerke.
Auch der Bodensee wurde zunehmend in diese Literatur einbezogen. So erschienen 1838 Karl Geibs „Malerische Wanderungen am Bodensee und an den Ufern des Rheins, von Constanz bis Basel. Mit 13 Stahlstichen“ als die erste Abteilung der „Malerischen Wanderungen am Rhein von Constanz bis Cöln . . .“.
Lucian Reichs „geschichtliche und landschaftliche Schilderung der Insel Mainau und der übrigen badischen Bodenseegestade (mit Berücksichti-

gung der angrenzenden Gebietstheile)“ nimmt indes in mancher Hinsicht eine Sonderstellung ein. In erster Linie handelt es sich um einen mit Farb-, d. h. „Chromolithographien“ versehenen Band.
Dieses komplizierte und kostspielige Verfahren wurde in den 20er Jahren des vergangenen Jahrhunderts entwickelt (1820 in Berlin, 1823 in München; erfunden 1816 durch den Elsässer Gottfried Engelmann zur Reproduktion von Ölgemälden). Dabei fanden verschiedene, exakt übereinander gedruckte Kalksteinplatten Verwendung. Auf die erste Platte wurde die Kontur des Bildes von der Originalvorlage mittels durchsichtiger Folie durchgepaust, einen Abdruck dieser Platte übertrug man durch Umdruck auf eine entsprechende Anzahl weiterer Plattenklatschdrucke. Nunmehr zeichnete der Lithograph plattenweise jeweils nur die Partien, die einen bestimmten Farbträger vorstellten, mit Feder und Pinsel. Je nach Menge der verwendeten Platten konnte man so feinere oder minder zarte Farbabstufungen erreichen.
Künstlerische Begabung und präzise Handhabung der Umdrucke und Einzelplatten gaben bei einem solchen Verfahren den Qualitätsausschlag. Senefelders chemische Gesetze benutzende Erfindung des Steindrucks (1797/98) trug hier reiche Früchte.
Lucian Reichs Texte zu dem Mainau-Bodensee-Band verdanken ihre Qualität sicher nicht nur der Tatsache, daß es sich um ein gefördertes, ja ein in Auftrag gegebenes Werk handelt, sondern vorab dem Vermögen des Autors, der über eine zugleich gründliche und angenehm lesbare Diktion verfügte.
So gesehen stellt der Band gerade heute, im hektischen Verschleißzeitalter der Reiseführer und einschlägigen Kurzprospekte, eine Art Oase dar: das will mit Muse gelesen und angeschaut, will genossen sein. Eine Welt, wie es sie einerseits zu Lebzeiten des Verfassers noch gab und wie sie sich andererseits schon in seiner Perspektive historisch und kulturhistorisch entfaltete. Ein Bild, ein Gemälde aus der Zeit heraus, freilich mit vielen, mitunter auch episodischen, doch nie belanglosen Einzelheiten: somit ein Ganzes, das manche wertvollen Zusammenhänge erschließt.
„Auch zeitgenössische ... Dichter wie J. V. von Scheffel ... und Heinrich Hansjakob schätzten ihn [Reich] als Maler und Dichter sehr hoch. Alle aber, die ihn persönlich näher kannten, achteten an ihm seine ‚Einfachheit und Bescheidenheit, die hochanständige Gesinnung ... aller seiner Empfindungen‘ (Stocker).“ In diesem Zusammenhang soll noch der neuerdings wieder vielbeachtete badische Heimat- und Volksschriftsteller Heinrich Hansjakob (1837–1916) zu Wort kommen. In seinem

Reisetagebuch „Verlassene Wege“ schreibt er unterm 21. Juni (1900): „Ehe ich heute meine Reise fortsetzte, besuchte ich noch einen alten Ehrenmann, der einst in Rastatt mein Zeichenlehrer war – den Maler und Volksschriftsteller Lucian Reich. – Im dritten Stock eines kleinen Häuschens [in Hüfingen], über dessen schmale Treppe ich mich förmlich hinaufzwängen mußte, traf ich ihn. Er war hocherfreut über meinen Besuch, der dreiundachtzigjährige Greis, in dessen Zügen Bitterkeit und Biederkeit sich die Waage halten. – Er kommt seit Jahren nicht mehr aus seiner Stube und unter die Menschen, und sein einziges Kind, eine Tochter, pflegt ihn. – Unermüdlich ist er aber noch geistig tätig, liest und zeichnet und schriftstellert.“

Hansjakob schildert im folgenden kurz den Werdegang des Künstlers. „Im Rastatter Schloß bekam er ein Atelier, wo er zeichnete und malte und kleinere und größere Aufträge, die aber nicht häufig waren, ausführte. – Ich erinnere mich noch gar wohl an den stillen, ernsten, sinnigen Zeichenlehrer, wie er von Schüler zu Schüler ging und jedem mit Rat und Tat beistand. Er selbst konnte mir noch heute den Platz bezeichnen, auf dem ich, ein schlechter Musikant im Zeichnen, im Zeichensaal gesessen bin.“ Hansjakob bedauert, daß es Reich „trotz wiederholter Bitten nie auch nur zu den Rechten eines Reallehrers“ gebracht habe. „Und als er schied, bekam er guttatsweise einen Ruhegehalt von monatlichen – 71 Mark und 50 Pfennig. Von dem sollte der Biedere leben, und er lebte noch elf Jahre in Armut und Entsagung. – Aber bitter hat er's empfunden und bitter mir heute darüber geklagt, daß er kaum zum Leben habe und seine Tochter mittellos zurücklassen müsse . . . Wie hat Lucian Reich sein ganzes Leben hindurch nur für seine Ideale gelebt! Wie hat er in seinen Büchern geschwärmt für Fürst und Vaterland, für Volk und Volkstum, für Wahrheit und Recht!“

Nachdem Hansjakob einen seiner schon berühmt gewordenen „Schlenkerer“ über einen Vorgang der 48er Revolution gemacht hat, fährt er fort: „Drei Tage nach meinem Besuch schrieb mir Lucian Reich nach Freiburg einen Brief, in welchem er mir noch einige Notizen über sein Leben nachsandte und bemerkte, er fühle sich unwohl; er glaube, es sei dies der Anfang vom Ende. Der Schluß lautete: ‚Mit meinem letzten Lebewohl und Gruß Ihr von dieser Welt scheidender Lucian Reich.‘ – Als ich von meinen Fahrten heimkam, fand ich diesen Brief und zugleich die Nachricht von seinem Tode vor, der wenige Tage nach dem Schreiben des Briefes gefolgt war.“

Reich hatte Hansjakob in seinem Brief gebeten, sich nach Möglichkeit der mittellosen Tochter anzunehmen. Mit Genugtuung vermerkt Hansjakob, daß ihm dies über die Vermittlung des badischen Finanzministers Buchenberger gelungen sei: „So wird an der Tochter gesühnt, was an dem Vater versäumt worden war."

Am 2. Juli 1900 war Reich in Hüfingen verstorben. „Unter den auffallend zahlreichen Künstlern, die das kleine Amtsstädtchen Hüfingen während des 19. Jahrhunderts hervorgebracht hatte, verfügte wohl keiner über eine gleiche Fülle von Begabungen und Interessen wie Lucian Reich", hat Maurer seinen Beitrag „Lucian Reich und Johann Marmor" eingeleitet.

Gerade der hier neu erstandene Mainau-Bodensee-Band belegt die Vielseitigkeit dieses der geschichtlichen Vergangenheit zugewandten Maler-Dichters.

Reichs schon oben benutzter Brief vom 17. Juni 1867 aus Rastatt an den Arzt Marmor in Konstanz enthält auch Selbstkritisches zu dem Buche: „Einige Menschlichkeiten sind freilich auch mitunterlaufen. Z. B. der Faun mit dem Bachus im Stiegenhaus der Mainau, eine Sehenswürdigkeit, die längst nicht mehr zu sehen ist. Ebenso die uralte Kapelle im Dorfe Schienen. Von den Mahagoni-Möbeln etc. im Mainauer Schlosse, die ich als früheres Mobiliar erwähne, wird gesprochen, als wären sie in Überbleibseln wirklich noch vorhanden. – Doch dergleichen Dinge sind Nebensachen und in keinem Buche dieser Gattung so leicht zu vermeiden . . ."

Bei all diesen Details, das spezifisch Topographische, das lokal Bestimmte in diesem Buch vermag jederzeit ins Zeittypische und darüber hinaus ins Allgemein-Symptomatische sich Übergänge zu verschaffen. Die Bodenseelandschaften des 19. Jahrhunderts sind nicht ohne weiteres die unseren – aber sie werden es dann doch in Erlebnissen und mittels der Reflexionen, wie sie ein solches Werk ausstrahlt und in die Gegenwart hinein in facettenhafter Vielfalt neu schafft.

Benutzte Literatur

Hermann Eris Busse, *Die Baar – Landschaft und Volkstum,*
in: Badische Heimat, 25. Jahrgang, Die Baar, Freiburg i. Br. 1938

Heinrich Hansjakob, *Verlassene Wege. Reisetagebuch,* Stuttgart 1902

Helmut Maurer, *Lucian Reich und Johann Marmor,*
in: Schriften des Vereins für die Geschichte der Baar, Heft 29, 1972

Wilhelm Engelbert Oeftering, *Geschichte der Literatur in Baden.*
III. Teil, Karlsruhe 1939

August Stocker, *Lucian Reich . . . ,*
in: Mein Heimatland. Badische Köpfe IV, Freiburg i. Br. 1938

Länder, Reisen, Veduten

Karl Bädeker
Rheinreise von Basel bis Düsseldorf
Nach der Ausgabe von 1849
Mit einem Nachwort
von Peter Baumgarten
Die bibliophilen Taschenbücher Nr. 29
498 Seiten, zahlreiche Ansichten,
Pläne und Karten, 14,80 DM

Moretti
Der Markusplatz zu Venedig
Nach der Ausgabe von 1831
Mit einer Einführung
von Harald Keller
Die bibliophilen Taschenbücher Nr. 36
17 Farbtafeln, 61 Seiten, 9,80 DM

F. J. Kiefer
Die Sagen des Rheinlandes
Nach der Ausgabe von 1845
Die bibliophilen Taschenbücher Nr. 40
344 Seiten, 20 Stahlstiche, 12,80 DM

Heinrich Zschokke
Die klassischen Stellen der Schweiz
Nach der Ausgabe von 1842
Mit einem Nachwort
von Peter Baumgarten
Die bibliophilen Taschenbücher Nr. 46
84 Abbildungen von Gustav A. Müller
596 Seiten, 16,80 DM

Das malerische und romantische Deutschland
In Stahlstichen
Mit einem Nachwort
von Marianne Bernhard
Die bibliophilen Taschenbücher Nr. 82
424 Seiten, 389 Abbildungen, 12,80 DM

Harald Keller (Hrsg.)
Das barocke Rom
In zeitgenössischen Veduten
Die bibliophilen Taschenbücher Nr. 92
250 Seiten, 110 Abbildungen, 14,80 DM

Carl Ludwig Frommel
Baden-Baden und seine Umgebungen in malerischen Ansichten
Text von Hofrat Schreiber
Nach der Ausgabe von 1843
Nachwort von Rudolf Theilmann
Die bibliophilen Taschenbücher Nr. 98
25 Tafeln und ein herausklappbares
Panorama, 152 Seiten, 12,80 DM

Salomon Kleiner
Das florierende Wien
142 Veduten
Nach Kupferstichfolgen
der Jahre 1724/37
Mit einem Nachwort
von Elisabeth Herget
Die bibliophilen Taschenbücher Nr. 104
307 Seiten, 142 Abbildungen, 14,80 DM

Salomon Kleiner
Schönbornschlösser
45 Veduten
Nach Kupferstichfolgen der Jahre 1726/31
Die bibliophilen Taschenbücher Nr. 110
ca. 120 Seiten, 45 Abbildungen, 6,80 DM

Theodor Fontane
Jenseit des Tweed
Nach der Erstausgabe von 1860
Mit Bleistiftzeichnungen
von Bernhard v. Lepel
und einem ausführlichen Anhang
Herausgegeben von Otto Drude
Die bibliophilen Taschenbücher Nr. 144
439 Seiten, 14,80 DM

Matthäus Daniel Pöppelmann
Vorstellung und Beschreibung des Zwingergartens zu Dresden
Nach dem Stichwerk von 1729.
Mit einem Nachwort von Harald Keller
Die bibliophilen Taschenbücher Nr. 151
83 Seiten, 12,80 DM